Jule Müller

Früher war ich unentschlossen, jetzt bin ich mir da nicht mehr so sicher

Wie ich meine Zwanziger überlebte

Besuchen Sie uns im Internet:
www.knaur.de

Deutsche Erstausgabe Februar 2015
Knaur Taschenbuch
Copyright © 2015 für die deutschsprachige Ausgabe bei
Knaur Taschenbuch.
Ein Unternehmen der Droemerschen Verlagsanstalt
Th. Knaur Nachf. GmbH & Co. KG, München.
Alle Rechte vorbehalten. Das Werk darf – auch teilweise –
nur mit Genehmigung des Verlags wiedergegeben werden.
Covergestaltung: ZERO Werbeagentur, München
Coverabbildung: Jule Müller
Abbildungen: Jule Müller
Satz: Adobe InDesign im Verlag
Druck und Bindung: CPI books GmbH, Leck
ISBN 978-3-426-78695-6

2 4 5 3 1

Inhalt

Intro: Durch den Schrank in den Keller 7

1. Mit zwanzig, da fängt das Leben an 11
2. Per Business-Class zum Großen Wagen 15
3. Hasenblasen, dein Retter in der Not 25
4. Zwischen Schwanz, Löwe und Affe. 37
5. Staatlich geprüfte *Vogue*-Leserin 49
6. Sehr wahrscheinlich hab ich Aids 57
7. Zurück in die Zivilisation, zurück zu Mutter . 66
8. In excelsis Deo 73
9. Spaß-WG, Zweigstelle Schädlingsbekämpfung 80
10. Geheimnis-Günther stellt sich vor 86
11. www.internetistgeil.de 94
12. Durch den Monsun, hinter die Welt 99
13. Bis Baldrian, Berlin 109
14. Hello London, Hauptstadt des Schimmels . . . 112
15. Polizei auf Speed Dial 117
16. Überleben in der Zahara 122
17. John, oh John 131
18. Diesen Mann kenne ich nicht! 138
19. Der Unterschied zwischen ETA und E.T. . . . 142
20. 25 in der Bar 25 148
21. Dentophobia – The Sequal 156
22. Endstation Polenmarkt 161
23. ABC-Alarm 169
24. Bisschen wenig Cherry, bisschen viel Coke . . 174
25. Das, Mutter, war ein Mann. 180
26. Everybody Herz 190
27. Fick das Blowjob Center. 195

28. House of Wax 201

29. Neu in Neukölln 206

30. Drei von zehn? Na danke. 214

31. Beklopptenbonus: Check! 222

32. Ready to fog 228

33. Der Lady-Diana-Puzzle-Test 235

34. Diagnose: Rücken. Behandlung: Sport. 243

35. Weihnachtsmann vs. Nikolaus 248

36. Bratenspritze ins Glück 251

37. Nur für den Klick für den Augenblick 256

38. Gutes Herz, vertrocknete Vagina 263

39. Alpine Blicke wie aus dem Flugzeug 272

40. Die Frau ist schwanger, verdammt! 281

41. Dakar, Darfur, dafuq 287

42. Ich habe überlebt 293

Danksagung 297

Intro:
Durch den Schrank in den Keller

Die Zwanziger klangen irgendwie glamourös, nach Krawall, Liebe und Drama. Drama gab es eine Menge, Liebe auch – zu wirklich strangen Typen. Sie kamen, verhielten sich wie Wildschweine an der Frischetheke und gingen zum Glück wieder. Wer geblieben ist, sind meine Freunde. Meine Familie. Eine, die ich selbst gecastet habe und die spätestens im zweiten Recall und den Live-Auditions gezeigt hat, dass sie echt großes Hitpotenzial hat. Die machen mich reich.

Apropos – ich dachte immer, mit dreißig hätte ich eine Art finanziellen Wohlstand erlangt, der es mir ermöglichen würde, meinen dreißigsten Geburtstag in einer fancy Bar zu feiern – vielleicht eine mit bunt befischten Aquariumswänden – und meine Gäste auf alles einzuladen, was sie belieben. Die Realität, die Zukunft, also jetzt, sieht anders aus. Für fünfzig Euro habe ich einen Raum *unter* einer Kreuzberger Bar gemietet – und die ist noch nicht mal besonders schick. Man erreicht das Partyverlies über einen Wandschrank, in dem eine Treppe ins dunkle, feuchte Reich des Schimmelpilzes führt. Nun denn, wir haben ein paar Ballons aufgehängt, um von den Missständen abzulenken. Jasmin und Jens, mein Lieblingsehepaar, legen auf. Hinter dem Mischpult habe ich, in der Hoffnung, dass niemand vom Barbetrieb oben hier unten checken kommt, fünf Liter Wodka, einen Sixer

Mineralwasser und Limette aus der praktischen Spritz-flasche bereitgestellt. Das war mir vorher ausdrücklich untersagt worden. Klar. Vielleicht sollte ich heute, zu Beginn eines neuen Lebensabschnittes, klüger sein, beherrschter, angepasster – erwachsener halt. Meine Eltern waren in meinem Alter damals schon aus der DDR in den Westen geflüchtet, hatten ein schulpflichtiges Kind (mich), eine amerikanische Benzinschleuder, eine Auslandsreiseversicherung, einen Anwalt, ein Haustier und ein Sparkonto. Ich kann nicht kochen, bin internetsüchtig, habe noch immer Jugendakne, einen ausgereizten Dispo und Bock auf saufen – nur dass der Kater halt immer schlimmer wird. Aber an morgen will ich heute nicht denken. Inzwischen hat sich der Keller gut gefüllt – Pukki aus Essen ist da und meine Techno-Nachbarn und Rolfi und Schmalli und die Herz-Mädchen und meine Mama und halb Facebook.

»Guck mal, Mutter, ich hab dir Cake Pops gebacken«, strahlt Lotte mich an. Sie hält mir eine Tupperdose hin, in der sich Mini-Cupcakes am Stiel stapeln. Ich liebe Kuchen, hasse es aber zu backen, deswegen bin ich voll gerührt. Lotte sagt, dass die Dinger aussähen wie Penisse, sei ein Versehen. Als ich die rosa Zuckerguss-Vorhaut von dem Schokoküchlein nage, haut mir jemand auf die Schulter. »Je oller, je doller, ne?« Simone drückt mir schon mal mein Geschenk in die Hand. Mundspray für alte Frauen. »Accept the Fact that you're aging«, steht drauf. Ich akzeptiere einzig und alleine den Fakt, dass Simone selbst schon längst dreißig geworden und deshalb sicher sehr verbittert oder dement ist, und bedanke mich strahlend.

Es ist zwanzig vor zwölf, ich habe Spaß. So langsam haben sich auch alle die Location schöngesoffen. Es gibt Konfetti, Luftschlangen, Seifenblasen, Glitzerhüte, Polonäse – man könnte denken, ich werde gleich zwölf. Zu meinen Ehren läuft heute Abend sogar Musik, die ich liebe. Michael Jackson zu spielen scheint für Jasmin und Jens keine große Herausforderung, bei Mr. Big wird es schon schwieriger, und bei Incubus sehe ich so einige weinende Gesichter im Raum. Aber heute müssen die da durch. Meine Mutter tanzt mit mir zu allem – die ist echt schmerzbefreit, wenn es um schlechte Mucke geht.

Die anderen nennen mich übrigens auch Mutter, so wie ich meine Mutter Mutter nenne. Dieser Name hat sich irgendwie verselbständigt. Mir ist es recht. Wenn die Leute dir einen Spitznamen geben, dann mögen sie dich. Oder hassen dich. Auf jeden Fall sind Emotionen im Spiel. Und Mutter klingt wichtig. Sie nervt vielleicht manchmal, ist aber im Leben ziemlich unverzichtbar. Mutter kümmert sich, Mutter hört zu, Mutter hat Rat, Mutter gibt, Mutter liebt. In der Regel haben Mütter ja auch Kinder. Kleine. Mit Windeln und Schnuller und so. Ich habe nur erwachsene Kinder. Man sagte mir, um richtige Kinder zu bekommen, die im eigenen Bauch heranwachsen und dann ein Leben lang absurde Ansprüche stellen, müsse man Sex haben. Das minimiert meine Chancen auf Nachwuchs leider ziemlich. Man könnte meinen, dass der Beischlaf in einer Stadt wie Berlin hinter jeder Ecke lauert. Es gestaltet sich aber – zumindest für mich – äußerst schwierig. Allerdings muss ich eh noch keine Kinder wollen. Ich hab Zeit, bevor meine ungenutzte Gebärmutter aufgibt und beleidigt in sich zusammenfällt wie dieses Brot beim Inder immer. Die biologischen Uhren wurden bei unserer Generation irgendwie resettet. Vierzig ist das neue Dreißig, Dreißig das neue Zwanzig. Wo die zehn Jahre dazwischen hin sind, weiß ich auch nicht. Ich habe sie dazu genutzt, um zu feiern, zu reisen, verschiedene Jobs zu erlernen (halb) und angesichts der Selbstverwirklichung – dem Heiligen Gral der Neuzeit – vieles zu wollen, nix so richtig zu machen und mich permanent über alles zu beschweren.

Hier stinkt es aber auch echt doll nach verwesten Leichen in diesem Keller. Typisch Kreuzberg!

1.
Mit zwanzig, da fängt das Leben an

Zwanzig. Ich bin zwanzig. Wie krass. Die coolste Dekade meines Lebens ist angebrochen. Ab sofort werde ich nur noch Erwachsenen-Dinge machen: Sex und arbeiten und clubben und so.

Ich werde Pumps tragen und kleine Taschen aus echtem Leder. Okay, aus unechtem Leder, wegen der Tiere. Aber geilem, unechtem Leder. Ich werde in einer schicken Firma arbeiten, wo alle nur englisch sprechen, und abends an stilvollen, fruchtlosen Cocktails nippen. Ich werde meine Nägel lackieren, total reine Haut bekommen und mich untenrum immer akkurat rasieren. Vielleicht fange ich sogar mit Kaffee an. In diesem Jahrzehnt werde ich mit dem Mann meiner Träume ein Kind kriegen – ein Mädchen – und in einem lichtdurchfluteten Loft wohnen, in dem nur ganz wenige ausgewählte Möbel stehen. Ich werde meinen Führerschein machen, Modedesignerin werden, die Welt bereisen, mich um kranke Tiere kümmern, ein Comic zeichnen und ein Buch schreiben. Und vor allem werde ich sehr, sehr glücklich sein.

»Iiih, da hinten im Gebüsch haben zwei Typen Sex!«, kreischt Anika zu mir rüber. »Ich hab gerade einen Penis gesehen!«
Ich kichere.

Das passiert mir immer, wenn ich das Wort Penis höre. Obwohl ich neulich sogar Sex hatte. Mit meinem ersten Freund Markus. Ich musste mir Mut antrinken und hatte keine Ahnung, wie das mit dem Kondom genau funktioniert, aber immerhin bin ich nun entjungfert. Wenn ich ehrlich bin, wollte ich nur nicht zwanzig werden, ohne jemals mit einem Penis Bekanntschaft gemacht zu haben, aber das muss ja niemand wissen. Mittlerweile fühle ich mich zwar so, als könne ich endlich im Club der Großen mitspielen, peinlich ist mir das alles trotzdem noch. Mir wäre es lieber, wenn Männer zwischen den Beinen nichts hätten. So wie Ken. Penisse sind einfach echt nicht schön. Hihi, Penisse.

Mein Leben ist gerade voll chaotisch. Ein halbes Jahr lang bin ich nun schon als Reiseleiterin mit Schrottbussen durch Europa getingelt. Nach London und Prag und Spanien und Italien. Und natürlich Bottrop-Kirchhellen. Ich habe über tausend, teilweise schlecht gelaunten Gästen Big Ben und die Gondeln Venedigs gezeigt. Dabei bin ich doch so schüchtern und orientierungslos. Ich kann mir weder Gesichter noch Straßennamen merken – selbst wenn ich es immer wieder versuche. Meine Freunde machen sich gerne darüber lustig. Ich mich eigentlich auch.

Meine Freunde habe ich in letzter Zeit ziemlich vernachlässigt. Man muss sich inzwischen voll die Mühe geben, um den Kontakt zu allen zu halten. Seit wann ist das so? Auf der Schule ging das quasi noch von selbst. Das nagt an mir, aber seit dem Abi letzten Sommer war ich so gut wie nie in Berlin. Immer nur auf Reiseleiter-Tour. Jetzt habe ich eine Pappschachtel voller sortierter Geldscheine und Freunde, die drohen, sich eine neue Jule zu suchen.

Und es ist auch nicht nur mein Job – ich habe außerdem besagten neuen Freund. Markus. Heute stelle ich ihn zum ersten Mal meinen Leuten vor. Er ist ziemlich nervös. Und das völlig zu Recht. Er ist gute zehn Jahre älter als wir alle und irgendwie … anders. Markus hat graue Haare an den Schläfen und redet von Dingen wie »Frogger« (Computerspiel) und »Fischmob« (Band). Außerdem trägt er seine Hosen zu weit oben und komische Ledergürtel und Sportturnschuhe. An ganz normalen Tagen! Ich war noch nie in meinem Leben so verliebt. Wenn ich könnte, würde ich jede freie Sekunde mit ihm verbringen. Leider wohnt er in Hannover. Der Zug dorthin braucht über drei Stunden und kostet siebzig Mark. Für *eine* Strecke!

Markus und ich haben ein Geheimnis. Ich habe noch niemandem davon erzählt außer meiner Mama. Der erzähle ich viel. Ich wohne noch bei ihr in Berlin-Tegel. Das liegt im Norden der Stadt. Die Leute denken immer, das sei am Flughafen, aber zum Flughafen brauche ich mit den Öffentlichen echt lange.

Ich gehe mit Anika Richtung Büsche, um nach Penissen zu gucken. Und tatsächlich – im dichten Grün stehen Männer hintereinander und bewegen sich rhythmisch. Ich muss sofort flüchten und mir noch etwas von der Bowle nehmen, die ich vorhin hergebracht habe. Hier im Tiergarten haben wir Decken und Musik und viel zu viel Essen und Schnaps. Ich bin glücklich. Oder betrunken. Wer weiß das schon so genau?

Markus sitzt neben mir und hält meine Hand und redet mit meinen Freunden. Sie lachen sogar über seine Witze, ich bin zufrieden.

Hagen hat ein neues Tattoo auf dem Bein. Zwei Würfel,

wie sie früher mal an Autospiegeln baumelten. Punkrocker haben das irgendwie adaptiert. Ich weiß nicht genau, warum, aber zu einer ordentlichen Flamme und einem guten Totenkopf-Tattoo gehören auch immer zwei Würfel. Als er mir die eine Seite des linken Würfels – die mit der Sechs drauf – schenkt, muss ich fast weinen. Streng genommen kann er sie mir ja gar nicht schenken, weil sie sich für immer auf seinem Bein befinden wird, aber der symbolische Gehalt der Geste ist groß, das spüre ich. Wahrscheinlich wird Hagen bis an sein Lebensende an alle Geburtstagskinder nur noch diese Sechs auf dem Würfel verschenken, aber mir soll das recht sein. Ich bin gerührt. Und so hat er die Anschaffungskosten auch bald wieder drin. Clever!

2.
Per Business-Class
zum Großen Wagen

Mit neunzehn lernte ich Markus kennen. Markus ist keine klassische Schönheit, eigentlich ist er nicht mal eine unklassische Schönheit, aber ich fand ihn von der ersten Sekunde an anziehend. Als ich meinen Freund Tom zu einer Wohnungsbesichtigung in Berlin-Mitte begleitete, schlurfte anstelle eines geschniegelten Immobilienmaklers Markus an. Er trug Jeans und Turnschuhe, war eine Viertelstunde zu spät. Seine Zigarette qualmte lässig im Mundwinkel. Obwohl er offensichtlich viel älter war als ich, fand ich ihn unverhältnismäßig cool. Ich war sofort hin und weg. Als Tom gerade die Einbauschränke in der Küche inspizierte, rauchten Markus und ich im Bad heimlich eine aus dem Fenster. Er fragte mich, ob ich mal mit ihm ausgehen wolle. Wollte ich.
Tom nahm die Wohnung nicht, dafür nahm ich Markus.

Wir sind jetzt seit einem Jahr zusammen. Diese Fernbeziehung Berlin-Hannover ist echt anstrengend. Ich hasse Hannover dafür, dass es meinen Freund gefangen hält. Als Freiberuflerin habe ich immerhin genügend Zeit, um einmal die Woche rüberzufahren.
Markus kommt selten nach Berlin, es sei denn, er will hier eine Wohnung vermitteln. Wahrscheinlich hat er nicht so viel Bock, bei mir und meiner Mama zu über-

nachten. Kann man ja auch verstehen. Er kennt sich nicht wirklich mit Immobilien aus, aber er kann gut Leute vollquatschen. Und sein Vater ist auch Makler. Und sein Onkel. Da fiel die Berufswahl leicht. Man kann wahnsinnig viel Geld mit der Vermittlung von Wohnungen verdienen, vor allem, wenn einem die Kontakte in den Schoß gefallen sind. Ich finde das unfair. Außerdem könnte Markus mir echt mal öfter ein Essen spendieren. Oder eine Zugfahrt. Oder die Pille. Oder Schuhe.

Gestern haben wir fast eine Stunde telefoniert – vom Festnetz aufs Handy. Was das kostet! Ich war gerade in der Wanne. Ich beginne tatsächlich, erotische Vorstellungen zu haben – vielleicht bin ich doch normal? Das wäre schön.

Nun fliegen wir in unseren ersten gemeinsamen Urlaub. Es ist auch das erste Mal, dass ich alleine – ohne Eltern oder Schule – Europa verlasse. Mit Rucksack und Freund nach Thailand. Ich fühle mich sofort total erwachsen. Voller Stolz habe ich in den letzten Wochen damit geprahlt und den nötigen Respekt geerntet. Thailand ist ein exotisches Wunderland, wo Affen mit Zylindern auf den Köpfen zum Frühstück Pancakes mit Bananen und Sirup servieren, wo klitzekleine Frauen vor fetten Deutschen live auf der Bühne Eier gebären, wo meine große Liebe Leonardo DiCaprio völlig high von Pilzomelette nackt am Strand faulenzt. Dieses Land faszinierte mich, schon lange bevor ich den ersten Fuß auf seinen heiligen Boden setzen durfte. Aber wenn man Europa verlässt, muss man vorsorgen. Über Themen wie bewaffnete Rebellen, Braunbären, Erdbeben und Beulenpest sollte man sich informieren. Die Webseite des Auswärtigen Amtes hält eine praktische, alphabetisch sortierte Länderliste dafür bereit. Nach einer halben Stunde weiß ich: In Thailand lauert die Gefahr an jeder Ecke. Auf dem Weg vom Flughafen in die Stadt wird man im Taxi von bewaffneten Räubern überfallen und in den Kopf geschossen. Am Strand dreht einem jemand eine mit Rauschgift gefüllte Skulptur an, wofür man erst in einen Kerker geworfen und dann per Giftspritze umgebracht wird. Aber auch nur, wenn man sich nicht schon vorher auf der Straße mit Denguefieber und Malaria angesteckt hat. Die anderen Länder sind auch nicht besser: In Brasilien wird man von Rebellen entführt und enthauptet, in Vietnam überfahren, in Malaysia in Bürgerkriege verwickelt und in Australien von giftigen Spinnen ausgesaugt. Sogar in Schweden ist es statistisch gesehen recht wahrscheinlich, dass man entweder ausrutscht und in einen Gletscher stürzt oder vom Rentier aufgespießt wird. Urlaub hält nur ein Schicksal bereit: den sicheren Tod. Eigentlich also völliger Blödsinn, dass ich wahnsinnig viel Geld für Hepatitis-A und -B-Impfungen ausgegeben habe. 66 Euro pro Schuss! Die Wirkung ist bis jetzt auch ziemlich enttäuschend geblieben.

Dass ich alle meine Sachen für drei Wochen in einen Rucksack quetschen muss, ist eine nahezu unüberwindbare Aufgabe. Ich meine, wie viele Schuhe braucht man realistischerweise? Ein Paar Flipflops für den Strand, ein Paar salonfähige Sandalen für die Stadt, ein Paar feste Wanderschuhe für den Dschungel, ein Paar High Heels, wenn man mal schick weggeht, und dann vielleicht noch ein Paar Halbschuhe, wenn das Wetter nicht ganz so geil ist. Ich lege die Schuhe, 21 Schlüpfer und ein Handtuch in meinen Trekking-Rucksack. Er ist voll. Hm. Ich rufe Markus an. Er nimmt seine Adiletten mit. Das reiche ihm. Für alle Anlässe und Aktivitäten! Für drei Wochen! Wir streiten uns kurz, weil er mir zu verstehen gibt, dass er meinen Kram nicht durch den Urwald schleppen wird, nur weil ich ohne meine zwei Tüten Kosmetik nicht kann. Unerhört finde ich das. Wie soll ich mir denn ohne Föhn eine Frisur machen? Als Erstes schmeiße ich die Reiseapotheke raus. Der wird sich wundern, wenn er auf einer Wanderung eine Mittelohrentzündung bekommt und wir keine Medikamente haben. Dann werde ich sagen: »Und das alles nur, weil du mir nicht mit meinem Gepäck helfen wolltest!« Die kleinen Pillen, mit denen man dreckigen Pfützensud zu kristallklarem Quellwasser zaubern kann, stecke ich aber dann doch ein. Heimlich. Ich bin ja nicht lebensmüde.

Nach strengstem Abspecken und Optimieren ist der Moment gekommen: Mein Rucksack wiegt nur noch neunzehn Kilo, und ich kriege ihn zu, ohne die Inhalte großartig mit den Füßen verdichten zu müssen. Check!

Für den Flug werden wir von Economy auf Business upgegradet. Na, wenn das mal nicht herrlich ist. Dann können wir Champagner schlürfen, während die anderen in der Holzklasse zwischen den Hühnerkäfigen hocken. Falls ich abstürze und dieses Buch in den Flugzeugtrümmern gefunden wird: Ich bin Juliane Müller aus Berlin. Ich bin groß, schlank, habe wasserstoffblonde Haare und ein kleines Muttermal an der rechten Brust. Bitte sagt Mama und meinen Freunden, dass ich sie liebe und dass ich drüben warten werde. Verbrennt mich und verstreut mich möglichst irgendwo, wo kein Wasser ist. Falls das nicht geht, nehme ich auch einen netten Urnenplatz. Bitte zieht mir zum Verbrennen was Cooles an und schminkt mich ordentlich. Danke.

Markus und ich sind mittlerweile in einer kleinen Strandhütte auf Ko Samui angekommen. Dafür, dass die Insel als Geheimtipp gehandelt wird, finde ich sie recht überlaufen. Immerhin ist hier an unserem Zipfel kaum eine Menschenseele. Die Holzhütte ist voll spartanisch eingerichtet – eigentlich gibt es nur einen mittelalterlichen Ventilator an der Decke und ein Bett mit einem überdimensionalen, ebenfalls an der Decke angebrachten Moskitonetz. Das beruhigt mich. Auch wenn ich auf ein gefliestes Bad verzichten kann und offen für fremde Länder bin – für Insekten bin ich es nicht. Markus und ich haben den Deal, dass er alles entfernt, was flattert, brummt, krabbelt, beißt oder Netze baut. »Du bist so ein Mädchen!«, hat er dazu nur gesagt. Toll, dass er nach einem Jahr Beziehung schon so eindeutig mein Geschlecht bestimmen kann.

Die riesige grüne Echse, die über unserem Duschkopf wohnt, darf bleiben. Sie knurrt, wenn ich mich ausziehe. Ich habe sie Hubi getauft.

Keine Stunde nach unserer Ankunft wird Markus hibbelig und macht einen Ausflug ins Dorf. Ich bleibe hier, um in der Sonne zu braten. Wichtigstes Ziel bis Abflug: eine unverschämte Bräune erlangen, die meine Freunde vor Neid sofort noch blasser werden lässt. Meinen Minidisc-Man habe ich mit einem kleinen Reiselautsprecher verbunden. Es läuft die Incubus-Diskographie. Nach jeweils drei Songs drehe ich mich um. So wird alles schön gleichmäßig. Von Sonnencreme halte ich nicht viel – ist doch wieder von der Industrie eingefädelt, um uns das Geld aus den Taschen zu ziehen. Außerdem kriege ich eh keinen Sonnenbrand.

Nach ein paarmal rumrollen kommt Markus wieder angeschlurft. Er trägt Schnellficker-Hosen, eine Gürteltasche und seine geliebten Adiletten. Das topmodische Outfit rundet er mit einer Plastiktüte ab. Ach, super – er hat sich wohl schon um unser Dinner gekümmert. Er hockt sich zu mir und streichelt über meinen Rücken.

»Hast du dich eingecremt?«

Ich nicke.

Diese Diskussion würde meiner Tiefenentspannung nur in die Quere kommen. Als ich wissen will, was in der Tüte ist, hält er sie mir unter die Nase. Sie ist randvoll mit getrockneten, würzig duftenden Kräutern.

»Schatz, bitte sag mir, dass das sehr viel Majoran ist!«

Ich kenne die Antwort eigentlich schon.

»Hat nur zehn Dollar gekostet«, freut sich Markus.

Ich setze mich auf.

»Bist du irre, Alter? Eine ganze Einkaufstüte voller Gras? Darauf steht hier die Todesstrafe!« Markus lacht.

»Wo hast du das denn gehört?«

»Beim Auswärtigen Amt«, sage ich, während ich mit meinem Handtuch Richtung Hütte wandere.

Was für ein Trottel. Das kann der schön alleine rauchen.

Nach dem Abendessen, das wir in einer Strandbar ganz in der Nähe eingenommen haben, sitzen wir auf unserer Veranda.

Markus hatte eine Art Überraschungssuppe. Mit jedem Löffel gab es ein neues, witziges Meerestier zu bestaunen. Mal mit Fühlern, mal mit Ärmchen, mal mit Glubschaugen. Ich konnte kaum hingucken. Bei mir gab es trockenen Reis mit Sojasoße und etwas grünem Gestrüpp. Als Vegetarierin hat man es hier anscheinend nicht so leicht, wie ich dachte. Überall ist immer dieser Fischsud drin.

Während ich meinen Sonnenbrand auf den Schultern mit Erdbeerjoghurt kühle, rollt Markus sich ein paar Joints. Da Zigaretten knapp, Drogen hingegen in rauen Mengen verfügbar sind, sind alle aus purem Gras. Mit ungeahnter Präzision faltet, leckt, klebt, modelliert er die Röllchen, als sei er der westliche Origami-Meister des Drehens. Ich kann gerade mal so einen Hut aus Zeitung falten, bin also beeindruckt.

»Wer baut, der haut«, versuche ich mich lässig am Kifferjargon. Das haben die Jungs früher immer gesagt. Hieß, dass derjenige, der den Joint gedreht hatte, ihn auch anzünden durfte. Logisch.

»So was darfst du niemals laut sagen, hörst du? Niemals!«, werde ich ermahnt.

Ich nicke.

Dann beginnt er zu rauchen.

Gespannt gucke ich ihm bei den ersten Zügen zu. Er inhaliert tief und lange, dabei wirkt er sehr konzentriert. Den Rauch stößt er in kleinen Ringen aus, die zart über die Veranda schweben. Ein besonders schönes Exemplar fädle ich über meinen kleinen Finger, bis es sich auflöst. Nach dem zweiten Caipi sind meine Sorgen bezüglich der Todesstrafe einer gewissen Neugier gewichen. Wenn es schon mal hier ist, könnte ich ja eigentlich auch probieren. Ich wurde zwar von quarzenden Waldorfschülern sozialisiert, gekifft habe ich aber erst einmal. Damals bin ich völlig unspektakulär eingepennt und hatte mich fortan für einen cleanen Lebensweg entschieden. Vielleicht sollte ich heute, hier, an diesem tollen Strand, einen weiteren Versuch unternehmen, mich für weiche, grüne Drogen zu öffnen.

Ich bin an der Reihe. Behutsam nehme ich die Tüte zwischen Daumen und Zeigefinger und ziehe. Ich solle den Qualm eine Weile in der Lunge behalten, bevor ich ihn wieder ausstoße. Also wirklich – als sei ich totaler Anfänger! Der Rauch steigt in mein feines Lungengeäst. Ich möchte husten, reiße mich aber zusammen. Ich bin ja schließlich nicht alleine. Das gäbe doch einen weiteren, sofortigen Punktabzug in der Street Credibility. Ich merke nichts, wahrscheinlich wirkt es bei mir gar nicht.

Der Sand schmiegt sich kühl an meine Zehen, ich blicke in die Sterne. Wahnsinn, sind das viele! Der ganze Himmel ist durchlöchert! Und da hinten ist der Große Wagen – eine absolute Sicherheit am Firmament. Den Wagen sieht man von überall und immer. Sogar in der lichtversmogten Stadt. Deswegen ist es auch das einzige Sternenbild, das jeder kennt. Beim ersten romantischen Date kann man damit jedenfalls niemanden mehr beeindrucken. Und da ganz links ist dieser … dieser … Wie hieß dieses Sternbild noch mal? Das ist irgendein Typ, der einen Gürtel trägt und in dessen Nähe ein Sternenhaufen prangt, an dem man seine Sehfähigkeit testen kann. Der heißt … Verdammt, wie heißt der bloß? Markus reicht mir noch mal die Tüte. Sie ist ganz heiß unten am selbstgerollten Filter und ein wenig feucht. Ich ziehe daran. Wie geil ist eigentlich kiffen ohne Tabak? Mir wird null schwindelig. Ich zeige Richtung Himmel. »Wie heißt noch mal das Sternbild da oben? Der Typ mit dem Gürtel?« Markus überlegt. »Der Große Wagen.« Ich schüttle heftig mit dem Kopf. Okay, vielleicht ist mir doch ein wenig schwindelig. Oder schlecht. Ich kann es gerade nicht deuten. »Nee. Das andere da. Mit dem Sternenhaufen am Gürtel! Da!« Ich zeige noch mal drauf. Markus zuckt mit den Schultern und nimmt mir den Joint weg.

Zeus vielleicht. Oder Atlas. Oder Herkules. Oder Xena ... Mehr griechische Gottheiten fallen mir nicht ein. Athene gibt es noch. Aber das da oben ...? Wie frustrierend. Mein Kopf fühlt sich komisch an. Als würde etwas auf meinen Augenlidern stehen. Etwas Schweres. Alles dreht sich verdächtig. Ich denke in einer Endlosschleife: Mir wird nicht schlecht. Mir wird nicht schlecht. Mir wird ja auch nicht schlecht. Glaub ich. Ich hoffe, das war nicht dieses gefürchtete Heroin-Gras, von dem alle immer sprechen. Sonst bin ich jetzt vielleicht abhängig. Markus raschelt in der Plastiktüte und fragt irgendwas. Ich kann aber gerade nicht. Ich muss mich erst an den Scheißnamen erinnern. Wenn ich mich jetzt nicht erinnere, ist das der Beweis dafür, dass ich wirklich nicht sehr klug bin. Oh, das Adrenalin. Und diese unheimliche Trägheit. Das ist ja schrecklich. Mir zuckt es ungünstig im Mundwinkel. Worüber habe ich gerade nachdenken wollen? Vergessen. Die Wellen rauschen so laut, ich kann mich kaum konzentrieren. Sind das überhaupt die Wellen? In meinem Hirn rauscht es auch. Mein Kopf ist so leer wie diese großen Muscheln am Strand. Sehen super aus, aber mehr als ein dumpfes Geräusch kriegen die nicht hin. Moment. Woran versuche ich mich noch mal zu erinnern? Muschel, Rauschen, Meer, Gras, mehr Gras. Fuck!

Mir stehen die Tränen in den Augen.
»Markus?«
Markus guckt.
»Es tut mir leid, dass du es hier an diesem schönen Strand erfahren musst, aber ich bin total dumm.«
Markus lacht.
Als er sieht, dass ich weine, nimmt er mich in den Arm.
»Schatz, du bist die klügste Frau, die ich kenne.«

Er streicht mir über den Kopf.

»Mach weiter«, bitte ich ihn.

»Und du bist schön. Und witzig. Vor allem, wenn du Gras pur geraucht hast.«

Dann wischt er mir die Tränen von der Wange und küsst mich. »Ich liebe dich.«

Ich liebe ihn auch. Wahnsinnig doll sogar. Das ist der erste Mann, mit dem ich mich einfach nur wohl fühle. Ein Mann, bei dem ich an Kinder denke, ans Heiraten, an ein gemeinsames Leben. Der gehört mir, den gebe ich nicht mehr her.

Markus nimmt meine Hand und zieht mich vom Stuhl hoch.

»Komm, wir gehen eine Runde spazieren«, schlägt er vor.

Ich fühle mich nicht besonders nach laufen. Ich will heulen. Und sabbern. Und liegen. Und mich dumm fühlen.

»Dann kaufe ich dir auch ein Eis mit Schokostückchen.«

Das hingegen klingt irgendwie … Ich stehe auf.

»Orion!«, rufe ich, als wir gerade an der Schotterstraße angekommen sind.

»Was ist los?«, will Markus wissen.

»Orion! Ey, Orion. Da oben! Der Typ mit dem Gürtel und dem Sternenhaufen im Schritt. Das ist Orion!«

Ich zeige noch mal mit dem Finger drauf, obwohl jeder Trottel das auch so sehen sollte. Markus ist mäßig interessiert. Ich hingegen bin unfassbar erleichtert. Denn ich bin klug. Ich habe es leuchtend auf Schwarz. Am Himmel. Und jetzt will ich ein Eis. Aber ein abgepacktes, sonst krieg ich Reiseschiss. Und die Tabletten dagegen habe ich ja zu Hause lassen müssen.

3.
Hasenblasen,
dein Retter in der Not

Irgendwo auf der Autobahn | Alter: 20

Ich sitze – wie so oft – im Reisebus nach London. Die Kupplung des Busses ist unserem Fahrer deutlich überlegen. In der Stadt geht der Motor andauernd aus, die Berge schaffen wir es kaum hoch, und am ZOB in Hannover ist er irgendwo gegengefahren, sodass wir jetzt eine ordentliche Beule im oberen Stockwerk haben. Kann ja nur besser werden.

Ich fahre gerne Bus. Man kann dabei so schön aus dem Fenster gucken und nachdenken. Der Job als Reiseleiterin selbst killt mich aber. Als ich mich damals nach dem Abi hier bewarb, um schnell an Geld zu kommen, dachte ich mir, das sei sicher alles total einfach. Man müsse ja nicht viel tun außer rumsitzen und labern. Diese Annahme relativierte sich auf der ersten Tour, die ich als Auszubildende beobachten durfte. Obwohl ich nichts zu tun hatte, als mitzuschreiben, lag ich alleine des Schlafmangels wegen danach erst mal eine Woche wimmernd im Bett. Inzwischen habe ich selbst Azubis dabei. Die wenigsten davon werden jemals eine eigene Tour fahren.

Und als hätte ich nicht schon genug Probleme, muss ich ein grässliches gelbes T-Shirt tragen. Außerdem kann kein Mensch so viel Stress bei so wenig Schlaf aushalten.

»Was? Es gibt keinen Kaffee im Bus?«
»Wieso machen wir denn nur zwanzig Minuten Pause?«
»Ich muss mal!«
»Zwanzig Minuten Pause sind viel zu lang!«
»Ich kenne den Film aber schon.«
»Mir ist kalt!«
»Jetzt ist mir zu warm.«
»Mein Nachbar stinkt.«
»Ich saß aber zuerst hier!«
»Ich habe mir das Bein gebrochen!«
»Zeigen *Sie* mir doch *Ihren* Pass!«
»Man wird ja noch mal versuchen dürfen, deine Brust zu berühren.«

Der Brockhaus in zwölf Bänden wäre ein Scheißdreck gegen die Sammlung aller Belange und Beschwerden, die auf einer einzigen Reise bei mir eintrudeln. Ich habe inzwischen gelernt, den unwichtigen Kram vom Rest zu unterscheiden und so gut wie alles einfach zu ignorieren. Da ich gerade von einer anderen Tour komme und in Berlin nur schnell auf den neuen London-Bus gehüpft bin, bin ich jetzt schon völlig k.o. Ich war seit drei Wochen nicht zu Hause. Warum auch? Wer braucht schon saubere Wäsche und mal seine Ruhe?
Hinter Jena gönne ich mir ein halbstündiges Nickerchen.
»Jena?«, haben zwei Gäste aus dem Bus vorhin gefragt.
»Das liegt doch gar nicht auf dem Weg nach London?«
Menschen, die für zwanzig Euro eine Reise buchen, erwarten immer besonderen Komfort. »Kassel auch nicht, und wir fahren daran vorbei«, war meine Antwort. Dann waren sie ruhig.

Als ich wieder aufwache, sieht die Autobahn irgendwie komisch aus. Obstbäume, ein Bauernhof, eine Kirche. Die Strecke hatte ich irgendwie anders in Erinnerung.

»Äh, Horsti, wo genau sind wir noch mal?«, frage ich meinen Fahrer.

»Ich wollte eine Abkürzung nehmen. Weil, also ... Ich hab alles unter Kontrolle. Wir fahren hier kurz Landstraße und dann vorne bei Eisenach wieder auf die 44.«

Ich nicke ihm höflich zu und bereite mich innerlich auf den Ernstfall vor. Wenn ich eins in den letzten zwei Jahren als Reiseleiterin gelernt habe: Traue niemals einem Busfahrer, der behauptet, er kenne den Weg. Es gibt ja inzwischen sogar schon Reisebusse mit Navigationssystem, aber bis das Mainstream bei unseren Fuhrunternehmen geworden ist, vergehen sicher noch Dekaden. Ich schlage unauffällig die Deutschlandkarte auf und versuche, unseren ungefähren Standpunkt zu orten.

Plötzlich ruckelt der Bus kaum spürbar, wir werden langsamer, bleiben dann auf der Landstraße stehen. Horsti flucht leise neben mir. Ich fühle die Blicke der Gäste im Nacken und nehme vorsichtshalber schon mal die Füße vom Armaturenbrett.

»Was ist los?«, flüstere ich rüber.

»Sprit«, flüstert Horsti zurück.

»Sprit? Im Sinne von: *kein* Sprit?«

Horsti nickt.

Verdammte Busfahrerregel Nummer eins: Pass auf, dass du ab und zu tankst! Ich kotze innerlich. Ich weiß, was das bedeutet:

A. D. A. C.

Ich atme tief ein und wieder aus, dann setze ich mein charmantestes Lächeln auf und nehme das alte, dreckige Mikro zur Hand. Ich habe ein Taschentuch um das bespuckte Teil gewickelt und mit einem Schießgummi fixiert, das machen wir Reiseleiter gerne – wegen der Keime. Frontal und so aufrecht wie möglich stelle ich mich in den Gang des Busses und gucke meine 47 Gäste an.

»Tja, haha. Wir haben hier ein kleines technisches Problem an der Dieselfront. Aber halb so wild, der ADAC kommt gleich und bringt uns ein paar Gallonen rum. Wer hat Bock auf ›Notting Hill‹ mit Julia Roberts, hm?« Hundert Augen starren mich an. Irgendwo lächelt einer zurück. Na immerhin.

»Ich will aussteigen!«, brüllt ein anderer darauf von hinten. Natürlich will er aussteigen. Ich will auch aussteigen. Aus dem Bus! Aus dem Business! Aus dem Leben!

»Aus Sicherheitsgründen muss ich euch alle bitten, im Bus zu bleiben.«

Ich höre es buhen. Die Leute haben echt keinen Respekt vor mir. Und das, obwohl ich schon zwanzig bin! Die Stimmung droht zu kippen. Ich simse dem Büro.

Fuck! Liegengeblieben Nähe Eisenach. Sprit alle.

Folgendes bekomme ich als Antwort:

LOL. Viel Glück!

Was für eine Wahnsinnsunterstützung! Ich bin gerührt. Ich schicke Horsti mit einem Warndreieck hinter den Bus und ein Stoßgebet Richtung Himmel. »Ich dachte, wir dürfen nicht aussteigen?«, ruft jemand von hinten. Herr, zu Hilf!

Zwei kurze Hollywood-Spielfilme auf VHS später fährt der ADAC vor und trichtert uns etwas Diesel in den Tank, damit wir es bis zur nächsten Aral schaffen. Horsti hat völlig zu Recht nicht mehr gesprochen. Die Rollen sind hier doch eigentlich ganz klar verteilt: Er weiß, wann er tanken muss, damit wir nicht liegenbleiben, ich mache Witze am Mikro und sacke das Geld ein.

Etwas unglücklich über den Umstand, dass wir verpeilt haben zu tanken, ist auch der Paris-Bus, mit dem wir um ein Uhr nachts an der Raststätte Aachener Land Gäste austauschen sollten. Es ist sechs Uhr morgens, als wir endlich dort vorfahren. Von dem Mini-Nickerchen vorhin mal abgesehen, habe ich seit gut 35 Stunden nicht geschlafen. Der Reiseleiter des anderen Busses ignoriert mich. Ist okay. Ich würde mich auch hassen. Zwei meiner Gäste trotten verschlafen aus meinem Bus nach drüben, ich nehme zwei neue in Empfang.

»Hi!«

Mehr fällt mir beim besten Willen nicht als Begrüßung ein.

Ab Aachen führt die Autobahn schnurgerade und gelb erleuchtet durch Belgien. Ich weiß, dass Horsti müde ist. Vier Stunden lang starre ich ihn unauffällig von der Seite an. Immer, wenn er droht wegzunicken, öffne ich ihm eine neue Cola oder erzähle einen Schwank. Notfall-Ruhepausen sind in diesem Business nicht vorgesehen. Oberste Priorität: niemals eine Reise abbrechen, niemals den Leuten ihr Geld zurückgeben. Komme, was wolle.

Um halb elf stehen wir in Dover in der Fährschlange an. Die Möwen kreischen über uns, es nieselt. Halb elf! Normalerweise wären wir jetzt schon in London. Wir haben gerade Herrn Mwabasi – wie immer man das auch ausspricht – mit seinen zwei Koffern im Zollgebäude zurücklassen müssen. Anscheinend waren seine Dokumente gefälscht. Er fand es rassistisch, dass die Beamten ihn auf seinem Passbild zu weiß und in echt zu schwarz einstuften. Dass Leute illegal nach Großbritannien einreisen wollen, passiert hier jeden Tag, bei mir an Bord auch ab und zu. Ich kann nichts für Herrn Mwabasi tun, auch wenn ich ihm seine neue Existenz gönnen würde. Die Gäste freuen sich über etwas mehr Platz im Bus, ich ärgere mich darüber, dass ich nun einen zahlenden Gast weniger habe. Shame on me.

Als wir ein paar Stunden später in London ankommen, kann ich mich kaum noch auf den Beinen halten. Ich habe alles gegeben, um den Gästen zwischen Fähre und Ankunft noch diese verdammten Ausflugstickets zu verkaufen. Das ist mein Job. Aufgeben ist nicht. Selbst wenn alle einen verprügeln wollen und man im Stehen einschläft.

Die Stadtrundfahrt verlege ich zum Missfallen des Büros auf den nächsten Tag, um sofort die vier Hotels an unterschiedlichen Enden der Stadt anzufahren und die aufsässigen Leute loszuwerden. Wenn wir alle eine Runde geschlafen haben, wird die Welt schon wieder ganz anders aussehen. Hoffentlich.

Um 17:30 Uhr steht der Bus endlich auf dem Parkplatz, mein Fahrer ist auf seinem Zimmer, und ich selbst habe eingecheckt. Mit meinen letzten Kräften und der weißen Chipkarte öffne ich die Tür meines heruntergekommenen Twin Rooms am Hyde Park. Die geblümte Tapete wellt sich von der Wand, der Teppich hat Brandlöcher, der Fernseher brummt leise. Ich hieve meinen Koffer auf eine Ablage, setze mich auf das linke der beiden Betten und fange an zu flennen.

Dann nehme ich mir einen Rosé-Piccolo aus der Minibar, kippe etwas davon in einen Einweg-Zahnputzbecher und ziehe einen Stapel Geld aus meinem Sicherheitsgürtel, den ich versteckt unter der Jeans trage. Die Scheine lege ich, der Größe nach sortiert, auf kleine Haufen. Als ich mit dem Zählen fertig bin, schreibe ich Markus eine SMS.

1500 Euro verdient. Ich hasse mein Leben. Und ich vermisse dich.

Die drei Tage vor Ort sind relativ entspannt. Ich fahre mit Horsti und den Gästen nach Windsor und Oxford und führe sie am Abend durch das Rotlichtviertel von Soho. Am Erosbrunnen mache ich denselben Scherz wie immer, die Leute lachen. Auch wie immer. Inzwischen kann ich das alles schon abspulen und zeitgleich darüber nachdenken, was ich meiner Mutter zum Geburtstag schenke. Die Scheine stecken noch immer unter meiner Jeans. Nachdem mir mal der komplette Verdienst, vermutlich von einem Gast, aus der Tasche geklaut wurde, bin ich vorsichtig geworden. Eine Lichterrundfahrt durch die nächtlich erleuchtete Stadt, vorbei am Buckingham Palace und dem Britischen Geheimdienst und der Börse, bildet den krönenden Abschluss unserer Reise. Vor Harrods parke ich im absoluten Halteverbot und lasse alle auf die Straße rennen, um Fotos von der Fassade zu machen. Die Gruppe schütze ich mit meinem eigenen Körper vor den Autos, die in London ja irgendwie auf der falschen Seite fahren. Verträgt sich nicht so gut mit den deutschen Bustüren.

Auf dem Weg von London zur Fähre schlafen die meisten Gäste. Auch ich muss mich zusammenreißen, nicht wegzuknicken. Aber das könnte ich Horsti nicht antun. Und allen anderen auch nicht: Wer weiß, ob wir dann nicht in Schottland aufwachen.

Eine stürmische Fährfahrt, vier Stunden Frankreich und Belgien später stehen wir wieder am Rasthof Aachener Land. Dort, wo wir auf der Hinfahrt vor ein paar Tagen reuevoll den Paris-Bus getroffen hatten. Mit zwei Gästen rauche ich gerade eine. Ein Jugendlicher, der mit seinen Eltern hier ist, pikt mir in die Schulter: »Guck mal, Jule, da hinten tropft es aus dem Bus.«
Ich drehe mich um. Recht hat er. Und eigentlich ist »tropfen« auch ein wenig untertrieben. »Wasserfallartig herausschießen« träfe es vielleicht eher. Ich hole Horsti. Horsti guckt aufs Wasser. Ich gucke auf Horsti. Dann guckt Horsti auf mich und zuckt mit den Schultern.
»Müsste man mal aufmachen und nachgucken«, sagt er.
»Ja, Horsti, vielleicht sollten wir das dann tun.«
Wir öffnen den Kofferraum und krabbeln ins Innere. Alles steht unter Wasser. Auch das gesamte Gepäck. Jackpot.
»Hier ist eine Leitung irgendwie … Da bräuchte man jetzt Gaffer oder so.«
Horsti ist die Kompetenz in Person. Ein paar neugierige Köpfe schieben sich von draußen durch die Klappe. Flucht nach vorne. »Du und du und du – helft mir doch mal kurz, alle Taschen auf den Parkplatz zu räumen, ja?«
Innerhalb von Minuten schichten ich und meine drei Gehilfen das triefende Gepäck vor dem Bus zu einem riesigen Berg auf.

»Das können Sie hier aber nicht einfach so abstellen«, keift mich jemand von der Seite an. Offensichtlich kein Gast, er trägt einen Blaumann und hat einen Schrubber in der Hand.

»Weitermachen, Jungs!«, sporne ich die irritierten Helfer an. »Nein! Sie müssen umparken, ich muss jetzt hier saubermachen«, befiehlt der Blaumann.

»Äh, nein?«

Der Blaumann schwingt seinen Schrubber: »Ich mache jeden Sonntag um acht Uhr hier sauber!«

Ich wische mir mit meinem Jackenärmel etwas von der Plörre aus dem Gesicht und brülle ihn an. »Lassen Sie mich in Ruhe!«

Ein Gast mischt sich ein. »Sie sehen doch, dass wir hier nicht weg können.« Der Blaumann schnappt nach Luft.

»Aber, aber, aber *Sie* tragen die Verantwortung!«

Die Verantwortung, diese zehn Quadratmeter des Rastplatzes ungefeudelt zu lassen, wird echt schwer auf meinen Schultern lasten. »Okay«, sage ich. Die Einmann-Putzkolonne räumt schnaubend das Feld, meine Gäste applaudieren, Horsti, der noch immer mit beiden Händen das Rohr abdichtet, winselt nach Gaffer Tape.

Eine Stunde später haben wir das Loch geflickt, die Koffer wieder nach drinnen gewuchtet und sind endlich auf dem Weg nach Köln. Ab jetzt ist es entspannt. Nur noch schnell die Leute abliefern.

Wir sind kurz vor Kassel, als sich die Kühlwasseranzeige neben dem Lenkrad in ungeahnte Höhen schraubt. 120 Grad. Das ist meines Wissens nach über dem Siedepunkt.

»Jule, da qualmt es!«, macht mich zeitgleich ein Gast auf die Wolke hinter dem Bus aufmerksam.

Ich hasse die Leute aus dem Büro dafür, dass sie mir permanent billige Schrottbusse schicken. Als wäre mein Job nicht schon schwer genug! Wir fahren auf den nächsten Parkplatz. Ohne Shop, ohne Toiletten, ohne alles. Bevor einer der Gäste blöde Fragen stellen kann, flüchte ich aus meiner Tür ins Freie. Horsti fächert dem dampfenden Motor hinter dem Bus mit der Bild-Zeitung Luft zu.

»Horsti«, sage ich.

»Warte, ich muss hier nur irgendwie die Temperatur … Hast du mal eine Flasche Wasser bitte?«

Ich lege meine Hand auf seine Schulter: »Horsti.«

»Nee du, das kriegen wir wieder hin.«

»Horsti! Du musst ihn gehen lassen. Wirklich.«

Horsti hört auf zu wedeln und kratzt sich am Kopf.

»Fünfzehn Jahre bin ich mit diesem Bus …«

»Ja. Man sieht es euch beiden an.«

Ich wähle die Nummer des Büros und fordere einen neuen Bus an. »Wie viele Stunden kannst du die Gäste noch bei Laune halten?«, fragt mich die Stimme der Notfallhotline, die unsere Routen an einem Plan verfolgt und sich sicher gerade einen neuen Roibuschtee gemacht hat. Ich gucke von draußen in den Bus. In der Not haben sich Interessengemeinschaften gegründet, die nur darauf warten, mich stellvertretend für den Reiseveranstalter zu lynchen. Ein falscher Move und ich habe eine Kugel in der Brust.

»Gar nicht«, antworte ich. »Ich kann die gar nicht mehr bei Laune halten, hörst du?« Meine Stimme zittert.

»Der neue Bus kommt in etwa fünf Stunden. Spiel doch eine Runde Hasenblasen mit denen.«

Den Tränen nahe, lege ich auf. Wichser!

Horsti steht noch immer am Motor und fuchtelt rum. Dann wird ein junges Mädchen von zwei Typen aus der hinteren Bustür getragen. Sie sieht ziemlich tot aus. Die Glückliche?

Ich renne hin. Der eine schlägt ihr mit der flachen Hand ins Gesicht. Die Freundin der Toten heult.

»Haben wir einen Arzt an Bord?«, schreie ich. Das wollte ich schon immer mal machen. Wir haben einen Tierpfleger. Na, auch gut. Nach etwas Schütteln wacht die Tote wieder auf. War wohl nur der Kreislauf. Alle sind inzwischen draußen und erleichtert. Ich nutze die allgemeine Verwirrung zu meinen Gunsten.

»Es tut mir sehr leid, aber wir müssen auf einen neuen Bus warten. Wie wäre es, wenn wir alles Essbare, das wir noch haben, nach draußen bringen und zusammen picknicken?«

Schweigen.

Sekundenlanges Schweigen.

»Ich habe auch noch zwei Decken dabei«, sagt wer.

»Und ich so Boxen. Die kann man an den Discman anschließen.« Ich atme auf. »Na dann los!«

Ein paar maulen rum, ich ignoriere sie.

Innerhalb von zehn Minuten haben wir vor unserem Schrottbus eine Liegewiese gezaubert. Es gibt Weintrauben und Apfelschorle und Kekse. Außerdem läuft die neue Platte von Destiny's Child. Man unterhält sich. Bis auf die zwei schmollenden Pärchen hab ich sie alle wieder. Niemand will mich mehr ermorden.

Als vier Stunden später der neue Bus ankommt, spielen wir gerade Hasenblasen. Ziel des Spiels ist es, einen Luftballon in Hasenform so aufzupusten, dass die Ohren prall sind und der Körper als solcher erkennbar ist, und

ihn dann zu stylen. Einer mit Sonnenbrille und Ed-
ding-Kussmund gewinnt. Den Reisegutschein, den es als
Gewinn geben soll, lasse ich lieber in der Tasche und ent-
lohne die Hasenbläser mit Ruhm und Applaus. Zum Abschied mache ich ein verpixeltes Handyfoto mit meinem
Nokia und schicke dem Arschloch von der Notfallhotline eine MMS.

Als ich irgendwann tatsächlich zu Hause in Berlin ankomme, lese ich mir die Feedback-Zettel durch, die ich
die Gäste beim Picknick noch hab ausfüllen lassen. Auf
einem steht: »Jule = geile Sau!«
Vielleicht ist mein Job doch gar nicht so schlecht. Und
jetzt schlafe ich fünfzehn Stunden am Stück.

4.
Zwischen Schwanz,
Löwe und Affe

Markus und ich leben in einer kleinen Bude am Steintor. Eigentlich ist es seine Wohnung, ich wohne ja noch bei meiner Mutter, aber ich bin jedes Wochenende hier. Ich kann nicht behaupten, dass mir die Gegend gefällt – bisschen zu viele Junkies und Nutten für meinen Geschmack. Hannover ist generell nicht so geil, obwohl ich noch nicht viel von der Stadt gesehen habe. Hannover ist bekannt für die Expo, Hochdeutsch, Kurt Schwitters und die Scorpions. Angeblich gibt es hier viele Parks, ich finde es aber betonlastiger und grauer als Berlin. Im Krieg hat irgendwer das meiste wegbomben lassen, die Einkaufszone ist also so quadratisch und seelenlos wie die vieler deutscher Städte. Infolgedessen habe ich mir auch noch nicht die Mühe gemacht, die Innenstadt und Museen und Bars anzugucken. Manchmal sitze ich unterm »Schwanz«, wenn ich noch Zeit habe, bis mein Zug fährt, und gucke Menschen an. Der »Schwanz« gehört dem Pferd, auf dem Ernst August der Erste in Bronze gegossen vor dem Hauptbahnhof rumreitet.

Soweit ich weiß, ist das der Vater des geliebten Pinkel ..., äh Prügel ..., äh Prachtprinzen, der neulich noch so schön gegen den türkischen Pavillon auf der Expo geschifft hat, während die Kameras auf ihn gerichtet waren. Ich mag Ernst August. Man ist sich nie sicher, ob er nun besonders dumm oder vielleicht einfach sehr, sehr klug ist. In jedem Fall ist er unterhaltsam.

Heute holt Markus mich vom Zug ab. Die drei Stunden Fahrt scheinen wie immer endlos. Die niedersächsische Landschaft ist völlig eintönig – sie haben mit Hannover also eine angemessene Ansammlung von Häusern zur Landeshauptstadt ernannt. Im ICE kann man ja noch nicht mal einen Film gucken … Und für den miesen Service zahle ich nun so viel Geld. Bei meinem Reiseunternehmen kann man für denselben Preis ein ganzes Wochenende nach Amsterdam fahren. Mit Film! Da es nichts zu tun gibt, höre ich das dumme Audioprogramm, das aus den Armlehnen kommt. Manchmal ziehe ich mir da heimlich ein Kinderhörspiel rein, heute gibt's die Sugababes.

Als ich am Hauptbahnhof einfahre, sehe ich Markus schon am Gleis stehen. Er raucht. Natürlich. Wir umarmen uns, küssen uns, dann nimmt er meine Reisetasche, und wir laufen Hand in Hand aus dem Bahnhofsgebäude Richtung Wohnung. Anfangs brauche ich kurz, um wieder in den Beziehungsmodus reinzukommen. Ich weiß auch nicht, wieso, aber in der Regel reicht der Weg vom Bahnhof zur Wohnung dafür aus. Vor Markus' Haustür tummeln sich wie immer die Besucher von Crack-Heaven. Heute sitzen zwei Suchti-Frauen im Hauseingang. Die eine hat einen ungesund roten Ausschlag im Gesicht und quatscht unverständliches Zeug, während die andere im Straßendreck nach Steinen, also praktisch portionierten Crack-Klumpen, sucht. Genau diese bietet sich uns auch an. Sexuell. Für fünf Euro! Also bitte. Junge Dame, wischen Sie sich den Schnodder aus dem Gesicht, tauschen Sie Ihre Lackstiefel gegen praktische Ballerinas,

werden Sie clean und gut ist. Würde uns allen hier helfen. Wer möchte auch schon freiwillig Geld dafür bezahlen, um sich von jemandem einen blasen zu lassen, der so geistig weggetreten hier rumlungert? Mir geht das alles echt auf den Senkel. Jede Nacht brüllen die vor unserer Haustür rum wie Tiere, ab und zu verprügeln sie sich gegenseitig oder stecken sich mal ein Messer wo hin. Wir gehen vom Bahnhof immer direkt in die Wohnung und schließen alle Fenster. Markus und ich trotzen den Asis da draußen. Wenn es auf der Straße zu laut wird, ziehen wir die Vorhänge zu und machen laute Musik an.

Okay, noch konsequenter würden wir uns natürlich von dem Pack vor der Tür abgrenzen, wenn Markus nicht ständig selbst Spritzen im Arm hätte.

Markus ist seit etwa fünf Jahren heroinabhängig. Während ich noch meine Sachen ablege, ist er schon im kleinen Badezimmer verschwunden, um nachzulegen. Ich bin nie dabei, wenn er sich was wegmacht. Ich kann das nicht mit ansehen, dafür habe ich viel zu großen Respekt vor Nadeln. Das würde mein Kreislauf auch gar nicht mitmachen. Ich weiß trotzdem ziemlich genau, was er jetzt tut. Er bröselt etwas von dem braunen Pulver auf einen Löffel, kippt einen Schluck Wasser und etwas Ascorbinsäure hinterher. Ascorbinsäure ist Vitamin C und hilft dem Heroin dabei, sich zu lösen. Markus behauptet immer, das würde die Drogen voll gesund machen. Ich bin mir da unsicher. Dann erhitzt er den Blödsinn mit einem Feuerzeug und zieht alles durch einen handelsüblichen Zigarettenfilter auf eine Insulinspritze. Ob er sich irgendwie den Arm mit was abschnürt, bevor er ballert, weiß ich nicht. Ich denke schon. Ist alles so, wie man es aus dem Fernsehen kennt. Manchmal setzt er sich ein Ei. So heißt das, wenn man die Vene nicht trifft und die Flüssigkeit nur unter die Haut spritzt. Eier sind echt unsexy. Wenn man getroffen hat, dauert es nur ein paar Sekunden, bis die Wirkung des Heroins eintritt. Oft übergibt er sich unmittelbar nach dem Spritzen, das sei aber nicht weiter schlimm, das gehöre dazu, sagt er immer.

Nach einer halben Stunde kommt er zu mir aufs Sofa. Er legt seine Beine auf meinen Schoß, zittert ganz leicht und hält sich Augen und Ohren mit einem Kissen zu. Was er jetzt gerade erlebt, werde ich wohl niemals nachvollziehen können. Er ist krank oder dumm, und ich kann ihm nicht helfen. Wie entfremdend. Draußen die Junkies, drinnen der Junkie. Und ich sitze in dieser Einzimmerwohnung und versuche nicht auf die Wunden an seinem Arm zu gucken. Das ist unser Alltag. Nicht viele Leute wissen von unserem so gut gehüteten Geheimnis. Es würde auch niemand so richtig verstehen. Ich verstehe es ja selbst kaum. Es ist, wie es ist. Ich kenne Markus nicht anders.

Damals, bei unserem zweiten Date, benahm Markus sich komisch. Er verschwand mehrfach auf der Toilette. Und das sehr lange. Etwas später am Abend beichtete er mir seine Sucht. Anfangs war es sogar etwas aufregend, dass er Drogen nahm. Mir kam nie in den Sinn, deswegen nicht seine Freundin zu werden oder zu bleiben. Ganz im Gegenteil. Es fühlte sich verboten an. Und erwachsen. Ich hatte einen Freund. Einen mit Problemen. Und ich war nun da, um ihm zu helfen. Um ihn in die Arme zu schließen und zu sagen, dass alles gut würde. Um Verständnis zu zeigen. So viel Verständnis, dass es bei anderen Unverständnis hervorrufen würde. Es machte mich zu einem besseren Menschen. Seine Schwächen machten mich stark. Ich fand es aufregend, nachts um Bahnhöfe zu schleichen, mit Spritzbesteck und Filtern und einem Löffel im Gepäck. Es war absurd erfüllend, seinen Rücken zu streicheln, wenn er sich vor Übelkeit auf irgendeinem Tankstellenklo die Galle aus dem Magen hochwürgte. Er würde damit aufhören wollen, wenn ich ihm nur sagte, dass es schlecht für ihn sei. Ich würde ihm über die Wangen streicheln und es ihm einfach erklären. So, dass er es auch verstand. Unsere Liebe, meine Liebe, die locker für uns beide reichte, würde den Rest erledigen. Alles würde gut werden, so, wie ich ihm immer sagte. Das wusste ich. Ich hatte »Jim Carroll« gesehen – einen US-Streifen mit Leonardo DiCaprio, in dem er, ein süchtiger Basketballspieler aus New York, das Heroin besiegt. Dreimal war ich damals im Kino gewesen, noch lange vor Markus' Zeit. Ich war gebannt vom Plot und dem Protagonisten gewesen. Jetzt habe ich meinen eigenen DiCaprio zu Hause. Einen, mit grauen Haaren an den Schläfen, einen, der Wohnungen vermakelt, einen, der schon begreifen wird, dass die Entscheidung zwischen Liebe und Drogen eine leichte ist. Ich musste ihm nur Zeit lassen.

Markus zuckt mit den Muskeln in seinen Oberarmen. Ich weiß nicht, wo er gerade ist, aber es muss ein schöner und warmer Ort sein, denn er lächelt und schwitzt. Das ist der Moment, der das alles hier rechtfertigt. Die Lügen, die Angst, die Schmerzen, den Entzug. In diesen Momenten ist er irgendwo alleine unterwegs. Ich sitze neben ihm und fühle mich einsam. Etwas später nimmt Markus das Kissen vom Gesicht und lächelt mich mit seinen kleinen Stecknadel-Pupillen an. Ich schwöre, wenn er sich auch nur noch einen Schluss setzt, macht es »plopp«, und seine Augen bestehen ausschließlich aus reinstem Weiß. Heroin verkleinert, Kokain vergrößert, eine Mischung aus beidem gleicht die Pupillen wieder aus. Markus schwitzt viel, redet ununterbrochen und sagt mir ganz oft, wie sehr er mich liebt. Wir essen Spaghetti mit Tomatensoße und Parmesan, gucken einen Film, erzählen uns von unserer Woche.

Abends pilgern wir zum Hauptbahnhof. Ich zum Faxen, er zum Fixen. In den unterirdischen Gängen zwischen ZOB und Bahnhof kann man normalerweise hervorragend Drogen tauschen und konsumieren. Das weiß auch die Polizei, die hier echt viel kontrolliert. Während ich gerade was an meinen Reiseveranstalter faxe, bekommt Markus einen Platzverweis. Das Gebiet umfasst auch seine Wohnung, aber das passiert öfter mal. Drauf geschissen und weitergesucht. Er vorneweg, ich im Sicherheitsabstand hinterher. Immer wenn er unauffällig nach

»Shore« fragt, laufe ich an ihm vorbei und tarne mich als normale Passantin. »Shore« ist Code für Heroin. Markus wird oft selbst für einen Undercover-Bullen gehalten, dann wollen ihm die anderen nichts verkaufen. Drogendealer sind von Hause aus schon skeptisch, druffe Drogendealer sind schlichtweg paranoid. Leider stehen da keine Typen mit gebügeltem Hemd, die einem etwas von der Tageskarte empfehlen. Das sind richtig fertige Leute. Bei vier verkauften Beutelchen können sie sich selbst eins in die Venen hauen. Heute ist ein besonders schwerer Tag für Junkies. Weil wir nichts finden, müssen wir weiter zum Fixpunkt auf der Hamburger Allee, vor dem sich bei minus fünf Grad ein Haufen Süchtiger drängelt. Hier hat man die Möglichkeit, seine Drogen im Innern der blauen Hütte mit sauberem Besteck zu konsumieren. Während Markus sich in den Fixer-Tumult wirft, laufe ich wieder weiter. Irgendwann hat er jemanden gefunden, der was zu haben scheint. Der ist allerdings so neben der Spur, dass er zwanzig Minuten mit Markus und mir im Schlepptau kreuz und quer durch die Innenstadt läuft, um die nicht vorhandene Polizei abzuhängen. Die beiden verschwinden in irgendeinem Hauseingang. Endlich. Ich warte auf der Straße. Neben mir hält ein Auto an. Jemand fragt, was ich koste. Fickt euch alle! Echt!

Auf dem Nachhauseweg zieht Markus mich in einen Beate-Uhse-Shop hinein. Hatte er eigentlich schon gemerkt, dass ich total verklemmt bin? Ich befinde mich in einer aussichtslosen Falle. Peinlich berührt, verstecke ich mich hinter einer Säule. Umgeben von Videos, Dildos, Gleitgel und Heftchen.
»Entschuldigung, haben Sie etwas zur Stimulierung der Klitoris?«, höre ich Markus fragen. Ich gucke schwit-

zend auf den Boden. Spinnt der jetzt völlig? Dann stehen wir vor einem Regal mit unendlich vielen Vibratoren, Penis-Reinsteck-Vorrichtungen und Klitoral-Kitzlern. Ich zeige panisch auf eine Verpackung mit einem rosa Schmetterling. Im nächsten Moment stehen wir an der Kasse vor der Verkäuferin, die versucht, das Ding mit Batterien zum Laufen zu kriegen. Markus betrachtet neben mir Videocover, auf denen sich die Protagonisten anscheißen.

»Wollen Sie mal anfassen?«, fragt die Verkäuferin, als der rosa Falter endlich brummt. Ich schüttle den Kopf. Ich will vieles, aber bestimmt nicht anfassen.

Als wir mit unserer unauffälligen schwarzen Plastiktüte wieder draußen stehen, sind wir um zwanzig Euro ärmer und ein Sexspielzeug reicher. Zu Hause probieren wir es aus. Ich glaube, ich werde langsam besser bei Sex. Neulich hatten wir sogar Analverkehr. Ich bin eine krasse Schlampe! Zuerst war ich mir ziemlich sicher, dass das alles anatomisch gar nicht möglich sei. Passte aber.

»Was haben Markus und ein Papagei gemeinsam? – Beide haben Scheiße auf der Stange.«

Vielleicht hätte ich mir diesen kleinen Witz danach einfach knicken sollen. Markus hat eher nicht gelacht. Das mit der Erotik muss ich irgendwie noch lernen. Aber ey, er durfte hinten reinstecken. Dafür muss er auch meinen erlesenen Humor ertragen.

Wenn Markus high ist, schläft er so gut wie gar nicht – die Drogen halten seinen Körper wach. Je mehr Tage am Stück er was genommen hat, desto wirrer wird sein Verstand. Mit jeder Spritze nähert er sich geistig und optisch den Junkies auf der Straße. Inzwischen verstehe ich kaum noch, was er sagt, weil er so nuschelt. Sein Gesicht ist aufgequollen, seine Augenränder hängen bis zu den Mundwinkeln, und dieser irre Blick könnte einem Angst machen. Aber irgendwo darunter ist immer noch mein Freund, das weiß ich. Das hoffe ich. Manchmal malt er sich mit den Kanülen seiner Spritzen Bilder aus Blut auf den Oberarm – Schiffe und Blumen und Sonnen. Symbole der Hoffnung, des Glücks, der Wärme, die Markus mir so strahlend präsentiert, als hätte er gerade seinen Professor-Titel verliehen bekommen. Ich kann nie anders, als bei dem Anblick ebenfalls zu lächeln. In diesen Momenten ist er glücklich, und ich will nicht diejenige sein, die ihn aus diesem schönen Traum weckt. Er hat so viel durchgemacht, er verdient es, seine blutigen Sonnen im Spiegel zu betrachten und dabei zu kichern wie ein kleines Kind.

Ich mache mir Sorgen, kann aber nicht viel tun, außer auf ihn aufzupassen, wenn er eine frische Dosis nachgelegt hat und kurz mal wegdöst. Dann ruht mein Kopf auf seiner heißen Brust, und ich observiere Herzschlag und Atmung. Ich weiß nicht genau, wie Heroin das macht, aber alles wird viel langsamer, man muss kaum noch atmen. Wenn er entzieht, also »affig« ist, wird dafür alles umso schneller. Er hat dann ähnliche Symptome wie bei einer Grippe: Schüttelfrost, Glieder- und Kopfschmerzen, Rotznase, Magenkrämpfe, Herzrasen. Dann schläft er viel und redet kaum. Meistens fühle ich mich dann zwar besser, aber noch einsamer als vorher. Markus hat einfach immer Wichtigeres in seinem Leben als mich – entweder die Shore oder den Affen. Mit diesen beiden buhle ich stets um seine Aufmerksamkeit.

Aber bis zum Affen kann es noch eine Weile dauern. In meiner linken Hand halte ich eine Armbanduhr, deren

Sekundenzeiger ich beobachte. Zu jeder vollen Minute stoße ich Markus in die Seite. Dann holt er tief Luft, und ich zähle erneut. Ich weiß gar nicht, ob Markus das überhaupt bemerkt. Er merkt im Rausch so vieles nicht. Vor einer Weile ist ihm mal seine glühende Kippe auf den Fuß gefallen. Er war so weggetreten, dass er nicht mal mitbekam, wie die herunterbrennende Glut seine Zehen versengte. Der Filter loderte am langsamsten – an der Stelle schmorte der mittlere Zeh bis auf den Knochen runter. Schöner hat das seinen Fuß echt nicht gemacht, Flipflops trägt er trotzdem.

Als Markus wieder beginnt, irgendwelche Dinge zu brabbeln, hört meine Atemfrequenzschicht auf. Die Gefahr ist gebannt, er lebt. Ich würde seinem Genuschel gerne noch etwas folgen, bin aber zu erschöpft und verliere mich im Schlaf.

Ich wache auf, weil ich Markus aus dem Badezimmer schreien höre. Sofort renne ich nach drüben. Stichpunkt Überdosis. Muss man immer mit rechnen. Wir haben mal geübt, was ich tun muss, wenn sein Herz nicht mehr schlägt. Es involviert irgendwas mit Salzwasser und einer Spritze, und ich möchte es niemals tun müssen.

Markus sitzt auf dem Fliesenboden in der Ecke, die Hände schützend vor sein Gesicht gelegt.

»Was ist los?«, frage ich. Er guckt zu mir hoch, mit Tränen in den Augen.

»Mach die Tür zu!«, winselt er.

»Wieso?«

Markus springt auf, zieht mich weiter in den Raum hinein, knallt die Tür zu und schließt ab. Dann schiebt er mühsam einen Badschrank vor die Tür.

»Du darfst jetzt nicht ausflippen, aber draußen ist ein …

Löwe«, flüstert er, während er an seinen Fingernägeln kaut. Ich lache laut los. Markus hingegen fängt wieder an zu weinen. Okay, er meint es ernst.

»Schatz, hast du wieder Kokain gespritzt?«

»Was hat das denn damit zu tun?«

Okay. Anders.

»Baby, ich komme doch gerade von draußen. Da ist kein Löwe.«

»Doch! Der Löwe. Der ist da gerade. Auf dem Flur …«

Den Rest verstehe ich nicht, weil Markus sich immer wieder mit der flachen Hand auf die Stirn haut. Ich gehe auf ihn zu und nehme seinen feuchten Körper in den Arm.

»Alles wird gut, Schatz«, sage ich. »Ich bin auch total super mit Löwen. Komm, ich geh mal gucken, ja?«

»Bist du irre? Der wird dich töten!«, kreischt Markus. Ich hätte gerne noch die Zeit gehabt, auszudiskutieren, wer von uns beiden nun genau der Psycho ist, aber Markus zwingt mich zu Boden. Wir rangeln kurz rum, weil ich es echt nicht einsehe, hier mit dem siffigen Badvorleger zu kuscheln, aber ich bin einfach zu schwach. Und ihm jetzt so richtig in die Eier zu treten scheint mir auch unangemessen.

»Du darfst nicht sterben, ich liebe dich!« Seine Tränen laufen mir über die Wange. Ich höre auf, mich zu wehren. Letztes Jahr musste Markus mal mit mir in der Küche schlafen, weil in meinem Zimmer eine Spinne saß. Vielleicht ist dies meine Chance, etwas zurückzugeben. Ich verspreche ihm, nicht die Tür zu öffnen, er mir dafür, dass wir es uns gemütlich machen und die restlichen Drogen im Klo versenken. Wenn er runterkommt, wird er entweder nach draußen müssen, um nachzulegen, oder realisieren, dass Löwen in einer 35-Quadratmeter-Wohnung im Zentrum Hannovers eher die Ausnahme sind. Ich rolle mich in Markus' Schoß zusammen, während er die restliche Nacht brabbelnd die Tür bewacht.

Morgen wird er entziehen. Bestimmt. Dann kommt er wieder, der Affe.

5.
Staatlich geprüfte *Vogue*-Leserin

Berlin-Schöneberg | Alter: 21

Ich sitze mal wieder im Doppeldecker. Der Bus ist bis auf den letzten Platz ausgebucht. Wir fahren nach Lloret de Mar. Von meinem Sitz aus beobachte ich in einem kleinen Monitor das Geschehen im oberen Teil des Busses. Dafür gibt es eine praktische Kamera. Zwei Jungs haben einen Ghettoblaster eingestellt und tanzen mit nacktem Oberkörper durch den Gang. Einer hält eine Flasche Korn in der Hand. Der Busfahrer flucht neben mir. Heißt wohl, ich solle was tun. Ich schalte das Mikrophon ein.
»Jungs, ich hab euch vorhin schon gesagt, dass ihr euch hinsetzen und mit dem Saufen aufhören sollt.«
Als hätte Gott persönlich gerade zu ihnen gesprochen, halten sie kurz inne. Von der ersten Reihe angefeuert, zwirbelt sich der eine kurze Zeit später aber schon wieder die Brustwarzen in die Kamera. Der Ernst kehrt erst ins obere Stockwerk zurück, als jemand gegen die Frontscheibe kotzt. Draußen sind dreißig Grad, wir haben noch sechzehn Stunden Fahrt vor uns. Zum Glück sitze ich hier unten. Mit schwerem Arm greife ich zur Küchenrolle und gehe dann die Treppe nach oben. Hasenblasen werde ich heute Abend zur Strafe ausfallen lassen. Das wird ihnen bestimmt eine Lehre sein.

Seit fast zwei Jahren dreht sich bei mir alles ums Geldverdienen. Und um Markus. Ich lebe im Bus und im Hotel, lerne unzählige Leute kennen, habe immer tausend Euro in der Hose, Routine im Job und einen Freund, den ich zwar selten sehe, aber abgöttisch liebe. Und immer wenn ich nach Hause komme, spüre ich diese Leere, ein unbeschreibliches Gefühl von Müdigkeit, Langeweile, Depression, Stille und Aufgedrehtsein. Vom wochenlangen absoluten Trubel in die Isolation. So kommt es mir immer vor. Ausgelaugt, keine Kraft, etwas zu machen, keine Lust, mit jemandem zu sprechen, zu aufgeputscht, um zu schlafen, zu müde, um mich zu bewegen. Ein Zustand der stillen Verzweiflung, in mir selbst gefangen, weder willig noch fähig, etwas zu ändern. Markus hätte jetzt Drogen genommen.

Am Tag danach ist immer alles besser. Die Seele, der Geist kommen auch zu Hause an und schlüpfen nachträglich in den Körper. Ich erwache aus meiner Trance.

Wenn ich diesen Job noch lange weitermache, wird er mich zerreißen. Die Belastung ist einfach zu groß. Etwas Bodenständiges muss her. Eine Ausbildung. Findet übrigens auch meine Mutter. Und mit den 10 000 Euro, die ich auf wundersame Weise durch knochenharte Arbeit gespart habe, sollte das alles ja irgendwie gehen.

Ich habe Mode schon immer geliebt. Als Kind verkleidete ich mich mit den Glitzerröcken und schultergepolsterten Jacketts meiner Mutter. Als Teenager traute ich mir modetechnisch so einiges zu. Ziemlich stark würde ich den Look einstufen, den ich mit fünfzehn trug – kurze, sonnengelbe Haare, Hornbrille mit Fensterglas, blauer Lidschatten, Metallic-Lippenstift, Strickpulli, türkise Schlaghosen, auf die jemand das Wort »Johanna« eingestickt hatte, Turnschuhe von Deichmann. Um meinen Hals und meine Handgelenke waren gefühlt Hunderte

Kinderketten gewickelt. Meist aus buntem Plastik oder Holz. Ach, schön waren die Neunziger nun wirklich nicht. Jetzt halte ich mich streng an die aktuellen Trends. Hüftjeans mit leichtem Schlag sind gerade voll in Mode. Dazu trage ich gerne enge T-Shirts mit Strass-Aufdrucken und meine rote Bowlingtasche. Die Haare türme ich zu einem toupierten Nest auf meinem Kopf auf und runde alles mit goldenen Kreolen ab. Es liegt eigentlich auf der Hand, dass ich Modedesignerin werden sollte.
Ich bewarb mich noch während des Abis an einer Schule in Berlin-Schöneberg, wurde aber aus mir unerklärlichen Gründen nicht angenommen. Nun denn. Dieses Jahr bin ich drin. Ich habe lange überlegt, ob ich diese Chance wahrnehme. Vor allem, weil ich nicht weiß, wie oft ich Markus dann noch sehen werde, wenn ich jeden Tag in die Schule muss. Als Reiseleiterin war das irgendwie einfacher.

Am ersten Tag an der neuen Schule gibt es eine Einführung an der Nähmaschine. Na, kann ja nicht so schwer sein. Das machen Frauen schon seit Jahrhunderten!
Leider ist es mit der Feinmotorik nicht ganz so gut bestellt. Schon beim Einfädeln der Garne in die Maschinen fühle ich mich wie ein alkoholabhängiger Chirurg. Vor allem in der Kettelmaschine. Bis eben wusste ich nicht mal, dass es so etwas wie eine Kettelmaschine überhaupt gibt, und jetzt sitze ich mit Lupe, Pinzette, zusammengekniffenen Augen und zittriger Hand davor und versuche, diese Scheißfäden irgendwie in der richtigen Reihenfolge in die dafür vorgesehenen Ösen und Halterungen zu zwängen. Das ist schon allein von den Naturgesetzen her völlig ausgeschlossen. Die wollen hier nur meinen Willen brechen. Gibt es dafür keine Maschinen? Wahrscheinlich

zeigen die uns gleich noch, wie man Schafe schert und aus der Wolle Garn spinnt. Voll Mittelalter.

Die anderen aus meinem Semester scheinen immerhin ganz cool zu sein. Hier sind fast ausschließlich Mädchen, die zwei Jungs hundertpro schwul. Da sich unserem Modedesignzweig an der Schule ein hauswirtschaftlicher Kurs anschließt, haben wir eine intern geführte Kantine. Da bereiten die kleinen HauWis unsere Mittagessen zu. Mit Suse und Ina bin ich zum Essen verabredet. Aufregend.

»Wie krass ist es eigentlich, dass die neue Chloé-Kollektion ab Frühjahr / Sommer 2003 nicht mehr von Oscar de la Renta, sondern Dries van Noten designt wird?«, fragt Ina über Gemüsebratlingen und Kartoffeln.

»Ziemlich krass«, sage ich und stochere in meinem Gurkensalat. Was will die?

»Und habt ihr die Westwood-Wedges bei der Schau in Barcelona gesehen?«

Suse anscheinend schon. »Ja, total. Und die Plissee-Blousons aus gechintztem Jacquard waren ein absoluter Traum.«

Ich gucke auf meine Fingernägel und trinke einen großen Schluck Schorle. Dann zählen beide auf, welche Praktika und Auslandserfahrungen sie schon gesammelt haben. Bevor es dazu kommt, dass ich meinen Lebenslauf offenbaren muss, verabschiede ich mich. Steht ja nicht viel drin, außer: »Besoffene nach Spanien bringen« und »wissen, wo man harte Drogen kauft«. Ich wollte eh noch ins Sekretariat. Ob man es glaubt oder nicht, mit 21 kriege ich hier einen Schülerausweis. Ab sofort kann ich für billig ins Kino und bekomme mein BVG-Ticket für denselben Preis wie Erstklässler. Cool!

Nach der Mittagspause haben wir Aktzeichnen. Da lernen wir, den Körper und seine Anatomie zu erfassen. Mit dem Stift. Auf Papier. An lebenden Modellen. Nackt. Heute zeichnen wir Herrn Koppe. Alle sind bewaffnet mit Kohlestückchen und Graphit und Knetgummis und riesigen Zeichenblöcken in A0. Ich bin eher nicht so der großformatige Typ – mir würde ein HB-Bleistift auf A4-Druckerpapier auch reichen. Aber nein, hier muss man sich voll riesig austoben – das ist nämlich ein Zeichen des Loslassens und Kreativseins. Ich finde, das ist reinste Papierverschwendung. Holz ist ja nun als Ressource auch irgendwo begrenzt. Herr Koppe ist vielleicht 55 Jahre alt und mit einem merkwürdigen Penis bestückt. Erst dachte ich, er sei von der Neonlicht-Atmosphäre erregt und hätte einen Halbständer, aber ich glaube, das muss so sein. Kenne ja auch noch nicht so viele Glieder. Eigentlich nur eins. Jetzt zwei. Herrn Koppe sei Dank! Ich zeichne unser Modell stundenlang in verschiedenen Positionen. Alle Bilder sehen aus, als hätte sie ein Kind gemalt. Braucht man das überhaupt fürs Modedesign?

In der Doppelstunde Kollektionsgestaltung danach lerne ich, dass man es wirklich nicht braucht. Man arbeitet bei der Erstellung der Kollektionen nämlich mit sogenannten Figurinen. Figurinen sind überstilisierte Zeichnungen von Barbiepuppen, die mit der Anatomie Herrn Koppes wirklich nicht viel zu tun haben. Auf dem Leuchttisch zeichnet man die Entwürfe einfach über den Figurinen-Körper. So muss man sich keinen Kopf machen, ob die Proportionen auch wirklich verfälscht genug sind, um als modisch zu gelten. Man kann ja nicht einfach einen naturgetreuen Körper nehmen. Der wäre viel zu fett. Nein, man braucht dürre Pfosten als Models, dann kauft es später vielleicht auch jemand. So wie in echt auch auf dem Papier.

Wir sollen heute zur Einstimmung ein weißes Shirt entwerfen, das man zu einer Jeans anziehen kann. Easy. Ich nehme meinen Bleistift und mache mich an die Arbeit. Eine Dreiviertelstunde später erhebe ich den Blick von meinen kläglichen Entwürfen und gucke, was meine Nachbarn fleißig skizzieren. Oha. So allerhand. Ich sehe mir noch mal meine eigenen an. Ich kenne genau drei Arten von Halsausschnitten: V, U-Boot und normal. Das wird auch in den Designs meiner Shirts sichtbar. Wo die anderen Streber sich wahnwitzige Dinge mit Puscheln und Falten und Schlitzen und Asymmetrien ausdenken, sieht meins aus wie der aussortierte Kleiderschrank einer Rentnerin. Einer langweiligen Rentnerin.
Wie macht Lagerfeld das nur?

Nachdem ich einen nackten Mann gezeichnet, ein T-Shirt designt und in der Theorie verstanden habe, wie man die Maschinen mit Garn bespannt, werde ich am zweiten Tag genötigt, unfassbar viele Nähte und Falten in beige Stoffstücke – der Fachmann nennt es »Nessel« – zu bügeln und zu nähen. Nessel ist ein preiswerter Stoff in Leinwandbindung aus hundert Prozent Baumwolle, in unterschiedlichen Beige-Tönen und in verschiedenen Stärken erhältlich. Ich wüsste gar nicht, wozu man Nessel verwenden sollte – außer für die Produktion von Musterstücken, die nach den Anproben sofort in den Sondermüll wandern. Das Material hat wenig mit den Stoffen zu tun, die ich gerne verarbeiten würde. Ich sehe da eher was mit Glitzer und glänzend und fluoreszierend und reich mit Pailletten bestickt. Bis dahin wird es aber noch ein langer Weg. Erst mal wird Nessel gefaltet und mit Nähten fixiert. Und dafür nimmt mir diese Privatschule nun so viel Geld ab? Sogar die Kinder in Bangladesch werden für solche Arbeiten entlohnt.

In der Nacht träume ich bestimmt von Saumkanten, knappkantig abgesteppten Nähten, Jeansnähten, Kappnähten, Französischen Nähten, beidseitig abgesteppten Nähten, abgesteppten Falten, Kellerfalten, Abnähern, Hemdschlitzen, Paspeltaschen usw. Ich hasse diese Nähte und Falten mehr als Staudensellerie!

Mein Hirn ist jetzt schon von der Fashion-Sekte infiltriert. Es dauert bestimmt nicht lange, und ich rede auch so wie Suse und Ina. Und überhaupt – ich scheine ja wirklich gar nichts zu können.

Über meinem Frust beschließe ich einfach, nie besonders gut, aber immer sehr schnell zu nähen. Für saubere Nähte habe ich weder die Passion noch die Energie. Ich sitze gerade an einer meterlangen, völlig unsinnigen Jeansnaht, als mir der Stoff unter dem Metallfuß verrutscht. Während ich weiternähe, schiebe ich alles wieder in seine richtige Position. Dann stoppt die Maschine ruckartig. Ich starre auf meinen Finger, der irgendwie ungünstig unter die Neunziger-Nadel geraten ist. Diese hat sich mit unheimlicher Präzision samt rotem Übungsfaden seitlich durch meinen Fingernagel gebohrt. Da die Nadel aus der Halterung gebrochen ist, kann ich meine Hand aus der Maschine ziehen. Adrenalin pumpt mir sofort ins Herz. Vorsichtig drehe ich die Hand. Die Nadel guckt auf der Unterseite meines Fingers raus. Der Faden auch. Ich schlucke. Dann wird mir schwarz vor Augen.

Ich wache auf dem Boden des Schnittraumes wieder auf. Alle gucken. Ich checke meinen Finger – die Nadel steckt noch. Na toll. Hätten die anderen sich in meiner Abwesenheit aber auch mal nützlich machen, einen Arzt rufen und dieses Ding rausoperieren lassen können. Aber nein – die glotzen bloß. Frau Bohse wird gerufen. Frau Bohse ist etwa vierzig und hat vor ein paar Jahren mal einen Erste-Hilfe-Kurs gemacht. Die kann sicher noch die stabile Seitenlage. Das qualifiziert sie als eine Art Notarzt der Schule. Frau Bohse beschließt einfach so, dass ich noch transportfähig sei, weil ich mich etwas zu engagiert über die veralteten Nähmaschinen beschwere. Sie fährt mich ins Krankenhaus. Hoffentlich gipsen sie mir die Hand für die nächsten drei Jahre ein – dann muss ich wenigstens nicht mehr nähen.

6.
Sehr wahrscheinlich
hab ich Aids

Berlin-Prenzlauer Berg | Alter: 22

Inzwischen wohne ich mit Markus und meiner gestörten schwarzen Katze Mördermörte zusammen. Markus hat seine Sachen gepackt und ist endlich nach Berlin gezogen. Das hat mich unheimlich gefreut. Meine erste eigene Wohnung. Mit meinem ersten eigenen Freund. Jackpot. Vor acht Wochen sind wir hier im Prenzlberg eingezogen. Es ist eine schöne Wohnung mit Balkon und Wannenbad und Stuck und abgezogenen Dielen. Die Kastanienallee ist gleich nebenan – da kann man super Caipis trinken.

So weit, so gut. Irgendwie klang das alles auf dem Papier aber romantischer, als es ist. Jetzt hocken wir rund um die Uhr aufeinander, und ich muss sagen, es nervt mich. Er nervt mich. Drei Jahre lang haben wir, neben dem Leben, das wir zusammen hatten, jeder auch noch ein eigenes geführt. Mit eigenen Freunden, eigenen Hobbys (ich: Nägel lackieren, er: Drogen nehmen) und Gewohnheiten. Nun haben wir alles vereint, und ich sehe ziemlich klar, dass das nicht funktionieren kann. Ich stehe jeden Morgen um sechs Uhr auf – da ist er meistens noch wach und vor der Glotze. Ich komme nach Hause und mache Hausaufgaben – da ist er meistens noch wach und vor der Glotze. Ich bin abends mit Freunden verabredet und komme wieder nach Hause – da ist er meistens noch wach und vor der Glotze.

Ihre Insomnie wird Ihnen präsentiert mit freundlicher Unterstützung von Heroin. Jetzt neu auch in abhängig.

Nach knapp zwei Monaten haben wir uns so viel gestritten, dass alles nur noch wenig Sinn ergibt. Wenn er wenigstens ab und zu eine Wohnung zu vermakeln hätte. Aber nein, Markus verlässt kaum das Haus, ich ziehe stur die Modeschule durch. Die Machtverhältnisse sind irgendwie gekippt. Es fällt mir aber schwer, mir das einzugestehen. Wir haben doch so viel miteinander erlebt, und wir lieben uns. Ich bringe es einfach nicht übers Herz, einen Schlussstrich zu ziehen. Wie würde das außerdem auch aussehen, er ist doch extra meinetwegen nach Berlin gezogen?

Wir sitzen in der Küche und essen Spaghetti. Draußen ist es kalt und oll.
»Ich habe dich betrogen«, eröffnet Markus den frühabendlichen Smalltalk. Er guckt mir dabei in die Augen, er will meine Reaktion sehen. Ich drohe das Gleichgewicht zu verlieren, auch wenn ich auf einem Stuhl sitze.
»Mit wem?«, frage ich stattdessen nur.
»Einer Frau aus einer Bar.«
Ich lasse meine Gabel sinken und lehne mich zurück. Wir gucken uns an. Ich bin so wütend, dass ich darüber nachdenke, ihm eine zu knallen. Ich bleibe sitzen.
»Mit *einer* Frau?«
Markus schüttelt den Kopf.
»Mit *mehreren* Frauen?«
Markus nickt.

»Hast du verhütet?«

Markus schweigt.

Mein Herz bohrt sich durch meinen Dünndarm.

»Du kannst die Wohnung behalten. Morgen bin ich hier weg«, sage ich, während ich die Küche verlasse, um in mein Zimmer zu gehen.

Ich dachte immer, man müsse sich nur lieben, und dann klappt der Rest schon von selbst. Nachdem ich die Tür geschlossen habe, fange ich an zu weinen. Leise, denn ich möchte nicht, dass Markus es mitbekommt. In dieser Situation keine Trauer zu zeigen wird ihm am allermeisten wehtun. Und das will ich. Ich möchte, dass er blutet. Zeitweise verlor er der Drogen wegen vielleicht den Bezug zur Realität, aber er wusste ganz genau, was er tat. Was er mir antat. Das werde ich ihm niemals verzeihen können. Ich habe seine eitrigen Abszesse am Arsch versorgt. Ich habe ihm mehr Liebe und Wärme und Fürsorge gegeben als jedem anderen Menschen in meinem Leben. Ich habe daran geglaubt, dass wir für immer zusammen sein werden. Ich sah unsere Zukunft. Vielleicht sah ich sie nicht in den letzten Wochen, aber darum geht es jetzt nicht. Es geht ums Prinzip und prinzipiell habe ich recht.

Acht Wochen haben wir es in Berlin miteinander ausgehalten. Acht verdammte Wochen.

Plötzlich stürmt Markus in mein Zimmer und brüllt los. Ich verstehe nichts, er ist wohl wütend. Dann wirft er aus einiger Entfernung eine Packung Salzstangen auf mich und knallt die Tür hinter sich wieder zu.

Note to self: Gleich dringend die Küchenmesser verstecken und morgen daran denken, die Katze einzupacken. Wer weiß, was dieser Irre sonst noch anstellt.

Nachts wache ich auf. Es ist drei Uhr. Markus liegt neben mir im Bett und guckt mich an.

»Darf ich dich umarmen?«, flüstert er. Ich rücke an ihn heran und lege meinen Kopf auf seine Brust – so, wie wir es die letzten Jahre immer gemacht haben. Er schlingt seine Arme um mich. Ich habe Angst, vor allem davor, was morgen kommt, aber ich bin ruhig. Ein paar Tränen lasse ich auf sein T-Shirt rollen. Auch er weint.

»Es tut mir leid.«

Ich nicke. Ich weiß, dass wir so oder so keine Chance gehabt hätten. Ich weiß, dass er mich genauso liebt wie ich ihn. Und ich weiß, dass die Zeit gekommen ist, loszulassen, ohne was man nie geglaubt hat, leben zu können. Markus' Herz schlägt gleichmäßig. Er braucht mich jetzt nicht mehr.

Am nächsten Morgen packe ich eine Sporttasche mit Zeug für die kommende Woche – Schulkram und Klamotten und Schminke und mein Tagebuch. Mördermörte wehrt sich angemessen, als ich ihn in seinen Reisekorb setzen möchte. Da helfen auch die roten Ofenhandschuhe nicht viel, die ich in schlauer Voraussicht angezogen habe. Als die Katze endlich verpackt ist, stelle ich sie in den Flur und gehe in Markus' Zimmer. Er sitzt mit dem Rücken zu mir und guckt einen Film. So wie immer.

»Das Taxi ist da«, sage ich.

»Ich kann mich nicht von dir verabschieden. Bitte geh einfach«, antwortet Markus.

Einen Moment lang fühle ich mich schlecht, weil ich ihn verlasse. Weil ich ihn schon länger verlassen wollte. Die Katze schreit auf dem Flur. Ich gehe an Markus heran und lege meine Hand auf seine Schulter. Ohne sich umzudrehen, streichelt er kurz darüber, dann versinkt er wieder in seiner Starre. Ab jetzt wird alles noch beschissener. Als ich die Haustür hinter mir schließe, muss ich laut schluchzen.

Zwei Tage später sitze ich auf einem grauen Flur irgendwo in Berlin-Mitte. Ich weiß nicht genau, was deren Spezialität hier ist, aber unter anderem nehmen sie Leuten Blut ab, um nach HIV zu suchen. Es ist mein erster Aids-Test. Ich empfinde sehr viel Hass. Während er seinen druffen, dreckigen Schniedel gerade wahrscheinlich in allem versenkt, was irgendwo am Leib ein Loch hat, kümmere ich mich um mein Leben. Beziehungsweise um meinen Tod. Die Chancen, dass ich bald abgemagert, mit offenen Wunden im Gesicht mit den anderen Patienten auf der Straße lebe, stehen nicht schlecht. Aids, das fehlt mir jetzt noch zu meinem Glück.

»Nummer 67« wird aufgerufen. Diese Zahl steht auch auf dem Zettelchen, das vorhin ein kleiner Automat ausgespuckt hat. Ich nehme meine Handtasche und schleiche mit gesenktem Kopf den Flur entlang ins Behandlungszimmer. Ein Arzt begrüßt mich. Er sieht selbst aus wie frisch unter der Brücke hervorgekratzt, trägt aber einen Kittel. Also vertrauen wir ihm.

Er fragt mich, warum ich einen Test machen wolle. Ich dachte, das sei hier anonym und so? Eigentlich hatte ich nicht vor, was zu sagen. Aber nicht, dass der denkt, ich sei voll die Schlampe?

»Mein heroinabhängiger Freund – sorry: Exfreund – hat mich mit irgendwelchen Weibern betrogen und nicht verhütet«, schießt es verbittert aus mir heraus.

Der Arzt empört sich für meinen Geschmack etwas zu wenig. Stattdessen spult er sein »Verhütung ist wichtig«-Programm ab. Was nimmt der sich raus, mir jetzt einen Vortrag über Safer Sex zu halten? Mir, die ich in meinem Leben erst mit einem Mann geschlafen habe?

Los. Hau mir die Nadel rein und besiegele mein Schicksal.

Eine Schwester kommt irgendwo hinter dem Vorhang hervor und lässt die Enden ihrer Gummihandschuhe schnappen. Ich habe eine gute Vene am rechten Arm. Genau die visiert sie auch an. Nadeln machen mir Angst. Der Moment, in dem die Kanüle durch die Haut dringt, tut dann aber nie so doll weh, wie ich es mir Sekunden vorher noch ausmale. Ich denke an Markus.

»Und jetzt öffnen Sie mal bitte die Faust.«

Mehr Blut schießt in die kleine Ampulle. Ich gucke zwar nicht hin, kann es aber durch den Schlauch zischen hören. Jetzt bloß nicht ohnmächtig werden.

Während ich einen Wattebausch auf den Einstich presse, klebt der Arzt eine Nummer auf mein frisches Blut. Dieselbe Nummer kommt auch auf einen Zettel. Na, ob das System so sicher ist?

»Machen Sie sich keine Sorgen. Aids kriegen heutzutage nur Drogenabhängige und Schwule.«

Ich brauche einen Moment, um diesen Satz und seine Bedeutung in seiner vollen Tragweite zu begreifen. Hat der Typ neben Blutzapfen nicht auch den Auftrag, die gängigen Vorurteile und Stigmatisierungen abzubauen? Für einen Moment wünsche ich mir, positiv zu sein, nur um den Kittel hier mal in seine Schranken zu weisen. Ich sage nichts. Ich habe genug eigene Probleme. In einer Woche darf ich mein Ergebnis abholen.

Eine Woche mit der Todesangst im Nacken. Wird sicher vorbeigehen wie im Flug. Ich tippe eine SMS.

Gerade beim Aids-Test, du dumme Sau. Ich hoffe, du schämst dich!

Draußen zünde ich mir eine Zigarette an und denke an die Bilder von mir, die Markus wahrscheinlich noch auf seinem Rechner hat. Keine übermäßig schlimmen, aber die ein oder andere Brust ist sicher zu sehen. Ich muss was tun. Dem traue ich alles zu. Immerhin hat er mir schon eine todbringende Krankheit angehängt. Wütend steige ich in die Bahn Richtung Schönhauser.

Vor seiner Haustür bleibe ich stehen. Die Balkontür ist zu. Ich klingele. Nichts passiert. Ich klingele noch mal. Dann schließe ich auf und gehe nach oben. Er ist nicht da. Gott sei es ihm gedankt. Ich habe nicht viel Zeit – wer weiß, wo der ist –, also gehe ich gleich in sein Arbeitszimmer und klappe den Laptop auf. Das Passwort weiß ich. Es ist sein Geburtstag. Trottel. Ich öffne den Ordner mit den Bildern. Irgendwo muss es einen geben, in dem er Fotos von mir gesammelt hat. Ich finde ihn schnell. Der Ordner heißt »Jule«. Wie originell. Rechte Maustaste. Löschen. Wollen Sie diesen Ordner wirklich löschen? Auf jeden!

Als ich mich gerade weiter durch die Fotos scrolle, finde ich auch einen Ordner, der »Sabine« benannt ist. Sabine? Wer zur Hölle ist Sabine? Ich doppelklicke. Sabine ist um die dreißig. Und gerne nackt. Markus ist in ihrer Gegenwart auch gerne nackt. Ich schließe den Ordner wieder. Dieser Wichser. »Melanie« und »Rebecca« öffne ich erst gar nicht. Ich überlege, ob ich sein gesamtes verdammtes Bildarchiv löschen soll. Verdient hätte er es. Dann fällt mein Blick auf den Ordner »Omas Achtzigster«. Ich lasse ihm seine Großmutter samt der hässlichen Wichsvorlagen. Viel mehr bleibt ihm im Leben ja auch nicht. Den virtuellen Papierkorb leere ich noch fachgemäß aus, dann schließe ich den Laptop und gehe in die Küche. Im Kühlschrank ist nicht viel, ein angefangener Liter Milch und ein halbes Stück Butter. Ich nehme beides und schmeiße es in den Müll. Ich schäme mich selbst, dass meine Rachefeldzüge so lächerlich sind, fühle mich aber besser. Die Tür schließe ich hinter mir nicht ab, vielleicht möchte ja noch irgendjemand einbrechen.

Beim Inder vor der Haustür bestelle ich mir erst Rahmkäse in Spinat und male mir dann auf der Toilette die Lippen rot. Vielleicht macht mich das ja glücklicher. Als ich Platz genommen habe und gerade dabei bin, Jasmin eine SMS mit den News des Tages zu schicken, spricht mich jemand vom Nachbartisch an.

»Hey, sorry für die Störung, isst du öfter hier?«

Ich glaub, es hackt. Kann man noch nicht mal in Ruhe seinen glorreichen Rachefeldzug bei einem orientalischen Dinner genießen?

»Nein«, sage ich. Als ich zu ihm rübergucke, tut es mir schon wieder leid, der ist eigentlich ganz süß. »Hm. Schade. Na, falls du am Wochenende zufällig in der Nähe bist, ich spiele nebenan Theater.«

Dann zieht er einen Stift aus der Tasche und schreibt etwas auf eine Serviette.

»Ich gebe dir mal meine Nummer. Nur für den Fall.«

Er legt das Papiertuch auf meinen Tisch, dann nimmt er seine Jacke und geht zur Tür.

»Ich bin übrigens Markus.«

Ich lösche meine Nachricht an Jasmin und tippe eine neue:

Andere Mütter haben auch schöne Markusse. Gerade einen kennengelernt. Später n Sektchen kippen? Ich hab wahrscheinlich Aids.

Jasmin antwortet:

Alte, watt is los? Spinn nicht rum, bums lieber mal einen. Sekt geht klar, bin um neun bei dir.

Dann kommt noch eine SMS:

Sag mal, warst du an meinem Computer???

7.
Zurück in die Zivilisation, zurück zu Mutter

Berlin-Kreuzberg | Alter: 22

Meine Mutter war irgendwie schon immer die Coolste. Bis auf das gängige Rumgezicke, weil ich als Teenager nie mein Zimmer aufräumen wollte, haben wir uns wirklich gut verstanden. Als ich ihr damals vor ein paar Jahren von Markus erzählte, lief das Gespräch in etwa so ab:

»Mama, ich habe jetzt einen Freund.«
»Echt? Toll! Erzähl!«
»Er ist zwölf Jahre älter als ich, wohnt in Hannover und nimmt Heroin.«
»Er nimmt was?«
»Heroin. Das ist eine Droge, Mama.«
»Ich weiß, was Heroin ist. Du willst das aber nicht ausprobieren, oder?«
»Nee. Natürlich nicht.«
»Versprochen?«
»Japp.«
»Gut. Sollen wir einen Sekt aufmachen?«

Ich weiß bis heute nicht, wo sie immer dieses Grundvertrauen in mich hernimmt. Aber sie hat es. Als ich vor ein paar Tagen mit der Katze heulend vor ihrer Tür stand, acht Wochen nachdem ich von zu Hause ausgezogen war, empfing sie mich mit offenen Armen. Das wusste ich, darauf vertraute ich. Mutti ist immer das Auffangnetz, falls in luftigen Höhen mal was schiefgehen sollte. Außerdem hatte ich fast zwei Monate lang meine Wäsche alleine waschen müssen, und einen Geschirrspüler gab es im Prenzlberg auch nicht. Bei Mama ist alles anders. Sie hat auch wahnsinnig gute Sachen im Kühlschrank. Obstsalat zum Beispiel. Ich hätte niemals die Geduld, einen Obstsalat zu fertigen, der aus mehr Zutaten als Banane und Kiwi besteht. In dem Schrank daneben befindet sich stets ein zuverlässiger Vorrat an Schokolade und Nüsschen. Das Bad ist immer sauber, das Bett gemacht, und es liegen öfter mal ausgeschnittene, für mein Leben relevante Zeitungsartikel auf dem Küchentisch. Ich bin ehrlich gesagt ziemlich froh, wieder hier zu sein – auch wenn die Nächte und manche Tage noch doll schmerzen. Immer, wenn ich tief einatme, wenn ich loslasse, zittert mein Magen, und ich beginne zu weinen. Also krampfe ich meinen Unterleib zusammen und atme flach. Die Glotze gibt mir Halt. Das Fernsehprogramm müsste nachts aber echt besser sein. Für alle, die an zerbrochenem Herzen leiden. Weil ebendie es verdient hätten.

In der Modeschule lege ich gerade einen schlechten Abschluss hin. Mir fehlt die Kraft, auf den letzten Metern noch schöne Dinge herzustellen. Ein Gutes hat es aber: Mit dieser Trennung kann ich ein wenig den Fakt verschleiern, dass ich nach der Ausbildung zwar eine beachtliche Sammlung von Filzstiften aufzuweisen und viele Modenschauen gesehen habe, aber eine schwache Designerin geblieben bin. Das ist eine Lektion, die mich überrascht hat. Ich dachte immer, ich kann alles. Eines ist sicher: Sobald der Modezirkus vorbei ist, nehme ich garantiert keinen Stift mehr in die Hand. Und nähen werde ich auch nichts. Ich habe noch immer eine Narbe dort, wo die Nähmaschinen-Nadel einst meinen Fingernagel durchbohrte. Die Zeit hat mir trotzdem Spaß gemacht. Wer kann schon von sich behaupten, während der Ausbildung hauptsächlich *Vogue* gelesen zu haben? Jetzt nur noch die letzten Prüfungen hinter mich bringen und ich kann endlich Vollzeit das machen, was meine eigentliche Passion ist: saufen.

Vorsichtshalber habe ich schon mal damit angefangen, um den Kummer zu unterdrücken. Und da saufen alleine keinen großen Spaß macht, habe ich mir Unterstützung gesucht. Jasmin ist auch aus Berlin und hat sich gerade von ihrem Freund getrennt, zumindest versucht sie es. Als wir uns vor ein paar Monaten auf einer Party kennenlernten, mochten wir uns nicht sonderlich. Sie fand mich zu tussig, ich sie zu punkermäßig. Als ich sie dabei erwischte, wie sie mit meinen tollen braunen Fake-Lederstiefeln über den Flur trabte und völlig affektiert immer wieder sagte: »Oh, guck mal, meine geilen Schuhe. Ich bin eine feine Dame«, war es um mich geschehen. Ich fand sie unausstehlich. Aber in Notsituationen muss man sich halt zusammenschließen, um zu überleben. Letztendlich bondeten wir über dem Fakt, dass Männer verboten werden sollten. Seit Kurzem bilden wir das Duo »Ihr könnt uns alle mal am Arsch lecken«.

Jasmin studiert halbherzig Rechtswissenschaften in Potsdam. Keiner glaubt wirklich, dass sie ihr Grundstudium jemals abschließen wird. Um sich zu finanzieren, verkauft sie Klamotten bei Peek & Cloppenburg. Jasmin ist generell gut mit der Planung von Dingen – vor allem Zeit- und BVG-Pläne haben es ihr angetan. Wenn wir an einem Tag Verschiedenes vorhaben, beispielsweise Shoppen und Feiern, dann entwirft sie morgens den Ablauf mit genauen Zeiten, wer wann wie wo in welche Bahn steigen muss, und schickt allen Beteiligten SMS über kostenlose Anbieter im Internet. Interessanterweise ist sie selbst dann meistens zu spät. Jasmin wohnt etwa drei Minuten von der Wohnung meiner Mutter entfernt, deswegen können wir viel zusammen abhängen. Sie hat mir zum Beispiel gezeigt, wie man elf verschiedene Gerichte aus Gemüse und Nudeln zaubern kann. Die gibt es bei uns im Rotationsprinzip. Tag zwölf ist Pizza, Tag dreizehn Brot, Tag vierzehn Wodka und dann geht es wieder von vorne los. Es lebe die gesunde Ernährung.

Zu Jasmin gehört auch noch Martin, ihr Freund aus längst vergangenen Jugendtagen. Manchmal scherzen die beiden noch über ihren innigen Sex, jegliche erotische Anziehung ist aber glücklicherweise verflogen. Ich glaube, dass sie selbst dann nicht miteinander schlafen würden, wenn sie die letzten Menschen auf Erden wären. Das beruhigt.

Martin ist ein Jahr jünger als ich und studiert irgendwas mit Kunst und Literatur an der HU. Anstatt seine Zeit in der Uni zu verschwenden, sitzt er aber lieber zu Hause vor dem Computer, hört unerträglichen Math-Core und spielt World of Warcraft oder sonst alles, was irgendwie mit Drachen, Schwertern und Krieg zu tun hat. Ansonsten jobbt Martin im Call-Center und befragt Leute am Telefon zu ihren Kaufgewohnheiten oder aktuellen politischen Themen. Außerdem ist er mit einer Horde Metalheads ständig beim Kicker-Training und hat einen Hang zu rothaarigen, tätowierten Frauen, die sich manisch die Unterarme ritzen. Martins Ernährung ist merkwürdig bis lebensgefährlich. Er hält eine strenge Diät aus den Grundnahrungsmitteln Bier, Tabak und Thunfisch. Lieblingsspeisen: eine Dose Thunfisch auf einem zerlegten

Eisbergsalat, eine Dose Thunfisch auf einer Margarita oder auch einfach nur eine Dose Thunfisch.

Zu dritt gehen wir gerne in den Magneten. Das ist eine Berliner Institution. Früher war der Magnet mal ein Jazzclub im Friedrichshain, inzwischen sind die verstaubten Saxophonisten ausquartiert worden, und wir treiben dort unser Unwesen. Sie spielen Indie-Musik und Emo und Hardcore und so Kram. Genau unser Ding. Der Magnet ist der coolste Club der Welt. Die haben dort eine neue Party, die nennt sich »Rockbar«. Das Konzept hat uns sofort überzeugt: jeden Dienstag, Eintritt ein Euro, top Musik, Tequila und Bier kostenlos, bis die Bestände leer sind. Im Umkehrschluss bedeutet diese Party allerdings, dass ich regelmäßig verkatert bin. Bei der Rockbar brauchen wir keinen zusätzlichen Schnaps, an allen anderen Magnet-Tagen – also donnerstags, freitags und samstags – glühen wir im Dönerladen nebenan vor. Jasmin und ich haben ein neues Spiel erfunden. Sterni-Wetttrinken. Wir beide hassen Bier, können uns aber nichts anderes leisten, deshalb muss es möglichst schnell runter. Die Spielregeln sind ähnlich wie die beim Blitzschach, nur dass man nicht gegen, sondern miteinander spielt. Eine Handystoppuhr beginnt dann zu laufen, wenn die erste Person die Lippen an eine geöffnete Flasche Sternburg setzt. Wenn man nicht mehr kann, in der Regel nach ein paar Schlucken, wird an den Mitspieler übergeben. Die Reihe wird fortgesetzt, bis der halbe Liter geleert ist. Dann wird die Zeit mit den bisherigen Ergebnissen verglichen. Ziel des Spiels ist es, nicht zu erbrechen.

Wir drei verstehen uns so gut, dass wir nicht nur zusammenziehen wollen, sondern uns sogar feierlich Spitznamen verliehen haben. Jasmin heißt Jamba-Jasmin. Sie redet nicht gerne darüber, aber vor einer Weile hat sie aus Versehen mal ein Spar-Abo in dem Verein abgeschlossen. Und zahlt bis heute. Wir erinnern sie mit ihrem neuen Namen gerne täglich daran. Martin nennen wir Martini-Martin. Eine bessere Alliteration, die mit Schnaps zu tun hat, ist uns leider nicht eingefallen. Martini ist eigentlich ein wenig zu edel für Martin, aber Sterni-Martin klingt einfach irgendwie nicht. Ich selbst heiße Judo-Jule. Der Name ist purer Bluff, reine Taktik. So unsportlich und unkoordiniert, wie ich bin, würde ich es wohl nicht mal schaffen, den weißen Gurt überhaupt anzulegen.

Neben diesen neuen Freunden habe ich jetzt auch so eine Art Affäre mit meinem Nachbarn. Hatte ich noch nie, es ist also alles sehr aufregend. Er verkauft Skateboards und hat seine eigene Bude und sich vor einer Weile von seiner Freundin getrennt. Das hat er nicht so gut verkraftet. Also fummeln wir in der Hoffnung, dass alles irgendwie besser wird. Meistens gehe ich nachts zu ihm, und wir gucken einen Film oder »South Park«. Neulich gab es die Folge mit der Lehrerin mit Hängetitten und dem zeitreisenden Rollstuhlfahrer. Genau mein Humor. Dann schlafen wir miteinander. Ich habe ihm nie erzählt, dass ich vor ihm erst mit einem Mann Sex hatte, das ist mir peinlich. Und würde ihn vermutlich auch nicht interessieren. Er findet es komisch, dass ich beim Akt gerne die Socken anbehalte. Markus hatte sich darüber nie beschwert. Neulich hat er sie mir dann einfach ausgezogen und zur Strafe meine Zehen in den Mund genommen, um daran zu saugen. Das war ungelogen der befremdlichste Moment meines bisherigen Lebens, und ich glaube auch nicht, dass irgendwas das jemals wieder toppen wird.

Hätte er versucht, seinen Penis in mein Ohr zu stecken, das hätte ich ja noch verstanden. Aber Füße? Nee. Ich hoffe, dass er dasselbe nicht auch mal von mir verlangt. Dann muss ich das leider beenden. Würde ihn vielleicht auch nicht jucken. Ich glaube, er hat wirklich nicht vor, sich in mich zu verlieben. Das finde ich zwar schade, aber immerhin bin ich manchmal nicht alleine.

Ab und zu telefoniere ich auch mit dem anderen Markus, den ich beim Inder aufgegabelt habe. Er ist Schauspieler, deswegen heißt er intern Schauspiel-Markus. Wir hatten ein Date in einer Bar mit Schnaps und unterhalten und allem. Es ging nichts. Aber ich wäre eh auch zu schüchtern, nen Move zu machen. Und ich bin zwar kein Experte, aber ich glaube, es hat nicht gerade gefunkt. Er hat mich neulich *nicht* anfassen wollen, als ich nach dem Magneten bei ihm übernachtet habe. Eigentlich auch schon wieder frech. Ich sag ja immer: Wer nicht will, der hat noch nicht.

Na ja, und dann gibt es noch »Lars ausm Späti« – den habe ich irgendwie im Kiosk neben dem Sage Club entdeckt. Seitdem schickt er mir SMS. Die Männer riechen das, oder? Die Trennung strömt mir aus den Poren. Muss ja. Ist ja nicht so, dass die mir vorher die Bude eingerannt hätten. Jasmin sagt, es könnte daran liegen, dass ich immer so krasse Ausschnitte trage. Und seitdem ich darauf achte, denke ich, dass sie wohl recht hat. Männer gucken mir oft auf die Brüste, manchmal auch nur, weil ich ihnen keine andere Wahl lasse.

8.
In excelsis Deo

Es ist Weihnachten. Meine Mama und ich haben es nicht so mit Deko und Halleluja. Wir kochen einen vegetarischen Braten mit Rotkohl und Klößen, danach soll es mit Nüssen gespickte Bratäpfel geben, aber wie jedes Jahr kommen wir aufgrund begrenzter Magenkapazitäten nicht mehr dazu und machen lieber gleich eine Flasche Sekt auf. Ich hole diese alte Bibel aus dem Regal, in die meine Uroma ihren Namen in Sütterlin geschrieben hat. Auf dem schwarzen Einband aus Leder ist ein goldenes Kreuz geprägt, wenn man das Buch schließt, sind die Seiten auch vergoldet, das hat mich schon immer fasziniert. Einfach so, weil es glänzt und weil ich Glänzendes gerne anfasse.

Ich war auch mal religiös und hatte deshalb genau ein Jahr lang Religionsunterricht in der Grundschule. Ich konnte es einfach nicht ertragen, dass die anderen Kinder zusammen malen, singen und Geschichten hören durften. Irgendwo bei »Karawane« und »sieben Jahre Dürre« stieg ich dann aber doch wieder aus – es war mir einfach viel zu abgefahren. Konnte ja alles nicht stimmen. Ein halbes Jahr war ich sogar mal in einer Kirchenkindergruppe und spielte den einen der Drei Heiligen Könige. Den schwarzen. Beim Auftritt in der Kirche am Heiligen Abend hatte irgendwer meine Schminke vergessen, und so holte man in der Maske einfach Teller und Kerze, um mich mit Ruß dunkel zu kriegen. Sah super aus – total gleichmäßig und gab auch kaum den gefürchteten Schminkrand am Hals. Es hätte nie jemand erkannt, dass ich ein Fake war.

Wie machen die das wohl heutzutage beim Krippenspiel? Das mit dem Schminken ist mittlerweile ja alles politisch bedenklich geworden. Ende der Achtziger wurde der Fremde aus dem Morgenland in der Kirche aber noch mit Ruß geschwärzt. Normales Tagesgeschäft.

Ich war damals acht Jahre alt. Ich sprach laut und deutlich: »Seht da, der Stern!« Ich wusste, ich war für die Bühne geboren. Es war tatsächlich der Auftakt einer langen Reihe von Theaterstücken, in denen ich Männer spielte – normale, betrunkene und ausländische.

Meine atheistischen Eltern saßen mit skinny Lederhosen und Schnürstiefeletten im Kirchenpublikum und waren zwar im völlig falschen Film, aber stolz. Würde ihre Tochter tatsächlich eine Karriere in der Kirche anstreben? Sie ließen mich. Alles andere hätte meine Schwärmereien für Jesus eh nur verstärkt.

Jesus übte schon immer auch eine erotische Faszination auf mich aus. Oder Jesus-Typen. Der Sänger von Mr. Big: Zum Heiraten! Das Selbstbildnis von Dürer: Unendlich heiß! Paddy Kelly: Traum meiner schlaflosen Nächte! Über die drei durfte man dies auch problemlos öffentlich zugeben, bei Jesus kam das in der Kirchengruppe immer nicht so gut an. Aber kann ich ja nichts dafür, dass die überall Kreuze aufhängen, bei denen der Stylist nur mit Lendenschurz gearbeitet hat.

Mama sitzt mit Mördermörte auf dem roten Sofa. Mörte macht sich sauber, Mama fummelt an ihrem neuen

Nokia-Handy mit Farbdisplay rum – das ist die Zukunft.

»Wollen wir heute vielleicht mal in die Kirche gehen?«, fragt sie mich.

Ich erwache sofort aus meinem Fresskoma.

»Die Kirche? Ehrlich? Au ja!«

Meine Mutter würde hundertpro lieber auf dem Sofa bleiben und Snake 2 spielen. Aber sie weiß, wie sehr mich Kirchen auf absurde Weise glücklich machen. Ich glaube nicht an Gott. Ich glaube an gar nichts. Nicht an Wiedergeburt, nicht an Schicksal, nicht an den Sinn des Lebens, nicht an Erleuchtung, wahrscheinlich noch nicht mal an Karma. Aber ich finde Religionen und ihre Ikonen unfassbar faszinierend. Je bescheuerter, desto besser. Neulich haben die Zeugen Jehovas bei uns geklingelt und mir eine Partyeinladung gegeben. Das war ein schöner Tag. Ich habe den Papierflyer mit einem amerikanischen Showmaster-Jesus vorne drauf in eine Plastikhülle gesteckt, damit ich ihn lange aufheben kann. Muss ja niemand wissen.

Wir gehen zur Mitternachtsmesse in die Passionskirche in Kreuzberg. Fast hätten wir den Zauber verpasst – die Mitternachtsmesse beginnt nämlich nicht um Mitternacht, sondern um 23 Uhr. Ich bin aufgeregt. Vor dem Eingang tummeln sich schon ein paar Christen. Manche sind sehr alt, andere weird, einer obdachlos, wieder andere wurden offensichtlich von ihrer Familie gezwungen herzukommen – so wie meine Mutter von mir. Die Kirche ist hübsch dekoriert, mit Tannenzweigen, Papiersternen und einem riesigen Weihnachtsbaum neben dem Altar. Wenn es jetzt schon so leer ist, was ist dann an normalen Tagen los? Wir positionieren uns strategisch günstig in der Mitte des Raumes. Es ist wie im Theater: Vorne muss man vielleicht mitmachen, aber hinten sieht man nix. Für den Fall, dass wir flüchten müssen, halten wir uns am linken Rand auf. Wir legen unsere Jacken ab. Zum heutigen Fest habe ich mich besonders herausgeputzt. Ich konnte ja nicht ahnen, dass ich in der Kirche lande. Auf meinen Pulli sind viele und vor allem große goldene Kreuze appliziert – wie auf der Bibel von Uroma. Ich bedecke sie, so gut es geht, mit meinem Schal. Nicht, dass die Leute hier denken, ich sei gläubig …

Dann geht es auch schon los. Der Pfarrer oder Priester, das verwechsle ich immer, hat die besten Jahre hinter sich. Seine gekräuselten Haare türmen sich auf seinem etwas zu kleinen Kopf auf. In seinem vernarbten Gesicht prangt ein großes Pflaster über linker Augenbraue und Stirn. Der hat original eine Platzwunde! Es tut mir leid, das so auszudrücken, aber er sieht aus wie der Antichrist in Person. Oder zumindest ein ganz schlimmer Säufer. Das muss den anderen doch auch auffallen? Die lassen sich sicher wieder von dem bodenlangen Gewand und der Bibel in seinen Händen blenden. Im ersten Satz droppt er gleich den Namen »Friedefürst«. Das ist Fachsprache für »Jesus«. Später nennt er ihn »Freudefried«. Ich bin absolut erfreut über diese Alliterationen und zücke mein Notizbuch. Das muss ich mir merken.

»Lasset uns singen!«, schlägt der Pfarrer vor. Die Technik hakt. Alle warten, nix passiert. Kein Wunder, dass hier niemand mehr hin will. Dann hallen endlich die ersten Orgelklänge des Klassikers »Es ist ein Ros entsprungen« durch die halbgefüllten Reihen. Aber niemand möchte so wirklich laut singen. Alle starren auf ihre Notenhefte und nuscheln sich was ins Kinn. Würde die Frau hinter uns nicht derart euphorisch und sicher trällern, wäre alles noch viel peinlicher. Ich bin ihr dankbar, auch wenn das zähe Lied echt an meinen Nerven sägt.

Der Pfarrer spricht von der Schöpfung – von dem Dunkel vor dem Lichte. Ich muss mich zusammenreißen. Jetzt laut zu lachen wäre sicher wieder unhöflich. Manche Dinge sind so fernab von Gut und Böse, dass mich interessiert, warum auch nur ein einziger Mensch auf der Welt daran glauben sollte. Ich unterstelle eh allen Kirchenoberhäuptern, dass sie um die Gehaltlosigkeit ihrer Lehren wissen. So ähnlich wie die Moderatoren auf *Home Shopping Europe*. Und die Dummen kaufen den Kram halt. Das mag angesichts des Faktes, dass 85 Prozent der Weltbevölkerung religiös sind, vermessen sein, aber was soll ich sagen? Daran glaube ich halt. Totschlagargument. Es wird wieder gesungen.

»Glo-hohohohoho-hohohohoho-hohohohohoooria in excelsis Deo.«

Zur großen Verwunderung meiner Mutter kenne ich das Lied noch aus der Grundschule. Bei »Deo« mussten wir damals immer lachen und uns symbolisch unter die Achseln fassen. Der arme Musiklehrer, der mir C-Dur auf dem Keyboard beibringen sollte. Ich erinnere mich gut an ihn. Er hatte keine Augenflüssigkeit. Alle fünf Minuten musste er Tropfen benutzen, um seine Augäpfel zu benetzen. Er machte das, während er mit einem sprach, und so schnell, dass man es kaum mitbekam. So wie Jacky Chan, der schneller zuschlug, als die Filmkameras Bilder machen konnten. Meine Mutter kichert neben mir.

Wir erheben uns zum Gebet. Muss ich die Hände falten, die Augen schließen, irgendwas denken, irgendwas können? Wir beten das Vaterunser. Davon habe ich schon mal gehört. Ich bin aber nicht sonderlich textsicher, und die Worte stehen nicht in unseren Notenblättern.

»Ich will nicht mitbeten«, zischt meine Mutter zu mir rüber. Muss sie ja auch nicht. Aber für den Fall, dass ich mich irre und nach dem Ableben doch noch was geht, wird, wer auch immer da oben am Himmelstor den Schlüssel hat, nicht gerade begeistert sein.

»Denn dein ist das Reich und die Kraft und die Herrlichkeit in Ewigkeit. Amen.«

Ich mache einen Knicks, dann setzen wir uns wieder. Nun dürfen wir endlich die Kerzen nehmen, die vor uns in der Gebetsrinne warten. Das sind so handelsübliche, weiße, die unten mit einem Tropfschutz aus Pappe versehen sind. Eine Vertraute des Pfarrers entzündet ihre Kerze am sogenannten Osterfeuer. Wie im Supermarkt – Weihnachten ist noch nicht mal vorbei, da reden die schon wieder über Ostern. Mit ihrer Kerze rennt sie dann wie mit der olympischen Fackel von Reihe zu Reihe und zündet die restlichen Kerzen an. Das Ritual gefällt mir. Wir dürfen uns entscheiden, ob wir die Kerzen nach Hause tragen oder in einem Becken voller Kies hinter dem Altar lassen. Ich möchte sie dringend hier abstellen. Ich zünde gerne Kerzen in Kirchen an, der Part ist mir also vertraut. Ich quetsche mich durch die anderen Kirchgänger, um die Erste am Kerzenbecken zu sein. Dabei renne ich fast das Osterfeuer um. Wir sollen beim Reinbohren ein Gebet sprechen, rät uns der Pfarrer. Ein Gebet scheint mir nicht angebracht, also wünsche ich mir stattdessen, dass meine Familie und Freunde immer gesund bleiben. Unsicher, ob meine Formulierung spezifisch genug war, schiebe ich noch ein paar konkrete Namen hinterher. Freudefried, Friedefürst, Safety Fürst.

Gerade als ich dachte, jetzt gäbe es endlich Kekse und Wein, strömen alle zum Ausgang. Der Pfarrer blockiert die Tür geschickt mit einem lilanen Kollektebeutel aus Samt. Heute sollen wir für die Unterstützung der Bauern in Angola spenden. Ich finde das toll. Für die Stunde Entertainment hätte ich eh was spenden wollen. Was allein die Kerzen gekostet haben müssen …

»Gib mal Geld«, sage ich zu Mama.

Aber Mama hat nichts. Wir kramen beide peinlich berührt in unseren Geldbörsen rum. Insgesamt haben wir 2,07 Euro. Ich fühle mich mies. Die armen Bauern. Davon können die sich echt keinen neuen Brunnen kaufen. Wenigstens ist das Geld in vielen kleinen Münzen – das klingt nach mehr im Kollektebeutel. Dann stehe ich vorm Pfarrer. Ganz nah dran. Ich fühle mich schlecht, weil ich mich immer über alles lustig machen muss. Ich bedanke mich bei ihm. Vielleicht ist er gar kein Säufer, außerdem ist ja Weihnachten. Ich würde ihn gerne umarmen, weiß aber nicht, ob die anderen Christen dann wegen unseres guten Drahtes zueinander eifersüchtig wären. Wir bleiben professionell und schütteln uns die Hand.

Auf dem Nachhauseweg rauchen Mama und ich eine, während sie »Gloria in excelsis Deo« singt. Bei »Deo« fasse ich mir symbolisch unter die Achsel. Meinem Musiklehrer hätte das sicher gefallen.

9.
Spaß-WG, Zweigstelle Schädlingsbekämpfung

Es ist Februar. Jasmin, Martin und ich haben endlich eine Wohnung in Berlin-Mitte gefunden. Wozu die verlotterten Randbezirke bemühen, wenn man auch gleich zu den Schönen und Reichen ziehen kann? Natürlich sind wir weder besonders schön noch reich, aber wir haben Glück: In der Tucholskystraße ist eine Vierzimmerwohnung in einem Eckhaus frei geworden, das zwar weit und breit das hässlichste seiner Art ist, aber einen tollen Blick auf die umliegenden Altbauten erlaubt. Johannes Rau oder Joschka Fischer oder sonst irgendein Bundeskanzler hat hier wohl mal gegenüber gewohnt. Mit Politik kenne ich mich nicht so aus. Ich bin jung, ich will was erleben. Und hier sind wir direkt im Geschehen, in der Mitte Berlins, umgeben von Bars, Galerien, Bahnstationen, dem Straßenstrich auf der Oranienburger und einer riesigen, goldenen Synagoge, die rund um die Uhr von zwei bäuchigen Polizisten bewacht wird.

Vor uns hat in der Wohnung eine Familie aus dem Ih-ran gewohnt. Unser Vermieter – wir haben ihn »sexy Herr Diebel« getauft – betont das »I« immer völlig übertrieben. Neun Mann seien das gewesen, furchtbar viele Kinder, das Objekt hätten sie in keinem guten Zustand übergeben. Uns ist das ziemlich egal. Wir sind bereit anzupacken, zu renovieren – Hauptsache, es kostet wenig. Für die 90 Quadratmeter zahlen wir 606 Euro. Wovon genau, müssen wir uns noch überlegen. Wird schon werden.

Im Bauhaus bewaffnen wir uns mit Trittschalldämmung, preiswertem Laminat, Holzleisten, Silikon, Wandfarben, ein paar Sprühdosen und einem Pümpel. Jasmin und ich wollen unsere Zimmer rosa streichen. Um das Entfernen der vergilbten Raufaser können wir uns wirklich nicht kümmern, also streichen wir einfach drüber. Dazu gibt es eine Flasche Graf Artos Beerenschaumwein und die The-Used-Platte.
Jasmin streicht mit etwas, das früher wohl mal eine stattliche Malerrolle war. Wir taufen den klumpigen gelben Pelz »Alf« und kämpfen uns über alle Wände. Als wir fertig sind, ist die Used-Scheibe fünfmal durchgelaufen, die zweite Flasche Erdbeersekt alle und wir ziemlich angetrunken. Die perfekten Voraussetzungen, um noch ein paar Zierelemente an die Wände zu bringen. In einen alten Pizzakarton schneide ich mit einer Bastelschere großzügig Totenköpfe. Oder zumindest denke ich, dass Totenköpfe so aussehen. Die Pappe benutzen wir als Schablone, um mit Sprühdosen eine schiefe Borte aus pinken und goldenen Schädeln zu zaubern. Da wir von den Versuchen in unseren Zimmern schlichtweg begeistert sind, machen wir im Wohnzimmer weiter. Martin wird sich freuen!

Die Wände sind nun gestrichen und verziert und das Klicklaminat fachmännisch von uns verlegt worden. Tage haben wir dafür gebraucht. Martin war für das Sägen und Hämmern zuständig, ich klebte, Jasmin wischte.

Oder andersrum. Dass nicht jede Feder genau in die Nut passen wollte, sehen wir gelassen. Wir lieben die renovierte Spaß-WG so, wie sie ist.

Am Tag des Umzugs kommt Martin mit fünf Kisten, Jasmin mit acht und ich mit 21. Unberechtigterweise werde ich sofort als Messie abgestempelt. Bin ich aber gar nicht – ich habe meinen ganzen Krempel nur nicht auf dem elterlichen Dachboden zwischengelagert wie die anderen beiden. Als Martin erstmalig das Wohnzimmer betritt, verstecken Jasmin und ich uns im Flur hinter der Tür. Wenn der die Freestyle-Totenköpfe sieht, bringt der uns um!

»Jasmin, Juliane – kommt ihr mal bitte?«, hören wir es kurz danach aus dem Zimmer.

Ich schiebe Jasmin schützend vor mir her. Als wir vor Martin stehen, guckt er uns fragend an.

»Das … also, das ist … das haben wir neulich …«, stammelt Jasmin.

»Supergeil!«, strahlt Martin uns an. »Voll emo und so!«

Wir highfiven uns. Ich bin erleichtert.

»Ich hab die Schablonen geschnitten«, prahle ich.

Nach der Zusammenlegung unserer Haushalte haben wir nun einen Sodamaxx *und* einen Sprudelfix, einen Sandwichtoaster, eine Menge Besteck und einen Südsee-Palmen-Vorhang, der super zu den floralen Fliesen im Bad passt. Jasmin, Martin und ich lieben uns. Wir haben sogar einen Cliquen-Gruß, den wir jedes Mal rausholen, wenn wir uns sehen. Da wir zusammen wohnen, an die dreißig Mal pro Tag. Noch etwas mehr am Wochenende. Für den Gruß stemmt man die rechte Faust mit erhobenem Ellenbogen gegen die rechte

Schläfe und sagt militärisch nüchtern, aber entschlossen »Froindschaft«. Die Leute müssen denken, wir sind bekloppt, aber das ist uns egal. Uns ist es eh ziemlich wurscht, was andere so denken.

In unser Wohnzimmer quetschen wir zwei Sofas, einen Tisch, eine Kommode, einen würfelförmigen Fernseher und ein Klavier mit Hocker. Damit das Klavier sich nicht so einsam fühlt, bringen wir diverse Flöten und eine Rassel mit an Bord. Fehlt nur noch eine Triangel. Für die Küche kaufen wir den Tisch Ingo und drei passende Stühle, den verrotteten Ofen stellen wir auf den Balkon. Die offene Abstellkammer versiegeln wir mit einem Vorhang aus alter Heidi-Bettwäsche. Der Ziegenpeter sieht darauf besonders schön aus.

Eines Tages finde ich auf dem Fußboden kleine, braun geringelte Würmchen. Sie kommen unter dem Laminat hervor und tummeln sich dort, wo zukünftig mal die Abschlussleisten prangen sollen. Ich rufe sexy Herrn Diebel an, um mich zu beschweren. Daran seien sicher die aus dem »Ih-ran« schuld, mutmaßt er. Am nächsten Tag besucht uns ein Kammerjäger mit Gasmaske, der großzügig und um unsere Matratzen herum, in der ganzen Wohnung toxische Chemikalien versprüht. Wir schlafen trotzdem weiter da – nur die Harten kommen in den Garten. Jetzt müssen wir nur noch jeden Tag die verreckenden Würmer aus den Ritzen saugen und gut ist. Leider ist Putzen nicht so unser Ding. Das merken wir schon in den ersten Wochen. Jasmin hat einen Putzplan entwickelt, der vorsieht, dass im Rotationsprinzip alle Gemeinschaftsräume aufgeräumt, gesaugt und gewischt werden. Und das jede Woche! Völlige Utopie. In Martins Augen sehe ich eine ähnliche Skepsis. Aber warum Jasmin jetzt schon mit unseren Makeln verunsichern? Und wer weiß? Vielleicht wische ich ja tatsächlich mal was?

Da die geringelten Teppichkäfer vollständig ausgeräuchert wurden, darf unser vierter Mitbewohner nachkommen. Meine Katze Mördermörte ist jung, dick, schwarz und hat tierisch einen an der Waffel. Hochheben oder das Kraulen am Bauch wird unverzüglich durch mehrere Krallen im eigenen Fleisch bestraft. Oft wartet Mördermörte hinter einer Ecke und springt Vorbeilaufenden exzentrisch in die Hacken. Wenn er außerhalb der Fütterungszeiten Hunger verspürt und nicht umgehend etwas serviert bekommt, beißt er den Nächstbesten. Einfach so. Weil er kann. Katze halt. Die anderen beiden empfangen ihn mit viel Liebe. Auch sie werden noch lernen müssen, dass »flauschig« nicht mit »sympathisch« gleichzusetzen ist.

Wir haben uns schon fast von dem Giftgasanschlag und den darauf folgenden Hautausschlägen erholt, als Jasmin und ich eine weitere, schreckliche Entdeckung machen: Hinter dem Herd kleben Maden. Ganz viele. Sie sind hässlich, wir kreischen. Dann rufen wir – wie fast jeden Tag – bei sexy Herrn Diebel an. Der Kammerjäger erklärt uns am Telefon, dass die Ursache für einen Madenbefall fast immer verwesende Leichen sind – vielleicht in einer der angrenzenden Wohnungen.
Ach so.
Als wir endlich mit sexy Herrn Diebel in der verlotterten Küche stehen und der Kammerjäger den Insektenbefall inspiziert, kreischen wir Mädchen wieder ein bisschen.
»Wo sind denn jetzt die Maden?«, fragt er uns.
»Na, da! Überall!«

Ich muss mich vor Ekel schütteln, als er eine Made zwischen seinen Fingern vor uns in die Luft hält.
»Sie meinen diese Reiskörner?«

Ups!

10.
Geheimnis-Günther stellt sich vor

Berlin-Mitte | Alter: 22

Jasmin und ich stehen im Magnet-Club.

»Guck mal, der da hinten ist süß!«, sage ich zu ihr und zeige auf einen Emo-Jungen, der an einer Säule lehnt. Sie geht zu ihm rüber, ich bleibe an der Bar stehen. Die beiden unterhalten sich kurz, dann drückt sie ihm einen grünen Zettel in die Hand, er lächelt.

»Und? Kommt er?«, will ich wissen, als sie wieder vor mir steht.

»Klar!«, brüllt Jasmin halb besoffen.

Wir highfiven uns und exen zwei rote Schnäpse. Die Vorbereitungen für unsere große Einweihungsparty am Samstag in der Spaß-WG laufen auf Hochtouren. Schlau, wie wir sind, verlassen wir uns nicht einzig auf unsere Freunde, sondern akquirieren noch zusätzliche Gäste. In Bars. Und Clubs. Hauptsächlich Männer. Was sollen wir auch mit Frauen bei uns zu Hause?

Auf einem Stück Papier habe ich endlich den Beweis dafür, dass ich staatlich geprüfte Modedesignerin bin. Diese Lizenz hätte man angesichts meiner offensichtlichen Unfähigkeit in Bezug auf Klamotten wirklich nicht ausstellen dürfen. Wenn ich wollte, könnte ich jetzt richtig viel optischen Schaden anrichten. Ich bin aber natürlich kein Arschloch – ich weiß, meine schwarze Seite zu unterdrücken. Vorsichtshalber mache ich nach dem Modekram nun ein Praktikum in einer Plattenfirma. Die grünen und blauen Flyer für unsere Einweihungsparty habe ich heimlich, aber kostengünstig im Büro gedruckt. So wenig, wie die mir bezahlen, kann ich mich ruhig auch mal an Papier, Strom, Schneidemaschine und Druckerschwärze bedienen. Den Text (in Comic Sans, klar) haben wir zu dritt entworfen und total businessmäßig unsere Adresse und Klarnamen samt Telefonnummern hinzugefügt. Damit die fremden Leute aus den Clubs uns auch anrufen können, bevor sie kommen, um unser Mobiliar zu zerstören. Der erste Anruf lässt nicht lange auf sich warten. Es ist Geheimnis-Günther, der wissen will, ob er Undercover-Uwe mitbringen darf. Wir kennen beide nicht, aber: Klar! Wer sich nicht scheut, extra für uns Alliterationen zu erfinden, der *muss* sogar kommen.

BUTZEN-EINWEIHUNGSPARTY
Jamba-Jasmin, Martini-Martin und Judo-Jule gründen eine Kuschel-Kommune. Wenn auch du eine Ausgeburt des Spaßes bist, erscheine bitte am 12.02. in der Tucholskystraße 131 (U+S Oranienburger) bei Müller, Bleifuß, Putz. Inklusive: Wall of Friends, Spaß-Bowle und Striptease-Contest. Jegliche Art von Alkohol ist erwünscht. Attention: Gesichtskontrolle und Coolness-Check am Eingang.
Für Rückfragen: Jule – 0151 / 127 19 ▮▮▮

Am Tag der Party buckeln wir vom Edeka an der Ecke kistenweise Sternburg hoch in die WG. Warum viel Geld ausgeben, wenn man den halben Liter auch schon für neunzehn Cent bekommt?
Außerdem verstecken wir alle unsere Wertsachen: die

zwei Britney-Spears-Parfums, das Kleingeldglas und den großen Amethysten, der normalerweise von unserem Klavier aus Pressholz strahlt. Mit Alufolie funktionieren wir die unkaputtbaren Glasschälchen aus dem Osten zu topmodernen Aschenbechern um. Leider schaffen wir es nicht mehr, die Klotür zu reparieren. Aber abschließen ist eh was für prüde Kids, und es kann ja einfach immer jemand draußen aufpassen.

Jasmin und ich stylen uns vor den altmodischen Spiegelfliesen an unserer Wohnzimmertür. Da Jasmin ein ganzes Stück kleiner ist als ich, steht sie vorne, ganz nah an den Spiegel geklemmt, ich schminke mich über sie hinweg. Ich habe mein Lieblingsshirt an – es ist schwarz mit einem goldenen Aufdruck, dessen Inhalt völlig irrelevant ist. Die Ärmel habe ich umgeschlagen und festgenäht – sieht einfach besser aus. Meine blonden Haare trage ich heute offen, hab auch extra noch mal nachblondiert. Ich benutze jetzt immer zwölfprozentiges Wasserstoffperoxid aus dem Frisörbedarf. Wird dann ein bisschen weniger gelbstichig, brennt dafür aber auch wie Sau.

Schuhe brauche ich heute ja nicht. Jasmin tuscht mit einer Engelsgeduld, wie immer, mindestens eine Viertelstunde ihre unfassbar langen Wimpern, bis sie sich in einem Bogen fast bis hoch zu ihren Augenbrauen schwingen.

Es klingelt. Oha. Jetzt geht es los.

Ein paar Stunden später habe ich schon viel zu viel getrunken und irre über den Flur. Ganz schön voll. Wer sind die bloß alle? Einen kurzen Moment lang kriege ich Panik und schiebe mich grob durch die Leute, bis ich endlich in der Küche auf Jasmin stoße. Sie balanciert gerade eine Banane auf dem Kopf, während sie Schnaps aus dem Plastikbecher trinkt. Als sie mich sieht, fällt sie mir um den Hals und kreischt mir was ins Ohr. Die Banane fällt zu Boden, jemand tritt aus Versehen drauf, der Fruchtbrei verteilt sich über das Linoleum. Wir lachen, wir sind jung und in der Spaß-WG. Ich fühle mich warm. Innerlich. Ich liebe jeden, sogar die Hässlichen. Ich möchte Leuten simsen, Leute fotografieren, eine rauchen, Fleisch berühren. In meinem Kopf surrt es, meine Füße spüre ich kaum noch. Ich bin glücklich. Meine Gedanken sind umnebelt, ich lalle. Jetzt ist mir das unangenehm – noch ein Drink und es wird mir egal sein. Ich möchte tanzen, saufen, knutschen. Oder hinfallen. Hauptsache, es passiert was.

Im Flur höre ich jemanden kreischen. Ich gehe gucken. Ein Mädchen liegt manisch lachend auf dem Boden zwischen lauter Schuhen. In einer Hand hält sie einen Drink in die Höhe, der droht jede Sekunde vergossen zu werden. Unter ihr ist das komplette Schuhregal zusammengebrochen. Die anderen jubeln ihr zu. Gut gemacht, endlich mal wieder was kaputt. In der Küche geht Glas zu Bruch. Durchatmen, Jule, durchatmen.

Ich quetsche mich auf den Balkon. Es sind so viele Leute so dicht gedrängt hier, dass ich ernsthaft Angst habe, dass wir gleich samt Mauerwerk einen Abgang machen. Können Balkone abbrechen? Jemand pinkelt vor meinen Augen über die Brüstung direkt in den Hinterhof.

»Ey, sag mal, geht's noch?«, motze ich ihn an.

Er pinkelt noch zu Ende und lässt seinen Schniedel dann schnell wieder in der Hose verschwinden.

Ich setze mich auf den Boden im Wohnzimmer, um mich kurz mal gegen die Wand zu lehnen. Dabei fällt eine der Abschlussleisten um, die wir nie angeklebt, sondern nur lose gegen die Wand gelehnt hatten. Unter dem Sofa sehe ich Mördermörte hocken. Ich robbe zu ihm rüber. Er hat keine gute Laune. Zumindest scheint ihm gerade nicht so nach Kuscheln. Wahrscheinlich muss er mal aufs Klo und traut sich nicht in den Flur. Ich ziehe ihn an den Pfoten unter dem Sofa hervor und packe ihn, in einem ganz klaren Anfall von alkoholbedingter Selbstüberschätzung, mutig um den Bauch herum. Dann stehe ich auf und drängele mich nach draußen auf den Flur. Krallen bohren sich in meine Arme.

»Aaaachtung! Die Katze muss kacken!«

Mördermörte, völlig panisch, hackt mit seinen spitzen Eckzähnen immer wieder in meine Hände. Am Klo angekommen, setze ich mich hin und schiebe die fauchende Katze durch den kleinen, runden Eingang ins Innere des Plastikklos. Gut gemacht! In derselben Sekunde schießt das Tier wieder nach draußen, haut mir mit seinen Krallen eins ins Gesicht, nutzt die Wand als Bande, um sich mit den Hinterbeinen abzustoßen, und sprintet galant wie eine Gazelle durch die unzähligen Füße hindurch direkt wieder unter sein Sofa. Als Dank für meine Mühen hätte er ruhig mal eine Wurst legen können, denke ich, aber gut, so ist er halt. Weiß immer alles besser. Martin hilft mir vom Boden auf und drückt mir eine Flasche Erdbeersekt in die Hand. Immer wieder lecker!

Es klingelt an der Tür. Jasmin grölt in die Sprechanlage, um dann zu merken, dass der Besuch schon oben sein muss. Schwungvoll öffnet sie die Wohnungstür. Draußen stehen zwei Männer und eine Frau, sie tragen Uniformen und Schlagstöcke. Wahrscheinlich eher keine Stripper.

Och nö. Ich moonwalke unauffällig in Martins Zimmer und lege mich zu zwei Knutschenden. Jasmin ist erwachsen, die wird das da schon regeln. Als ich hier so liege, merke ich erst, wie schwindelig mir eigentlich ist. Und der Anblick der zwei an den Lippen Verschmolzenen nebenan hilft nicht wirklich. Diese Nacht ist noch nicht vorüber. Da geht noch was! Ich stehe auf. Die Wohnungstür ist wieder geschlossen, die Musik noch an. Super!

Mir stellen sich zwei Fremde vor. Es sind Geheimnis-Günther und Undercover-Uwe! Und sie haben sogar einen ganzen Kasten Bier mitgebracht! Ich falle ihnen in die Arme und fotografiere sie mit der geilen Einwegknipse für unsere »Wall of Friends«. Da kommen alle mit Foto ran, die heute Nacht hier waren. Und wer sind unsere Freunde, wenn nicht Geheimnis-Günther und Undercover-Uwe?
Inzwischen wurde die Klotür ausgehakt. Ich weiß nicht, ob das mit jemand Weisungsbefugtem abgesprochen war, aber macht eigentlich Sinn – geht ja eh nicht zu. Und so kann man vom Pott aus dem Breakdance-Battle im Flur beiwohnen. Martin macht den Robot Dance erstaunlich gut. Ich schließe mich mit einem kleinen Propeller-Versuch an – die Fliesen im Flur bieten den perfekten Untergrund dafür. Ziemlich wenig Grip. Jasmin steht neben mir und feuert mich an. Als ich wieder aufstehe, knalle ich erst gegen die Wand und rutsche dann noch mal auf etwas Bananenmus aus.
»Froindschaft«, grölt Martin mir zu.
»Froidschaft«, setze auch ich zum Gruß an.
Dann muss ich mich übergeben. Die anderen gucken zu. Welcher Idiot hat bloß die Badtür ausgehängt?

Mein Kopf wummert, als wäre er die ganze Nacht zwischen zwei Asphaltplatten gequetscht gewesen. Mein Magen rumort. Wie spät es wohl ist? Irgendwas schnarcht. Langsam öffne ich die verkrusteten Augen und drehe mich um. Suki und Hannes liegen neben mir. Das ist okay, die beiden kenne ich schon lange. Sukis haariges Bein ruht auf meinem. Das wiederum ist nicht okay. Ich drehe mich wieder zurück. Mein Blick fällt auf etwas auf meinem neu verlegten Laminatboden. Ich lasse meinen Arm aus dem Bett plumpsen, um es zu berühren. Es ist ein schwarzer Aufkleber, auf dem ein weißer Penis prangt. Mir wird wieder schlecht. Ich renne ins Badezimmer – bei jedem Schritt bleiben meine Füße am Boden kleben – und übergebe mich in ein Klo voller Zigarettenstummel.

Als ich wieder im Flur bin, sehe ich Jasmin im Wohnzimmer zwischen Bierflaschen und Erdnussflipstüten liegen. Ihre Augen hat sie geöffnet, sprechen will aber noch nicht so recht klappen. Martins Tür ist zu.
Ich schleiche zurück in mein Zimmer. Die beiden Jungs haben sich über das ganze Bett ausgebreitet. Also nehme ich mein Kissen und gehe zu Jasmin. Auf SAT.1 läuft gerade eine Wiederholung von O.C. California. Ich schiebe Klamotten, Zigarettenschachteln und eine halbvolle Flasche Rum vom Sofa und lege mich hin. Ich würde Jasmin gerne fragen, wie es ihr geht, aber ich stöhne nur leise. Sie nickt, ohne mich anzugucken. Wir verstehen uns.

Eine halbe Stunde später öffnet auch Martin seine Zimmertür. »Moin!«, ruft er uns viel zu gut gelaunt zu.
»Fresse, Spast!«, kriegt er zurück.

Martin kichert, wirft sich einen Kapuzenpulli über, quetscht sich neben Jasmin auf die Couch und fragt:

»Na? Bock auf'n Bierchen?«

Sogar Jasmin muss lachen.

»Ich hasse euch«, sagt sie.

Dann gucken wir weiter diese dumme Wiederholung und bemitleiden uns selbst. Was für ein geiler Abend!

11.
www.internetistgeil.de

Berlin-Mitte | Alter: 23

Schon in den ersten Tagen unseres neuen WG-Lebens führen Jasmin und Martin mich an etwas heran, von dessen Existenz ich vorher noch nicht wusste: Myspace.

Mit zwanzig schrieb ich meine erste E-Mail überhaupt. Bei einem Freund zu Hause. An Hansi aus der Schweiz – der spielt in einer Band, die ich total toll finde. Noch vor Kurzem war das Internet echt teuer. Ich musste die Mail dann immer in Word vorverfassen, kopieren, das Internet anschmeißen, GMX öffnen, den Text reinkopieren, die Mail abschicken und schnell wieder ausschalten. Schon alleine, weil man ja immer die Telefonleitung blockierte, wenn man im Netz surfte. Wir haben jetzt DSL zu Hause. Keine Ahnung, was das ist, aber man kann sich im Internet aufhalten *und* telefonieren. Das ist schon krass. Außerdem zahlt man nicht mehr pro angefangener Minute, sondern einen Festpreis für den gesamten Monat.
Ich verstehe ehrlich gesagt bis heute den Sinn des Internets nicht so ganz. Informationen kann man sich ja eigentlich auch in der Bibliothek holen? Und um mit meinen Freunden in Kontakt zu bleiben, habe ich mein Handy? Ich muss zugeben, ich hatte mich damals auch lange gegen das Handy gewehrt, bin inzwischen aber sehr glücklich darüber. Auch wenn ich es meistens nur für SMS benutze, anrufen ist immer so teuer.

Da ich selbst keinen Computer besitze, pendele ich zwischen Jasmins und Martins Zimmern, um sie abwechselnd dazu zu zwingen, mich ranzulassen. Zwei Computer und drei Mitbewohner? Eigentlich ein potenzieller Krisenherd, aber die beiden ertragen mich geduldig.

Myspace kannte ich vorher noch nicht. Da meldet man sich an und erstellt ein Profil, auf dem es ein paar Bilder und Informationen zur eigenen Person gibt. Weil Jasmin und Martin auch Profile haben, kann ich die zu einer Freundesliste hinzufügen und mir mit ihnen schreiben oder auf ihre Pinnwand posten. Ich hab sogar das Profil eines Hundes gefunden, vielleicht legen wir so was auch mal für Mördermörte an. Wenn man den richtigen HTML-Code kennt, kann man auch Bilder auf dem eigenen Profil einfügen. Irgendwas mit *<img src=* oder so. Es soll sogar Leute geben, die so fette oder blinkende Schrift machen können. Da trau ich mich aber noch nicht ran. Ich muss ja auch das @ jedes Mal suchen, wenn ich es brauche, also bloß nicht übertreiben ... Ich habe auch schon einen Brieffreund gefunden. Reverend Miller. Keine Ahnung, wie der aussieht, er kommt aber aus München und mag Emo-Mucke. Das ist ein völlig Fremder! Und ich schreibe jetzt mit dem! Und der macht mir Komplimente über mein Profilfoto und will vielleicht mal nach Berlin kommen! Das finde ich total spooky und geil zugleich. Ich ertappe mich dabei, wie ich mich ständig auf der Seite einlogge, um zu gucken, ob er wieder geschrieben hat. Ich kann sogar sehen, ob er gerade online ist. Ähnlich wie bei MSN oder ICQ. Da leuchtet dann so ein grünes Zeichen. Science-Fiction! Ab und zu halte ich die Webcam zu – nicht, dass dieses Ding aus Versehen Bilder von mir überträgt, wie ich mit Jog-

ginghose und Palme auf dem Kopf vorm Rechner sitze. Reverend Miller würde mir dann sicher keine Komplimente mehr machen.

Ziemlich schnell stellt sich heraus: Myspace ist eine Offenbarung. Noch nie ergab etwas so viel Sinn, wie in der eigenen Wohnung zu sitzen, Wodka Fürst Uranow mit O-Saft zu trinken und bei Myspace abzuhängen. Ich bin süchtig.

Ein paar Wochen später stehen Jasmin und ich, wie immer, im Hof des Magnet-Clubs in Berlin. Ich hab keine Ahnung, wer genau der hochnäsige Typ neben uns ist. Er hat blonde Haare mit einem tiefen Pony im Gesicht. Er heißt Jens. Ich glaube, Jasmin hat schon mal mit dem rumgemacht. Scheint aber nicht so besonders gewesen zu sein, sonst hätte sie ihn sicher öfter erwähnt. Jens bringt uns zwei richtige Wopfel, also Wodka-Apfel. Ich kann Bier auch echt nicht mehr sehen, aber die anderen Drinks sind immer zu teuer. Er arbeitet hier oder so. Den muss man sich gleich warmhalten. So schlimm ist er vielleicht gar nicht.

Jens erzählt von etwas namens emopunk.net. Das sei eine Online-Community und zudem noch total cool. Er hieße dort *callempeter,* wir könnten ihn ja mal adden. Wir lachen ihn aus. emopunk? Was soll das bitte für ein Schwachsinn sein?

Zu Hause gucken wir natürlich trotzdem nach. Nicht, dass wir einen Trend verpassen. emopunk.net ist eine Plattform zum Kennenlernen von und Kommunizieren mit Freunden und Fremden. Untertitel: »Hyperlinks und Mädchen«. Aha. Schnell finden wir *callempeter*s Profil. Jasmin und ich melden uns an und nennen uns *jambajazzy* und *judojule*. Es leben die Rhymes und Alliterationen!

Nach ein paar Tagen haben wir uns ganz gut eingelebt, wir haben Freunde gesammelt und alle Features entdeckt – die Seite erlaubt sogar Glitzer-gifs! Das überzeugt mich sofort. Voller Übermut eröffnen wir im Forum den Thread »*Bauchtanztruppe Idar-Oberstein – wo ist die nächste Line*«. Damit provozieren wir völlig absichtlich den bis dahin Platzhirsch gewesenen Thread »*Sambagruppe Wanne-Eickel bitte hier sammeln*«.

Erster Eintrag von *jambajazzy:* »Hallo Jule, sammel dich!« Das ist, wie wenn man das Bombing einer verfeindeten Gang crosst: absolutes Beefmaterial!

Wir haben nicht viel zu sagen, das aber ständig. Wir nerven. Wir halten unseren Thread manuell sticky – immer aktuell, immer oben. Endlich haben wir zwischen Tiefkühlpizza und Sternburg einen sinnvollen Lebensinhalt gefunden. Das ist unser Revier, und wir müssen es markieren – mit einem Zweimann-Dialog, der so unnötig ist wie ein festsitzender Schnupfen im Sommer.

»Ey, könnt ihr das nicht privat klären?« – »Nö.«

Wir pöbeln, machen uns über alles und jeden lustig, und vor allem treiben wir den Cat-Content-Trend voran. Katzen sind einfach zu geil. Wenn man nach Katzen bei Google sucht, kommen echt irre Ergebnisse. Ich glaube, wir sind da einem potenziell zeitlosen Ding auf der Spur. Early Adopter. Early Opfer.

Fun Fact: Meistens sitzen wir in einem Raum, am selben PC, loggen uns abwechselnd immer wieder ein und aus. Ein bisschen Schizophrenie schadet nie.

12.
Durch den Monsun,
hinter die Welt

Seit Markus und auch schon davor war ich nie ein Freund von Drogen. Sie machen mir Angst. Unter anderem auch Angst davor, dass sie mir viel zu gut gefallen könnten. Drogen halt. Man kennt das doch: Einen Tag ziehst du am Joint, am nächsten hängst du wie von Zauberhand schon an der Nadel.

Rosi, eine Kollegin aus der Plattenfirma, und ich wollen zu Hard-Fi nach Dresden. Hard-Fi ist eine Art rotzige Britpop-Band aus Südengland, die meine Ex-Affäre Werner bei seiner Plattenfirma betreut. Immer, wenn der Hit »Hard to beat« im Magnet-Club läuft, raste ich aus. Ich *liebe* den Song!

Eigentlich wollte ich Werner auf gar keinen Fall nach Plätzen auf der Gästeliste fragen. Wir waren nicht lange zusammen. Er ist viel älter als ich und hat einen Bauch. Das fand ich nicht weiter schlimm – ich mag Bäuche ganz gerne. Allerdings entschied er sich recht schnell gegen mich. Das kratzt noch immer sehr am Ego. Ich werde immer richtig pissig, wenn sich Männer nicht in mich verlieben wollen! Aber was sollte ich tun? Ich bin jung, chronisch pleite und musste dringend zu diesem Konzert. Außerdem machte Rosi Druck. Also schickte ich Werner eine locker-lustige Mail, in der ich Worte wie »Arschloch«, »gebrochenes Herz« und »fetter Wichser« vermied. Er schrieb uns auf die Gästeliste, der Rest war egal. Wie schwer wog schon meine Würde gegen dieses Konzert?

Mit der Mitfahrgelegenheit fahren wir nach Dresden. Das ist schön billig und schnell, und wenn man Glück hat, lernt man dabei sogar noch gute Leute kennen. Wir haben nicht viel dabei: Schminke, etwas Geld, eine Flasche Mische. Mische ist ein in PET-Flaschen selbst vorgefertigtes, stark alkoholisches Mixgetränk – zumeist Wodka mit diversen Saftresten –, das dafür sorgt, dass man zwischen zu Hause und der nächsten Bar nicht plötzlich nüchtern wird und dann viel Geld ausgeben muss, um wieder den Anschluss zu finden. Eine Mische ist zum Verzehr aller Anwesenden gedacht und geht reihum, bis sie wahlweise alle ist oder der erste kotzt. Die Mischeflasche ist Grundpfeiler der gesunden Partykultur und aus unserem Leben nicht wegzudenken. Niemand geht am Wochenende ohne Mische vor die Tür. So war es immer, so wird es immer sein.

»Wann genau fahren wir eigentlich wieder zurück?«, frage ich Rosi, die sich um die An- und Abreise gekümmert hat.

»Um neun Uhr morgens«, sagt sie, als hätten wir die ganze Nacht über Pläne. Ich gucke sie entgeistert an.

»Jetzt flipp nicht aus, in Berlin sind wir doch auch immer so lange wach.«

Das überzeugt mich nicht.

»Außerdem habe ich da noch was.«

Rosi kramt in ihrer hinteren Hosentasche rum und zaubert ein kleines Tütchen hervor, mit dem sie mir vor den Augen rumfuchtelt. Eine lila Tablette. Verstehe ich nicht.

»Das ist eine E, du Trottelchen«, schiebt sie hinterher.

Ich gucke die kleine Pille noch mal etwas genauer an. Als

mich der eingestanzte Smiley anlächelt, drücke ich ihre Hand panisch nach unten.

»Ecstasy? Ey, bist du behindert?«, flüstere ich.

Vorne scheint niemand was mitbekommen zu haben.

»Später wirst du mir dafür noch danken«, verkündet Rosi siegessicher. Ich zeige ihr einen Vogel. Als würde ich wie ein räudiges Techno-Frettchen an dieser verdreckten Pille nagen. Ich drehe mich um und schmolle aus dem Fenster.

Natürlich stehen wir *nicht* auf der Gästeliste. Ich bin mir unsicher, ob die Informationskette zwischendurch einfach zufällig gerissen ist oder ob Werner, die Sau, mir nachträglich noch eins reinwürgen wollte. Als ob Schlussmachen nicht gereicht hätte. Dass wir hier und heute nicht Hard-Fi sehen, steht nicht zur Debatte. Wir bequatschen den Türsteher so lange, bis er uns endlich reinlässt. Mir ist mal aufgefallen, dass das immer klappt. Dreist siegt. Und Rosi und ich sind dreist.

Das Konzert ist super, wir hatten schon ordentlich von der Mische getrunken, bevor wir sie im Busch versteckten. In den Deckel haben wir ein Haar geklemmt. So können wir kontrollieren, ob die Flasche in unserer Abwesenheit geöffnet wurde. Diesen Trick habe ich von meinen Eltern gelernt, die damals im Osten so überprüft haben, ob die Stasi wieder in der Bude war. Betrunken macht das Leben meistens mehr Spaß. So auch dieses Konzert. Ich liebe englische Jungs. Und englische Musik. Und England. Die Zeit als London-Reiseleiterin hat mich echt geprägt.

Nach dem Konzert und nachdem wir keinen aus der Band flachlegen konnten, kehren wir in den einzigen

Schuppen ein, der noch geöffnet hat – das Flower Power. Schon allein der Name lässt mich erschaudern. Drinnen ist es so, wie ich mir Dresden immer vorgestellt hatte: dezent hippie-esk. Wir beginnen sofort, Flaschen und Gläser aus den Ecken zu sammeln, um uns vom Pfand neue Getränke zu kaufen. Muss man sich alles nur schöntrinken. Nach etwa zehn Minuten zieht Rosi mich Richtung Toiletten. Ich weiß, was jetzt kommt, und ehrlich gesagt, kann ich es kaum erwarten. Es ist Mitternacht, und diese Party halte ich keine Stunde mehr aus. Zu zweit quetschen wir uns aufs Klo. Draußen dröhnt Gloria Gaynor. Ich hasse diesen Song. Rosi zieht die kleine Tüte aus ihrer Tasche und befreit die Pille. Sie guckt mich fragend an, ich nicke. Dann beißt sie die Hälfte der Tablette ab und spült alles mit ihrem Wodka-O runter. Ich verfolge gespannt, was sie tut. Sie schüttelt sich kurz, nimmt die andere Hälfte zwischen Zeigefinger und Daumen und steuert damit auf meinen Mund zu. Ich mache brav aaaaaah und schlucke das Ding runter. Mein Herz schlägt schneller.

Wir gehen zurück auf die Tanzfläche. Ich merke keine Veränderung, außer vielleicht, dass die Musik noch schlechter geworden ist. Inzwischen sind wir bei Nu Pagadi angekommen. Neben mir bemüht sich ein Vierzigjähriger mit beiger Cordhose und Funzelhaaren zu tanzen. Er lächelt mir zu, ich drehe mich weg. Wehe, der spricht mich an. Ich will in Ruhe meinen zukünftigen Rausch auskosten. Plötzlich packt Rosi mich an der Schulter.

»Jule. Wir müssen mehr trinken. Sonst trocknen wir aus!«

Sie zieht mich wieder zum Klo. Ich vertraue voll auf Rosis Expertise an der Drogenfront. Die hat das schon öfter gemacht. Und vertrocknen will ja nun wirklich niemand. Ich fülle mein leeres Wodka-Glas mit Wasser auf und trinke es brav aus. Dann werde ich angewiesen, es erneut zu füllen. Voll der Drill. Danach folgt ein Kreuzverhör. Rosi starrt mir in die Augen, als könne sie darin lesen.

»Merkst du schon was?«

Ich schüttle den Kopf.

»Sicher?«

Ich nicke.

»Jetzt vielleicht?«

Ich schüttle den Kopf.

»Hm. Merkwürdig.«

Ich nicke.

»Na, vielleicht, weil du größer bist als ich.«

Ich nicke.

»Hast du genug getrunken?«

Ich nicke.

»Wenn du nicht genug trinkst, vertrocknest du.«

Ich nicke.

»Wieder tanzen?«

Ich nicke.

Zurück unter der ausladenden, mit Blumen verzierten Diskokugel bewegen wir uns zu Eiffel 65 und »I'm blue, dabbedidabdei« … Ich kotze innerlich vor Ekel. Rosi hingegen scheint den Song total zu fühlen. Sie hält meine Hand und tanzt mit geschlossenen Augen. Ist die etwa druff? Oje. Passiert das gleich auch mit mir? Nicht, dass ich vertrockne! Ich trinke vorsichtshalber noch einen großen Schluck Wasser. Dann schließe ich auch einfach mal die Augen. Vielleicht hilft es ja was. Ich muss zugeben, dass die Musik so um einiges besser zu ertragen ist. Ich freue mich fast darüber. Moment mal – eigentlich *liebe* ich diesen Song! Wie konnte ich das nur all die Jahre ... Dabbedidabdei, dabbedidabdei. Großartig! Rosi und ich halten noch immer Händchen. Sie guckt mich an, lächelt und zeigt mir pantomimisch, ich solle mehr trinken. Aber mein Wasserhaushalt ist mir gerade echt egal. Von meinen Füßen her schwappen heiße, kribbelige Wellen aus Adrenalin und Fieber durch meinen ganzen Körper. Sie pumpen an meinem Magen vorbei, umspülen mein Herz und sammeln sich im Kopf. Ich muss die Augen schließen und den Kiefer zusammenpressen, damit sie mir nicht entwischen. Rosi reicht mir einen Kaugummi. Ich bin beeindruckt. Was die alles für Tricks auf Lager hat! Jetzt läuft »Durch den Monsun« von Tokio Hotel. Der Song berührt mich tief. So tief, dass ich kurz würgen muss. Aber Rosi nimmt meine Hände und strahlt mich an. Ich soll loslassen, sagt sie. Die Übelkeit akzeptieren. Mal hüpfen. Also hüpfe ich durch den Monsun, dessen heiße Luft mir die Schweißperlen auf die Stirn zaubert. Wir hüpfen und hüpfen und fallen dabei ab und zu in andere Menschen. Aber das ist mir egal. Gerade existieren nur Rosi und der Monsun. Ob ich existiere, weiß ich nicht so genau. Meine Beine scheinen nicht mehr da zu sein, ich spüre sie nicht mehr. Also so gar nicht. Ich kann sie aber noch sehen. Als ich Rosi davon erzählen möchte, küsst sie gerade einen Fremden. Wie kann die sich jetzt nur auf Typen konzentrieren? Außerdem hat sie einen Freund. Ich schiebe Rosi zu den Toiletten.

»Das darfst du nicht!«, erkläre ich ihr muttimäßig.
Rosi streift sich die nassen Haare aus dem Gesicht, nimmt mich wieder bei der Hand und küsst mich. Erst nur ein kleines Küsschen, dann verweilen ihre Lippen länger auf meinen.
»Das darfst du auch nicht!«, sage ich.

»Wieso nicht? Ist doch nichts dabei.«

Ich überlege. Ich bin mir sicher, dass es guten Grund dafür gibt, dass wir uns nicht küssen dürfen. Wir gehen zurück auf die Tanzfläche. Dieses »Und wenn ein Lied deine Lippen verlässt« der Söhne Mannheims läuft gerade. Mein Herz tanzt noch immer. Und Rosi sieht toll aus heute. In meinem Magen kribbelt es. Die Hitzewellen haben sich zu einem einzigen Liebesknäuel in meinem Bauch zusammengetan. Ja, ich glaube, ich bin tatsächlich verliebt in Rosi. Und Liebende soll man niemals trennen. Wir küssen uns wieder. Mit Zunge. Dieses Mal mache ich mit. Und es fühlt sich gut an, völlig normal. Irgendwo muss ja die ganze Liebe hin, die ich in mir habe, sonst platze ich vielleicht.

Als ich mich umdrehe, haben wir eine Traube schlaghosentragender Typen um uns vereint, die doof glotzen. »Hüpft mal!«, rufe ich ihnen zu.

Rosi und ich machen es vor. Einer macht sogar mit, der Rest ist überfordert. Wir lachen. Alles ist so schön. Auch wenn ich echt Probleme mit meinem Kiefer habe. Wir trinken noch ein Glas Wasser und machen weiter. Ein Song fließt in den nächsten. Dieser Abend soll für immer dauern!

Irgendwann später – keine Ahnung, wie viel Zeit vergangen ist – ist kaum mehr jemand im Club. Nicht mal Rosi. Auch schon wieder frech, die sollte doch auf mich aufpassen! Ihre Jacke liegt noch in der Ecke, sie kann also nicht weit sein. Ich gehe zur Toilette. Rosi sitzt auf dem Klo – mit offener Tür und sie schläft. Immerhin ist sie voll bekleidet. Der Türsteher ist mir gefolgt und nervt. Wir sollen gehen, es sei schließlich schon nach drei Uhr. Ich wecke Rosi und bringe sie nach draußen.

»Ich kann nicht pinkeln!«, faselt sie.

»Bitte?«, frage ich nach.

»Ich habe etwa drei Liter Wasser getrunken. Und. Kann. Nicht. Pinkeln.«

Jetzt fällt es mir auch auf. Ich war nicht einmal auf dem Klo. Nur für den Konsum. Ehrlich gesagt besorgt mich aber noch viel mehr, dass es schneit, nichts mehr geöffnet hat und unser Auto erst in sechs Stunden nach Hause fährt. Irgendwie bin ich auch gar nicht mehr so glücklich. Mir ist kalt. Ich hake Rosi unter, sie wehrt sich kurz, läuft dann aber mit mir die Straße entlang. Nach zwei Minuten zittern wir beide.

»Ich will nicht sterben«, flüstere ich.

Dann finden wir eine Dresdner Bank, die hell erleuchtet und einladend warm aussieht. Leider ist sie geschlossen. Wir lungern so lange davor rum, bis jemand die Tür mit seiner Karte öffnet und wir rein können. Praktischerweise gibt es hier zwei breite Fensterbänke aus Stein – jeweils über einer Heizung liegend. Das sollen unsere Betten sein. Ja, hier werden wir überleben. Mir ist nicht gut, und Stein entpuppt sich bald als kein guter Bett-Ersatz. Immerhin ist es warm. Ich zittere trotzdem weiter.

»Ich muss pinkeln«, spricht Rosi etwas später aus, was ich schon seit einiger Zeit denke. »Du musst die Tür aufhalten, damit ich wieder reinkomme.«

Ich rutsche vom Fensterbrett und schleiche zum Eingang. Rosi geht etwa zwei Meter und hockt sich zwischen zwei Autos. Nach endloser Zeit höre ich es plätschern. Und plätschern. Und plätschern. Und plätschern. Das sind dann wohl die drei Liter von vorhin. Ich würde mich für sie freuen, wenn ich nicht so depressiv wäre. Als Rosi fertig ist, gehe ich pinkeln. Die nächste Stunde wechseln wir uns im Zehn-Minuten-Takt mit dem Türaufhalten ab, weil eine immer pissen muss. Ich hasse mein Leben. Wobei Hass vielleicht ein zu starkes Wort ist. Ich fühle mich leer, ich brauche mein Leben nicht mehr. Soll es ein anderer nehmen.

Als wir da gerade so auf unseren Fensterbänken liegen und versuchen, unseren Herzschlag und unsere malmenden Kiefer zu ignorieren, betritt jemand den Raum. Der Typ ist total durch, mit Pupillen, die noch größer sind als unsere. Er geht auf einen der Geldautomaten zu und steckt seine Karte so schwungvoll in den Schlitz, dass sie dabei zerbricht. Darauf versucht er, beide Teile einfach ganz schnell hintereinander einzuschieben. Selbst wenn seine Koordination dies noch zuließe, ich bezweifle, dass es ihm gelingt. Mir geht der Typ auf den Sack. Ich will in Ruhe runterkommen. »Hey, blonde Bitches, help me!«, fährt er uns in fließend sächsischem Englisch an.
»Klappe«, zischt Rosi aus ihrer Ecke.
Es ist sieben Uhr morgens, der Geldlose spricht weiter mit uns, während er versucht, seine Karte per Hypnose zu reparieren. Nach etwa zehn Minuten hievt Rosi sich stöhnend von ihrem Schlafquartier hoch und geht auf ihn zu. Am Ärmel zieht sie ihn zur Tür. Ich bin beeindruckt von ihrer Energie. Als er endlich draußen steht, drückt sie die Glastür wieder zu und trottet zu ihrem Platz zurück.
»Ich werde nie wieder schlafen können«, sagt sie noch, bevor sie die Augen schließt.
Ich antworte nicht. Ich beobachte emotionslos, wie der Mann, nun mit sich selbst redend, versucht, die zweiteilige Karte durch den Türöffner zu ziehen.

Als wir um acht Uhr morgens langsam Richtung Bahnhof durch den Schnee laufen, wo uns irgendwann das dumme Auto aufgabeln wird, zitternd und am Ende, weiß ich, dass das hier nie, nie, nie wieder passieren darf. Ich bin kurz davor, mir mit den bloßen Zähnen ein großes Stück Fleisch aus dem Oberschenkel zu nagen. Alleinig der Fakt, dass ich mich dafür bewegen müsste, rettet meine Gliedmaßen. Für den Moment. Wer weiß schon, ob ich jemals wieder glücklich sein werde. Ich habe mein Glückskontingent aufgebraucht. Gestern. Im Monsun.

13.
Bis Baldrian, Berlin

Ich wurde in Berlin geboren, ich bin hier aufgewachsen, ich langweile mich. Ein halbes Jahr lang habe ich in der Plattenfirma auf Sidos Geburtstagskarte unterschrieben, mit Revolverheld Cola getrunken, mit Kurt Krömer Kartoffelsalat gegessen, Metallica in der Waldbühne angeguckt und den No Angels die Hand geschüttelt. Fand ich alles toll. Am geilsten war aber der Stapel CDs auf meinem Schreibtisch. Echte CDs. Und alle umsonst! Für mich! Die Kehrseite der Medaille – muss man mal ehrlich sagen – monophone Klingeltöne. Die musste ich dienstags stundenlang durchhören um zu überprüfen, ob sie den Originalen irgendwie ähnlich sind. Es gibt ja auch schon polyphone! Das ist die Zukunft. Aber ohne mich. Große Konzerne sind wohl eher nicht so mein Ding, und Musikbusiness ist mir zu hart. Um nicht doch noch durchzudrehen, habe ich mich vor ein paar Wochen in einer Kurzschlussreaktion entschieden, nach London zu ziehen. Seitdem ich nicht mehr als Reiseleiterin arbeite, vermisse ich London. Ich hab Bock auf Abenteuer, ich will was erleben, ich will unabhängig sein. Und geil. Zumindest für ein halbes Jahr. In England kann ich ein wenig jobben, Leute kennenlernen, mein Englisch aufpolieren und danach frisch gestärkt wieder nach Hause kommen. Ich war ja schon oft da. Fast hundert Mal. Nie war Zeit, mal Dinge fernab von Big Ben anzugucken, mal in einer Bar eine Nummer zu tauschen. Nix. Nada. Eigentlich auch echt unverschämt. Also muss ich das jetzt nachholen. Ein halbes Jahr ist allerdings in meiner Zeitrechnung *ewig*. Zeit ohne Freunde zählt gefühlt dreifach. Deswegen muss man auch ordentlich Tschüss sagen. Eine Woche lang habe ich alternierend Abschied gefeiert, gesoffen und geheult. Zu Hause, im Magneten, im Sage, im Silver Wings, überall.

Nun sitze ich im IC nach Hannover. Dort werde ich in einen Bus nach London steigen. Endlich zahlt es sich aus, dass ich mal Reiseleiterin war. Nämlich mit diesem kostenlosen Transport. Zumindest von Hannover aus. Das war alles zu krass grade. Eigentlich wollte Jasmin mich nach London begleiten. Mit mir meine Sachen zur Wohnung buckeln, mich vor bösen Menschen beschützen und meine Hand halten, wenn ich nicht klarkomme. Aber im Reisebus, in dem mein Gepäck gerade parallel zu meinem Zug transportiert wird, war kein Platz mehr für sie. Dabei ist sie voll klein! Fuck. Als mich die Nachricht erreichte, fing ich schon in der S-Bahn an zu heulen. Ich hatte mich definitiv nicht auf einen Abschied von Jasmin eingestellt. Gott sei Dank hab ich mir noch eine ordentliche Sonnenbrille gekauft. Und einen eigenen Laptop – endlich. Dann kann ich bei Myspace immer Updates posten, und alle können es lesen. Außer Mama. Muss ich ihr noch beibringen.

Am Zoo habe ich vorhin ein viel zu teures Ticket von Berlin nach Hannover gekauft und bin dann zum Bahnsteig 14 geeiert. Jasmin und Jens kamen genau vier Minuten vor Abfahrt des Zuges an, um sich noch schnell zu verabschieden. Jens ist der Junge, der uns damals im Magneten vom emopunk erzählte. Die beiden sind inzwischen ein Paar. Ich mag Jens. Er schreibt uns immer auf alle Gästelisten und macht uns betrunken und fährt uns durch die Gegend und ist witzig. Meinen Segen haben die beiden also. Als ich Jasmin die Rolltreppe hochfahren sah, begann ich sofort zu flennen. Alles ging furchtbar schnell. Wir umarmten uns, sie versprach, bald mit einem anderen Bus nachzukommen, dann scheuchte der pissige Bahnmensch mich in den Zug. Wir winkten uns zu, ich heulte, Jasmin auch. Dann gingen die Türen zu, und die beiden rollten davon. Oder ich. Je nachdem. Auf jeden Fall ging es dann richtig los mit der Flennerei. Der Schaffner guckte dumm. Dummer Schaffner. Dann zerrte ich meine sieben Taschen auf eine Ablage und setzte mich auf zwei reservierte Sitzplätze – ich Outlaw. Berlin zog an mir vorüber. Auf Höhe Gedächtniskirche erreichte ich meine heultechnische Klimax. Beim Canon-Gebäude sagte ich mir: »Jule, du Memme – Schluss jetzt. Es ist doch nur ein halbes Jahr.«

14.
Hello London,
Hauptstadt des Schimmels

London-Haggerston | Alter: 23

Mit einem ehemaligen Reiseleiterkollegen fahre ich im Reisebus bis zum Tower von London. Von dort aus schleppe ich mein Gepäck nach Haggerston hoch, wo ich wohne. Andrea, meine neue Mitbewohnerin, die ich über das Internet gefunden habe, ist etwas älter als ich, hat eine Glatze und einen Hund namens Radio. Sie ist zwar Deutsche, hat aber schlimme Wortfindungsstörungen, also sprechen wir englisch. Eh besser für mich. Sofort fällt mir nämlich auf: Mein Englisch ist echt scheiße.

Die Bude hat ihre besten Zeiten hinter sich, aber das ist ja angeblich normal in London. Wir wohnen in einem sogenannten Estate – also einem um einen Hof angelegten Wohnblock. Nicht zu vergleichen mit den Gründerzeithütten, die ich aus Berlin kenne. Haggerston ist die Bronx von London. Ich fühle mich aber ganz wohl, richtiges England-Feeling halt.
Meinen ersten Abend in der neuen Stadt verbringe ich in meinem neuen Zimmer. Ich blicke auf den schönen Grand Union Canal und die Skyline der City mit Canary Wharf und Gurke. Im Off-Licence, also dem hiesigen Späti, kaufe ich mir Muffins, eine Flasche Strawberry flavoured Water und die neue *Glamour*. Die Bayside

Accoustic läuft. Ich bin traurig, nicht in Berlin zu sein, aber meine Aufregung über die neue Stadt überwiegt.

In den folgenden Tagen irre ich planlos durch mein Viertel. Am Bahnhof entdecke ich das kostenlose Magazin »The London Paper«. Da kann man alle wichtigen News des Tages nachlesen. Lindsay Lohan wird in Heathrow ihrer Juwelen beraubt. Posh Spice hat endlich ihre Echthaartransplantationen russischer Kleinkinder entfernt. Paris Hilton wurde betrunken hinter dem Steuer erwischt. Ein bisschen Big Brother und dann noch eine Doppelseite über die anstehende World Cocktail Championship. Die haben außerdem die neue, wenn auch temporäre, Rubrik »Hoffwatch«. Es geht um David Hasselhoff. Der hat anscheinend in England nichts anderes zu tun, als mit Touris und Einwohnern für Fotos zu posieren. Das Bildmaterial ist schier unerschöpflich. Der Junge hat keinen Funken seines Charmes und seiner Trashigkeit eingebüßt. Daumen hoch, David! Ich laufe sehr viel umher, um die Chancen zu erhöhen, The Hoff auch mal zu treffen. Und dann können sich alle sicher sein, dass meine Kamera bereit sein wird.
Warum habe ich vor meiner Ankunft in London eigentlich nie darüber nachgedacht, dass ich hier niemanden kenne? Und dass ich keinen Job habe, folglich also auch kein Geld verdiene? Ohne Geld ist London nicht so geil. Ohne Geld ist keine Stadt so richtig geil. Ich kann mir nicht mal den Bus leisten. Ich muss überall hin laufen. Mit meinen Füßen! Wenn das meine Freunde zu Hause wüssten … Aber ich habe es mir zum Ziel gemacht, durchzuhalten. Also halte ich durch. Was schwerer wiegt als der Geldmangel, ist allerdings die soziale Isolation. Ich stoße nie auf ein bekanntes Gesicht, wenn ich durch

die Stadt laufe. Es ist Sommer – in den Parks, auf den Märkten, am Kanal sehe ich nur noch Gruppen von Freunden, die ich wie ein Voyeur am Strand aus der Ferne mit großen Augen beobachte. Ich will auch, dass mal jemand über etwas lacht, das ich gesagt habe. Oder mich zur Begrüßung drückt. Oder mir eine SMS schreibt wegen Bock auf Bier. Oder sich wenigstens mal über meine Frisur lustig macht. Die eigene Stimme nicht zu hören, weil man keinen Grund hat zu reden, ist hart. Vor allem, wenn in Berlin zig Freunde auf einen warten. Ich bin kurz davor, im Internet nach Menschen zu suchen. Aber das machen ja nur Verzweifelte.

Die Jungs vom Kanal sind schon mal nicht so meine Freunde. Ich musste zweimal die Polizei rufen, weil die mich nicht durchlassen wollten und / oder mich am Arm gepackt haben. Ich bin echt kein ängstlicher Mensch, wenn es darum geht, nachts durch eine Großstadt zu laufen, aber hier ist das ein wenig anders. Meine blonden Haare und mein gestählter Körper helfen auch nicht gerade. Deshalb trage ich jetzt nachts nur noch schwarze Sachen und eine Kapuze auf dem Kopf. So geht es einigermaßen. Meine Mitbewohnerin Andrea hat erzählt, die Halbstarken würden sich nur gegenseitig abstechen, aber ich bin mir da unsicher. Neulich wollte mich einer nur durchlassen, wenn ich ihm einen blase. Bin ich halt umgedreht und einen anderen Weg gelaufen. Normal. Meine Miete, die ich jede Woche vom Konto abhebe, stecke ich mir für den Transport nach Hause weiterhin ladylike in den BH. Es sind umgerechnet ja auch nur 200 Euro wöchentlich für meine stolzen acht Quadratmeter Schimmelbunker.

Aufgrund der horrenden Miete habe es mir am Rande der Gesellschaft gemütlich gemacht. Am Strand des Existenzminimums. Das ist wie Urlaub an der Nordsee für andere – seit meinem vierzehnten Lebensjahr komme ich regelmäßig hierher.

Mein Kontostand heute Morgen: vier Pfund. Obwohl Kontostand übertrieben ist. Für Ausländer ist es wirklich schwierig, hier ein Bankkonto zu eröffnen. Ich meine also eher »Portemonnaie-Inhalt«. Von vier Pfund kann man sich entweder ein Bier im Schnapsshop kaufen oder bei Sainsbury's shoppen gehen. Mit vierzig Pence kehrte ich heute zurück nach Hause – das Restgeld hebe ich mir für harte Zeiten auf. Ich habe folgende Dinge erstanden:

- 1 kg Mehrfruchtmüsli
- 800 g weißes, geschnittenes Toastbrot (mitteldick)
- einen Apfel
- 500 ml frische Vollmilch (3,5 %)
- 200 g frischen milden Brie
- 200 g Frischkäse
- 4 Joghurts (leider nur die billige Low-Fat-Variante)
- eine Dose Kartoffel-Lauch-Cremesuppe
- eine Dose Pizzatomaten, geschnitten
- eine Packung Spaghetti
- eine Tafel Schokolade

Das ist wirklich der billigste Fraß auf Erden. So billig, dass die sich nicht mal die Mühe gemacht haben, jemanden für das Etikettendesign zu engagieren. Immerhin habe ich jetzt endlich wieder Dinge im Kühlschrank. Ich erwärme mir die Dose feinster Suppe im Wert von 29 Pence mit unserem strahlenfreien Mikrowellengerät und kombiniere es mit zwei Scheiben des haltbaren Toastbrotes. Und ich muss sagen … selten was so Beschissenes gegessen. Nach inzwischen vier vollen Stunden der ungewollten Sainsbury's-Billiglinien-Diät sehne ich mich nach einem Stück Obst, einem Brokkoli und etwas Eiscreme mit Schokosplittern.

Zwei Wochen nach meiner Ankunft in London kommt meine Mama vorbei. Und sie bringt Dinge mit: Schokolade, Hausschuhe, Regenschirm und richtiges Brot! Luxus pur! Ich selbst habe hier noch nichts gekauft. Nicht mal Schuhe. Nicht einen einzigen. Ich halte mich einfach strikt von den Konsumtempeln fern. Als ich neulich in diesem Kaufhaus war, hätte ich mich am liebsten in der Alexander-McQueen-Area heulend auf den Boden geschmissen und so lange geflennt, bis man mir freiwillig ein Kleidungsstück ausgehändigt hätte.
Ich zeige meiner Mama »The Office«. Alte Menschen haben ja keine Ahnung von guten Fernsehformaten. Dann ist es auch nur noch ein Katzensprung bis zum Musikantenstadl.

15.
Polizei auf Speed Dial

Es regnet seit Tagen. Irgendwo ist auch eine Nagelbombe hochgegangen. Jetzt stehen hier an jeder Ecke gelbjackige Polizisten und Security-Macker mit Maschinengewehren und Schäferhunden, um Menschen nach Sprengstoff zu durchsuchen.

»Hallo Sie, kann ich mal in Ihre Hose schauen, Sie sehen mir recht explosiv aus.«

Das Gute ist, dass bei dem Wetter eh niemand auf der Straße ist und von Nagelbomben vernichtet werden kann. Ich jedenfalls lasse mir meine lila Jogginghose nicht von Metall durchbohren. Ich nicht! Ich gucke online lieber eine der vielen Reportagen über den Bombenbau mit Materialien aus dem Supermarkt und Interviews mit Menschen, die die Katastrophe gestern überlebt haben. Die sollten mich mal befragen. Ich war in der Stadt, ich habe Freunde und Familie (irgendwo), ich hätte dabei draufgehen können!

Als ich, dann doch ob meiner Einsamkeit ein wenig verzweifelt, bei Myspace abhänge, finde ich das Profil einer Hannah. Habe ich mit der in der achten Klasse nicht mal zusammen Weihnachten gefeiert? Das ist doch was! Ich schreibe ihr. Ein wenig später laufe ich die sechs Kilometer zu ihr. In der Hoffnung, dass sie mit mir sprechen wird oder zumindest, dass es bei ihr vielleicht was mit

Vitaminen gibt. Wir trinken Birnen-Cider aus Dosen (definitiv Vitamine!) und unterhalten uns. Das ist schön. Ein vertrautes Gesicht. Eine vertraute Sprache. Eine Vertraute.

Um halb eins gönne ich mir in meinem Überschwang den letzten regulären 55er Bus nach Hause. Ich lese die *Spiegel*-Titelstory zum Thema »deutsche Angst« zu Ende. Die hat mir meine Mama geschickt. Als ich nach dem letzten Absatz aus dem Fenster gucke, kenne ich original nichts. Zu weit gefahren. Ich steige aus, um mich eine Runde selbst zu ohrfeigen. Kein Plan. Keine Menschen. Kein Orientierungssinn. Schon wieder. Also laufe ich zurück in die Richtung, wo ich den Kanal vermute. Und der Kanal führt früher oder später immer zurück nach Hause. So viel weiß ich schon mal. Ich folge dem Wasser, bis ich nach einer Weile die Regent Studios erblicke. Da war ich schon mal bei einer Finissage. Alleine. Aber immerhin mit anderen Menschen in einem Raum. Es gab ein »Sonic Bed«, ein Klangbett, in dem ich ruhen durfte. Und schlechten weißen Wein. Aber nicht heute. Heute ist alles ruhig. Heute laufe ich daran vorbei weiter in Richtung Heimat.

Es beginnt wieder zu regnen. Die Sorte Regen, die einen innerhalb von einer halben Minute komplett durchnässt. »Cats and dogs« nennt man das hier. Ich krame in meiner Tasche. Heute ist der erste Tag (wahrscheinlich in meinem ganzen Leben), an dem ich einen Schirm eingepackt habe. Den hat mir meine Mutter mitgebracht. Deutsche Wertarbeit von Rossmann. Ich spanne ihn auf und gehe weiter durch die Nacht.

Und dann passiert es. Auf einmal. Alles ist irgendwie schön.

Ich bleibe stehen. Ein Vorhang aus Wasser fließt von

meinem Schirm. Ich befinde mich in einer trockenen Röhre. Und von diesem neutralen Ort aus betrachte ich meine Umgebung.

Der Kanal ist innerhalb von Minuten erheblich gestiegen und scheint die Häuser am Ufer zu berühren. Die Oberfläche vom Sturzregen völlig aufgewühlt. Gleichmäßig prasselt Wasser auf Wasser. Es sieht so aus, als sei der Kanal eine Straße, auf der man laufen könne. Wunderschön. Die Regentropfen glitzern golden im Licht der umliegenden Laternen. Es ist dunkel und ruhig. Es ist sicher. Es ist geborgen. Es ist perfekt.

Alles erinnert an eine leerstehende Filmkulisse. Ich mittendrin. Mit meinem Rossmann-Schirm. Und niemand sonst. Keine Hoodies. Keine Autos. Kein Lärm. Keine Hektik. Nicht mal der kleine Fuchs, den ich nachts ab und zu treffe. Nichts. Nur Wasser, überall Wasser. Ich wate durch Pfützen. Meine Füße quietschen beim Laufen in den gefluteten Ballerinas. Und ich lächle. Obwohl ich nicht weiß, wie ich die nächste wöchentliche Miete bezahlen soll. Obwohl ich keinen Job habe. Obwohl ich in dieser Stadt niemanden kenne. Obwohl ich völlig alleine bin. Ich lächle und stapfe immer weiter. An zwei Schleusen und vier Brücken vorbei. Weiter am Kanal entlang. Ich fühle mich so sicher wie selten.

Nach einer halben Stunde komme ich zu Hause an. Die Sachen kleben mir am Leib. Der Schirm hat seine Funktion irgendwann eingestellt. Zusammengerollt liegt die kleine Nachbarskatze Oscar auf unserer Terrasse. Als ich die Tür aufschließe, verziehen sich die Ratten aus unserer Küche. Radio bellt. Alles ist wie immer.

Nur schöner.

Und hey: Niemand hat versucht, mich auf dem Heimweg zu vergewaltigen oder umzubringen. Success!

Wie du in London überlebst

- Fahre niemals mit dem Bus, der Bahn oder dem Taxi. Alles steht immer im Stau. Oder geht kaputt. Oder wird gewartet oder womöglich gleich in die Luft gesprengt. Oder von Vergewaltigern gesteuert.

- Benutze im Supermarkt auf jeden Fall immer mindestens eine Plastiktüte pro gekauftem Artikel. Alles andere wäre absolut beleidigend für das Personal. Willst du Karmapunkte sammeln, nimm noch eine Handvoll Tüten extra mit. Für später.

- Es ist völlig normal, Backkartoffeln mit einer Füllung aus Pommes und baked beans zu frühstücken. Die Alternative wäre eh nur Aal-Pastete.

- Wenn der Strom in deiner Wohnung alle ist, suche nach einem Kasten im Flur, in den einzelne Pfundmünzen passen. Halte für den Fall immer eine funktionstüchtige Taschenlampe bereit und stell keine weiteren Fragen.

- Schimmel an den Wänden ist gar nicht ungesund, und Ratten sind gut, weil sie die Spinnen fressen. Deine Mietkaution wirst du übrigens nie wiedersehen.

- Auf der Straße darfst du per Gesetz keinen Alkohol konsumieren. Versuche trotzdem, vor Mitternacht schon in die Büsche gekotzt zu haben.

- Wer in England ficken will, muss nicht freundlich sein, sondern aussehen wie Jordan (zu Deutsch: Katie Price). Fake-Tan, Fake-Nägel, Fake-Haare, Fake-Titten – alles kann, alles muss.

- Lache dir niemals einen Partner an, der in einem anderen Bezirk wohnt als du. Die Fernbeziehung wird nicht funktionieren.

- Big Ben und die Themse wirst du auch weiterhin nur auf Bildern sehen. Ausnahmen: Deine Familie ist zu Besuch, oder du strebst eine Karriere in der Politik an.

- Karriere? Vergiss es.

- Engländer kennen weder Meldepflicht noch Personalausweis. Führe immer eine auf deinen Namen ausgestellte Stromrechnung oder einen Mietvertrag mit. Hast du dies nicht, weil du beispielsweise gerade erst nach London gezogen bist: Versteck dich!

16.
Überleben in der Zahara

Irgendwann muss ich wohl oder übel anfangen zu arbeiten. Als minderqualifizierter Ausländer in London hat man nicht viele Möglichkeiten. Eigentlich begrenzt es sich auf Einzelhandel oder Bar / Club / Restaurant. Da ich nicht kochen kann, dafür aber auch nicht geil nähen, beschließe ich, auf der untersten Schwelle der Modewelt Platz zu nehmen. Um mich direkt vor Ort zu bewerben, gehe ich, in der Reihenfolge erst zu Esprit, zu Dorothy Perkins, zu H&M, zu Bershka, zu Mango, zu Urban Outfitters, zu Miss Selfridge, zu American Apparel, zu Ben Sherman, in den Vans Store, zu Fornarina, zu Ted Baker, zu Benetton, zu diesem kleinen Designershop in der Portland Street und dann zu Zara. Danach mache ich mich auf den Weg Richtung Old Street, um noch mehr Shops abzuklappern, als mich die Shop Managerin von Zara anruft. Ich verstehe nicht viel, weil sie einen schätzungsweise spanischen Akzent hat, aber was von »Job Interview« kriege ich mit. Auf den Schock kaufe ich mir den größten Double-Chocolate-Muffin, den ich finden kann, und fange an, mir zu überlegen, warum ich wohl bei Zara arbeiten möchte. Die Antwort ist einfach: Ich habe Hunger, verdammt!
Eine Stunde später stehe ich wie verabredet im Laden. Ich kann mich mit Zara ganz gut identifizieren. Die haben da Glitzerkleider, und ich *liebe* Glitzerkleider. Wie

viel Rabatt ich wohl bekomme? Den Namen der Managerin habe ich noch immer nicht verstanden, aber das macht nichts, denn sie engagiert mich nach einem halbstündigen Gespräch im Treppenhaus. Sie fände meinen Lebenslauf toll. Und mein Foto. Und bestimmt auch die goldenen Schuhe.

Na, und sicher auch meine Aura.

»Morgen hast du frei, übermorgen auch. Am Donnerstag fängst du an. Um 12 Uhr. Und dann Freitag, Samstag, Sonntag.«

Mir wird klar, dass die Läden auf der Oxford Street niemals schließen. Einzige Ausnahme: der 1. Januar.

Ich werde Sales Advisor. Das ist vornehm für: aufräumen, an der Umkleide stehen, Leute beraten, toll aussehen. Das ist doch was für mich. Ich verdiene den Mindestlohn von 5,10 Pfund plus ein paar Prozent City-Zuschlag. Es ist nicht die Welt, aber ich werde mir endlich mal eine Stulle kaufen können. Mit Schmierkäse. Und vielleicht Duschgel und ein Busticket. Das wäre schön.

Ein paar Tage später ist mein erster Arbeitstag. Ich bin etwas früher da, um meinen Vertrag zu unterschreiben. Ich verstehe kaum was von den achtzig Seiten, also lächle ich und setze mein Kürzel drunter. Wird schon rechtens sein. Dann zeigt eine Spanierin mir den Laden. Es gibt dort nur Spanierinnen. Und den schwulen Franzosen Philippe, der ein wenig so aussieht wie ein lieber Popeye. Ich bekomme meine Uniform. Angesichts der aktuellen Kollektion hatte ich mir eigentlich etwas Extravaganteres vorgestellt. Schwarze Hose, schwarze Schuhe, schwarze Jacke, schwarzer Gürtel, (aufpassen, jetzt wird's mutig) schwarz-*weiß* gestreiftes T-Shirt. Ich warte noch ein paar Tage mit meiner Beschwerde.

Nach der einstündigen Einweisung versuche ich sechs Stunden lang meine »Section« sauber zu halten, Fragen zu beantworten, mich nicht im Lager zu verlaufen, alle Telefonanrufe entgegenzunehmen, zu verstehen *und* dabei nicht gestresst auszusehen.

Die anderen nennen mich »Chuliana«. Das klingt exotisch. Um kurz vor zehn abends kommt die Chefin zu mir und klopft mir auf die Schulter. Ich habe einen guten Job gemacht. Ich bedanke mich, bin aber ehrlich gesagt am Ende meiner Kräfte. Und dafür habe ich heute nicht mal vierzig Pfund verdient? Na ja, immerhin sind das vier Liter Wodka bei Tesco.

Morgen fange ich um elf an und höre um zehn auf. Das nenne ich mal flexible Arbeitszeiten. Auf dem Weg nach Hause kaufe ich als Belohnung alles, was annähernd nach Schokolade aussieht. Und Squash. Das ist eine Art Sirup, den man aus Kostengründen mit dem chlorhaltigen Leitungswasser mischt. Es schmeckt zwar nicht sonderlich, ist aber schön bunt. Arbeiten bis zum Umfallen und danach ein lauwarmes Glas Squash. Ich bin auf dem besten Weg, eine richtige Londonerin zu werden.

Zara Staff Handbook:

»(...) Should you be suffering from stress, for personal or work-related reasons, we expect you to advise your manager so that he or she can provide assistance. Zara will take appropriate steps if stress is inducted by work, to remove the source of the condition.«

Die Quelle der Kondition? Was zur Hölle meinen die damit? Die Kunden? Die Klamotten? Die schlechte Bezahlung? Arbeit im Allgemeinen? Ich bin mir ziemlich sicher, dass dieses beschissene Handbuch von niemandem geschrieben wurde, der jemals bei Zara gearbeitet hat und sicher auch nicht vorhat, dies jemals zu tun. Ich würde diese Person allerdings echt gerne mal treffen. Um ihr aufs Maul zu hauen. Sicher würde mir das auch hervorragend beim Abbau des Stresslevels helfen.

Ich bin nun seit ein paar Wochen in der Zahara, wie ich den Laden gerne nenne. Das Frauenklo ist seit Tagen verstopft. Die Scheiße schwimmt nicht nur im Klo rum, es stinkt, und gleich nebenan ist unsere Küche. Niemand, absolut niemand kümmert sich darum. Obwohl ich das schon letzte Woche gemeldet habe. Keiner traut sich, die Manager noch mal damit zu nerven, weil alle Angst haben, ihren Job zu verlieren. Und das kann sich hier wirklich niemand leisten.
Ich gehe also heute zu dem Ober-Guru in der Zahara. Dan. Geschätzte 35. Ziemlich glatter Typ. Ich sage ihm, dass er jemanden anrufen müsse, der das Chaos im Klo beseitigt. Weil wenn wir einen tollen Customer Service hinlegen sollen, dann muss er wenigstens auch ein Minimum an Employee Service abliefern. Ich bin echt sauer. Da schuftet man in dem Mistladen für den Mindestlohn eine verdammte Überstunde nach der anderen, und dieses Arschloch, das hinter dem Lager bestimmt sein Privatklo hat, schafft es noch nicht mal, einen Klempner anzurufen. Er nickt. Ich traue ihm keinen Zentimeter über den Weg.
Letzten Sonntag hatten wir ein unbezahltes Pflichtmeeting in unserer Freizeit.

»Jeder, der nicht anwesend ist, kriegt eine Abmahnung«, hieß es. Aber ich bin ja mehr so der Punk unter den Nerds und ging nicht hin. Man kommt auch als Schwänzer durchs Leben. Das hat in der Schule geklappt, das hat bei der Ausbildung geklappt, und das klappt auch in der Zahara. Super. Da spart man Zeit.

Fazit des Meetings: Unsere Managerin bittet uns darum, Klopapier selbst mitzubringen, weil die Zahara sich das nicht leisten könne, und die Treppen anstatt des Liftes zu nutzen zwecks Stromsparen. Wäre ich anwesend gewesen, ich hätte vor lauter Wut wen gehauen.

Ich bleibe so lange neben Dan im Büro stehen, bis er das Telefonat mit dem Klempner beendet hat. Und dann sage ich ihm noch, dass er auch gleich neues Klopapier bestellen kann, wenn er schon dabei ist. Danach geht es mir besser. Und wenn morgen immer noch die stinkende Pisse unter der Tür hervorklumpt, dann gehe ich wieder hin.

Mein absoluter Höhepunkt blieb heute dennoch der Moment, als der Chipsautomat aus Versehen zwei Packungen Salt & Vinegar gleichzeitig ausspuckte. Gleichzeitig! Zwei! Packungen! Jackpot!

Apropos. Endlich haben die Idioten von der Bank mir ein Konto genehmigt. Da dachte ich immer, dass die Bürokratie in Deutschland grenzwertig sei, aber hier … Halleluja! Ich musste mehr Dokumente anschleppen als bei einem Einbürgerungsversuch in den Staaten. Und dieser ekelhafte Bank-Mitarbeiter flirtet mich an. Yussur aus Indien. Und meine Nummer muss ich ihm geben. Für die Unterlagen. Hmm, genau.

»Und Juliane, hast du Hobbys? Was machst du so am Wochenende? Was machst du so an *diesem* Wochenende?«

Aber immerhin gibt es nun Licht am Ende des elend langen Tunnels. Mein erster Scheck ist eingezahlt, und in ein paar Tagen kann ich da ran. Fragt sich nur, was ich so lange mit 34 Pence, 7 Eurocent und einer Packung Naturreis mache. Na ja, Heilfasten soll ja ganz gesund sein. Bis dahin muss ich auch noch schwarzfahren. Nur bin ich leider keine vierzehn mehr. Das ist zu viel Adrenalin für mein altes, hungriges Herz. Jeder verdammte Einsteigende ist ein potenzieller Kontrolleur. Früher war das noch irgendwie witzig. Mit Freunden.

»Guck mal, ich fahre schwarz *und* rauche eine Zigarette in der Bahn.« Aus dem Alter bin ich echt raus.

Vorhin war ich an der Dalston Junction, um die Abbey-Bank noch mal anzuzapfen. Vielleicht spuckt sie ja was aus, dachte ich mir. Neben mir saß ein Penner, der mich anschnorrte und hochgefährlich aussah. Aber ob ich nun vor Hunger oder durch die dreckigen Hände eines Clochards sterbe, machte auch keinen Unterschied. Die Maschine rumpelte, dann fuhren lauter Zwanziger aus dem Schlitz. Ich steckte alles aufgeregt in meinen BH. Gepolstert wie eine Pornodarstellerin, ging ich in den Off-Licence, um in Wein und Schokolade zu investieren.

Unterdessen habe ich beides intus. 200 Gramm und 500 Milliliter. Adrenalin und Endorphin und Alkoholin. Alles auf einmal. Ich bin so glücklich.

Bald ist Mid-Summer Sale in der Zahara. Ich reduzierte mit den anderen Sklaven in freudiger Erwartung den gesamten Shopfloor. Es soll moderne Geräte geben, die automatisch Sticker drucken, um den ursprünglichen Preis zu überkleben. Aber nicht so bei uns. Wir sind etwas mehr Richtung Sparta orientiert. Ich habe ungelogen 1500 Mal auf einen Knopf gedrückt, der mir genauso viele 14,99-Aufkleber ausgespuckt hat. Dann 1500 Mal auf den 19,99-Button.

Wir haben zwischen neun und neun Uhr geöffnet – so wie Tesco. Ich ahne Schreckliches, draußen stehen die Bitches schon Schlange und scharren mit den Hufen. Die komplette Besatzung ist hier versammelt, um dem Andrang gerecht zu werden. Wir haben sogar Schleusen im Kassenbereich und bei den Umkleiden aufgebaut – eventuell lässt sich so der Ausbruch des totalen Chaos vermeiden. Ich werde den ganzen Tag auf dem Boden krauchen, um die heruntergefallenen Klamotten vor den fetten Beinen der Großstadtmuttis zu retten. Ich muss heute nichts zusammenlegen, nur aufheben, so lautet die Anweisung von oben.

Die Anstehenden schlängeln sich durch den gesamten Laden. Überall sind Leute. Es ist eine einzige große Polonäse. Nur halt nicht so gut gelaunt. Die geschätzte Wartezeit an der Umkleide beträgt zurzeit 55 Minuten. Ich würde mir lieber einen rostigen Nagel in die Hirnrinde hauen, als mich hier eine knappe Stunde für Scheißklamotten anzustellen.

Bislang haben wir heute etwa 150 000 Pfund eingenommen. Wenn man die Tatsache berücksichtigt, dass die Kleider für 54 Rubel in Kambodscha hergestellt werden, ahnt man Gutes für den Vorstand der Zahara-Gruppe. Der hat mir zum Geburtstag übrigens einen privaten Brief geschickt. Adressiert an Julianne Mulle. Er dankt mir für meine harte Arbeit in diesem Jahr und hofft, dass ich auch im nächsten für ihn zwischen überlaufenden Klos und toten Ratten (ja, selbst die sterben hier) rumkrieche und seine kindergearbeiteten Handstrickwaren vom Boden aufhebe. Eine nette Geste. Mir wird direkt wieder warm ums Herz, wenn ich daran denke.

Und dann passiert es. Man hatte mich schon vorgewarnt, aber ich hielt es einfach nicht für möglich: Jemand hat in die Frauenumkleide im unteren Stockwerk der Zahara geschissen. Einfach so.
Hose runter, pressen, flutsch, raus aus dem Laden. Als ich prophylaktisch, wie nach jeder Kundin, die Kabine nach abgerissenen Etiketten und einsamen Bügeln checkte, roch ich es sofort. Und sah es auch. Mitten zwischen Hocker und Spiegel! Ich stelle mir vor, wie ich ganz normal gerade in die Ecke der Umkleide mache und mich jemand dabei erwischt.
»Öhm, nee, Sie können da jetzt nicht rein – es riecht noch etwas streng …« Die neueste Anweisung von oben ist jetzt, Leute, die uns nach Kundentoiletten fragen, ganz genau zu observieren.
Ich hätte das nie im Leben weggemacht. Alles, wozu ich mich in der Lage fühlte, ohne mich zu übergeben, war es, einen Parfumtester zu holen und die Örtlichkeiten ordentlich einzunebeln. Leider ist die Kombi aus Zahara-Parfum und Scheiße auch nicht gerade ein nasaler Kassenschlager. Ich würgte weiter, bis Felipa die Katastrophe völlig schmerzbefreit beseitigte. Beeindruckend. Ich hätte eher gekündigt.

Einziger Lichtblick an diesem Tag: Henry holt mich ab. Henry habe ich bei Myspace aufgegabelt, und nun ist er mein neuer, platonischer Freund. Henry ist aus der Nähe von Reading und wohnt nicht weit von meinem Kanaldomizil entfernt. Ich war ehrlich gesagt irgendwann so verzweifelt, dass ich einfach auf das Internet zurückgreifen *musste*. Henry ist auch mit einer Freundin von mir aus Berlin befreundet, also höchstwahrscheinlich kein Psychopath. Wir haben uns das erste Mal in Hoxton getroffen. Mit einer Flasche süßem Wein saßen wir auf dem Hoxton Square und haben gequatscht. Er spricht auch ziemlich gut Deutsch, also kann ich ab und zu mal mein Gehirn entspannen und in meiner Muttersprache reden. Wir haben sofort geklickt. Den gebe ich nicht mehr her. Ich war auch oft in seiner Fünfer-WG. Wir kochen Dinge wie vegetarischen »Shepherd's Pie« – das ist eine Art Lasagne mit Kartoffelbrei und Fake-Hack anstatt Nudeln und Gemüse. Dabei fragt Henry mich die Gegenstände aus der Küche ab. Bratpfanne heißt zum Beispiel Frying pan, Handtuch nennt er Tea towel. Wenn Henry von »Tea« spricht, meint er übrigens nicht den Tee zum Trinken, sondern das »Abendessen«. Langsam lerne ich dazu. So einen Freund zu haben, mit dem man abhängen kann, der abends mit einem saufen geht und danach einen Schlafplatz im Gästezimmer anbietet, wenn es zu spät geworden ist, ist Gold wert. Ich glaube, er weiß gar nicht, was das für mich bedeutet. Heute zum Beispiel wird er um halb elf, wenn ich als eine der Letzten unter dem halb heruntergelassenen Rollladen hervorhusche, mit einer Flasche Billo-Wodka vor der Zahara warten, und dann gehen wir in einen Club. So wie früher in Berlin immer. Ich bin furchtbar aufgeregt. Und sehr dankbar. Inzwischen glaube ich selbst daran, dass ich es hier ein halbes Jahr aushalten kann.

17.
John, oh John

London-Haggerston | Alter: 24

John lernte ich flüchtig auf einer Party neulich kennen. Keine Ahnung, wer da was gefeiert hat, aber es gab Champagner – und dazu lasse ich mich nun wirklich nicht zweimal einladen. John ist ein Freund meines neuen Mitbewohners Tom – anscheinend kein guter, sonst hätte ich ihn vorher bestimmt schon mal gesehen. John ist echter Engländer, ein paar Jahre älter als ich, tätowiert und macht was mit Internet. Viel mehr weiß ich nicht. Nach der Party, auf der wir gar nicht viel redeten, fand er irgendwie meine Handynummer heraus und schrieb mir, dass er mich gerne treffen würde, beim Vietnamesen auf der Kingsland Road. Ich kann mich ehrlich gesagt nicht so gut an ihn erinnern, hauptsächlich, weil ich sehr betrunken war, als er mir vorgestellt wurde (siehe auch: Champagner), bin aber pro forma schon mal aufgeregt. Es soll ja Leute geben, die bei Dates total gelassen sind. Zu denen gehöre ich definitiv nicht. Zwischen Markus und jetzt war ich mit ein paar Typen mehr oder weniger zusammen – alle unterschiedlich in Alter, Charakter und Statur. Irgendwie hat es aber mit keinem so richtig funktionieren wollen. Die Dreimonats-Hürde wurde mir mehrfach zum Verhängnis.
Nun denn. Vielleicht klappt's ja mit John. Ich komme gerade aus der Zahara – nach einer Zehn-Stunden-Schicht. Im Vorbeigehen gucke ich aus Versehen in eines

der Schaufenster. Draußen windet es, meine Haare sind überall, nur nicht an den vorgesehenen Stellen! Obwohl ich zu spät bin, muss ich sie richten. Von draußen kann ich ihn schon beim Vietnamesen sitzen sehen. Eine Windböe auf der Zielgeraden zerstört erneut die Frisur, die ich mir so mühsam ausgedacht hatte: glatt und offen. Offen mag er vielleicht, hatte ich gemutmaßt, ohne ihn überhaupt zu kennen. Ich bin wirklich nervös. Ich habe vorher heimlich etwas Wodka trinken müssen, um mich zu beruhigen. Das darf ich niemals jemandem erzählen. Ich schäme mich ob meiner Unfähigkeit, fremde Männer nüchtern zu treffen. Geraucht habe ich immerhin keine, ich weiß ja nicht, ob er raucht. Und ich wollte riechen wie eine frische Sommerbrise, wenn ich elfengleich in das Lokal schwebe. Ich öffne die Tür, hinter der ein schwerer Vorhang zuerst noch den Blick nach innen versperrt. Im Umkehrschluss auch den Blick nach draußen. Ich richte wieder mein Haar. Blind. Und hoffe, dass ich es gerade nicht noch schlimmer gemacht habe. Dann nehme ich Kurs auf mein Date. Weil ich völlig gelassen rüberkommen möchte, grüße ich auf dem Weg einen Kellner. So unauffällig wie möglich atme ich noch mal tief ein und aus. Dann laufe ich auf ihn zu. Er steht von seinem Stuhl auf und erwartet meine Ankunft in fünf, vier, drei, zwei, eins … Wir umarmen uns. Ich drücke ihn nicht zu fest, damit er mein Herz nicht unter meinem Pulli hämmern spürt. Er fühlt sich gut an. Für einen Moment möchte ich ihn nicht wieder loslassen, damit ich ihm nicht in die Augen schauen muss. Wenn er meine Augen sieht, wird er wissen, dass ich Angst habe. Ich drehe mich um und lege meine Jacke ab, dann meinen Schal, dann flüchte ich zur Toilette. Ich bin ein Mädchen, ich habe eine schwache Blase, jeder weiß das – auch ohne mich zu kennen. Dort angekommen, stütze ich mich auf das Waschbecken. Wie unentspannt kann man eigentlich sein? Ich betrachte mich im Spiegel, während ich mir alibimäßig die Hände ohne Seife wasche. Meine Haare sind okay. Mein Gesicht ist mein Gesicht. Ich habe keine Flecken auf der Brust, keine unter den Achseln. Immerhin. Ein letztes Stoßgebet Richtung Fliesenspiegel, dann gehe ich zurück. Zurück zu John. Er strahlt mich an. Ehrlich und neugierig und erwartungsvoll und vielleicht auch ein wenig nervös. Er trinkt eine Cola. An einem Sonntag, um 18 Uhr. Ich hatte nicht geahnt, dass Antialkoholisches überhaupt gängig ist bei Dates? In England? Ich bestelle eine Schorle. Eine Weinschorle. Dann gucken wir uns wieder an. Ich bemerke nicht, was er für Schuhe trägt, was für eine Uhr, noch nicht mal seine Frisur. Mein Tunnelblick fokussiert sein Gesicht. Noch während er die ersten zwei Sätze spricht, bin ich schon hin und weg. Ich möchte sein Gesicht in meine Hände nehmen, seine Stirn streicheln, ihm durch das kurze Haar im Nacken fahren, ihm tief in die Augen schauen. Er fragt mich etwas, ich muss mich konzentrieren. Und vor allem aufpassen, was er erzählt. Ich will alles wissen, ich will mich an alles erinnern. Wie der Familiendackel in seiner Kindheit hieß, ob er Koriander mag, welche Farbe sein Rad hat. Denn ich werde ihn wiedersehen. Müssen. John ist ein wenig größer als ich, aber nicht zu groß, er hat dunkle Locken, durch die man bestimmt wunderbar mit den Fingern wuscheln kann, und wiegt ein paar Kilo zu viel. Das liebe ich an Männern. Nichts ist unbequemer als ein Waschbrettbauch. Wenn der neue Freund außerdem einen – objektiv gesprochen – weniger attraktiven Körper hat als man selbst, nimmt das den Druck von einem, eventuell Sport machen zu müssen. Das ist mir wichtig.

Ich sage etwas Witziges (auf Englisch!), wir lachen, dabei legt er für eine halbe Sekunde seine Hand auf meinen Arm. Ganz flüchtig. Meine Gedanken stoppen. Dann zückt er ein Geschenk. Er hat mir Blumen mitgebracht. Also Blumensamen. In einem kleinen Päckchen. Blaue Kornblumen sind das. Die könne man ja vielleicht mal zusammen wo einpflanzen. Ich bin hin und weg. Wenn der Mann noch eine nette Sache sagt, stecke ich ihm hier und sofort entweder die Zunge ins Ohr oder den Ring an den Finger.

Ob er rauche, traue ich mich nach der vierten Weinschorle zu fragen. Er verneint. Strahlend. Und stellt dieselbe Frage auch an mich. »Nicht so wirklich«, lüge ich, dabei

verlangen Lunge und Gehirn sehr hart nach einer Zigarette. Der Mann, der hinter John an der Bar sitzt, qualmt
eine nach der anderen. Was für ein unfassbares Arschloch.

Langsam werde ich ruhiger. Und glücklicher. Ob ich
noch mit zu ihm kommen wolle, er wohne ein paar Häuser weiter, fragt John mich. Anstatt meine Antwort ein
wenig hinauszuzögern, nicke ich viel zu schnell und heftig.

Am Eingang zu Johns Wohnung gilt es, ein Tor zu passieren und einen vierstelligen Code einzugeben. Fancy
stuff. Das Gebäude sieht anders aus als das durchschnitt-
liche Londoner Domizil. Irgendwie so statisch ausbalan-
ciert und sauber. Als wir die Tür zu seiner Wohnung auf-
schließen, bin ich baff. Die Bude hat ein gefliestes
Badezimmer, einen Balkon, Parkett und riesige Fenster.
Die Möbel sind neu, es schimmelt nichts, und es knus-
pern sich keine Mäuse durch die Vorratsschränke. Es ist
hell und freundlich, und im Winter hat man hier sicher
keine Eisblumen. Ich habe noch nie eine geile Wohnung
in London gesehen. Und diese hier ist geil. Ich bleibe!
John fragt mich, ob ich ein Glas Rotwein haben möchte.
Halloho? Das ist keine Frage des Wollens, sondern des
Müssens. Ich bin schon wieder voll nervös. Mit einem
fremden Mann in seiner Wohnung! Vielleicht fummeln
wir ja gleich. Den ersten Schritt werde ich aber nicht machen. Ich. Nicht.

John fährt gerne Skateboard. Ein Trick sei sogar nach
ihm benannt – behauptet er zumindest. Der Johnster.
Das sei so eine Art Kick-Flip in irgendwie seitlich, was
weiß ich. Ist mir aber auch egal, der Mann ist geil. Außerdem macht er was mit Internet und kann davon leben!

Wie toll ist das eigentlich? Bis eben war mir gar nicht bewusst, dass man im Internet überhaupt arbeiten kann. Das sind die besten News der Dekade. Ich frage mich, warum ich überhaupt Mode studiert habe.

John holt eine Gitarre hinter dem Sofa hervor und beginnt zu spielen. Wann sind Männer sexy? Wenn sie Auto fahren, Gitarre spielen und / oder ich betrunken bin. Zwei von drei Punkten erfüllt, nicht schlecht. Keine Ahnung, was das für ein Song sein soll, aber ich bin verliebt. In alles. Auf so jemanden habe ich gewartet. Wir setzen uns aufs Bett. Gleich, gleich, gleich. Ich nehme noch einen großen Schluck Wein. Ich wandle auf diesem schmalen Grat zwischen Geilheit und Kotzen. Dann beugt er sich vor, unerwartet schnell, und küsst mich einfach. Ich bin im Himmel. Wie mutig der auch ist! Wahnsinn. Es dauert nicht lange, da bin ich halb ausgezogen und liege neben ihm im Bett. Wir fummeln. An Sex denke ich nicht beziehungsweise zwinge ich mich, nicht daran zu denken. Meiner Meinung nach kann man Männer nur halten, wenn man sie warten lässt. Fünf Dates sind da mein absolutes Minimum. Das ist auch gleich eine Art Wesenstest. Ich hatte mal einen, der hat in der ersten Nacht total mit mir rumdiskutiert, warum ich denn nun nicht mit ihm schlafen wolle. Ich fand das so unhöflich, dass ich nie wieder mit ihm in einem Bett schlief.

John ist anders. John versteht das. Er hält sich an die Regel, dass mein Schlüpper tabu ist. Morgen werde ich in der Zahara allen Spanierinnen davon erzählen, dass ich nun offiziell verliebt bin. In John, den jungen Internetgott aus England.

Acht Tage sind nun vergangen, in denen ich jede freie Minute mit John verbracht habe. Ich weiß gar nicht, wo-

hin mit meiner Verliebtheit. In ein kleines Notizbuch
schreibe ich folgende Worte:

*Weil das Glück des einen nun auch das des anderen ist,
weil es sich einfach multipliziert. Und weil das Pech
beider mittig geteilt wird. Weil das Glas nun nicht
mehr nur halb, sondern sogar ziemlich voll ist. Weil das
Gras auf der anderen Seite niemals so grün sein kann
wie an dem Fleck, auf dem man sich vertraut um-
schlungen wälzt. Weil die Sonne einem so sehr aus Ohren und Arsch scheint, dass man alle anderen damit
blendet. Weil dieser Mann macht, dass ich nur noch
Socken ohne Löcher tragen möchte. Weil man beim Finanzamt sitzt und lächelt, weil man das Klo putzt und
lächelt. Weil Schlaf überflüssig geworden ist. Weil man
nicht mehr läuft, sondern wie ein kleines Mädchen
hüpft. Weil man Füße hasst, mit seinen aber ein ganzes
Leben lang kuscheln möchte. Weil »Hätte, Könnte,
Sollte« zu »Wird, Kann, Ist« geworden ist, das »Ich« zu
»Wir« und ein verhaltenes »Vielleicht« zu einem ent-
schiedenen »Ja«. Weil Heiraten inzwischen nicht mehr
nur eine fragwürdige Option ist. Weil man plötzlich
einen unbändigen Glauben an eine grandiose Zukunft
spürt, Vertrauen in das Gute und die Gewissheit, dass
alles möglich ist. Deshalb.*

18.
Diesen Mann kenne ich nicht!

John hat sich vor etwa zwei Stunden mit den Worten verabschiedet, er würde unten kurz Schnaps und Kippen holen gehen und gleich zurückkommen. Leider ist er seitdem nicht wieder aufgetaucht. Sein Handy ist aus, klar. Jetzt sitze ich in seiner Wohnung und frage mich, ob ich nach Bildern von kleinen nackten Jungs oder nach Gliedmaßen im Tiefkühler gucken sollte. *Wusste* ich doch, dass mit dem was nicht stimmen kann. Der ist viel zu perfekt! Wir haben Silvester sogar in Berlin verbracht und Weihnachten mit seiner Familie in London. Eigentlich ist es toll mit ihm. Aber eben doch nicht alles.

Ich könnte auch nach Hause gehen. Oder die Bullen rufen. Oder vielleicht einen Tee trinken. Das ist ja Mittel gegen alles in England. John hat ein generelles Problem mit Anwesenheit. Von Zeit zu Zeit verschwindet er einfach. Das macht mich wahnsinnig. Wenn Menschen nicht mehr auffindbar sind, muss das ja nicht zwangsläufig etwas Schlechtes sein. Ich kann eine Liste von Leuten runterbeten, die verschwinden können. Aber bei meinem Freund wäre ich gerne über den ungefähren Verbleib informiert. Da bin ich altmodisch.

Wenn der nicht bald nach Hause kommt, fange ich an, jede Stunde eines seiner dämlichen Sammler-Spielzeuge zu zerstören. Das sind so komische bunte Gestalten aus Vinyl – Hasen, Affen, Roboter. Man spielt nicht mit ihnen, man stellt sie nur in eine Vitrine. Hab ich nie verstanden.

Und später werde ich üble Rache üben: Schwitzkasten und Haare rubbeln. Tausend Brennnesseln. Nachts Finger in warmes Wasser. Obwohl, das könnte auch mich betreffen. Das lasse ich lieber.

Ich wache auf, weil es an der Tür klingelt. Ich gucke auf die Uhr. Es ist kurz nach neun Uhr. Ich bin wohl gestern einfach eingeschlafen, in Johns Bett, mit dem Handy in der Hand. Es klingelt erneut. Ich schlurfe zur Tür und gucke durch den Spion – wir sind hier noch immer in London, also ist Vorsicht geboten. Ich sehe einen Polizisten. Er ruft, ich solle die Tür öffnen, er hätte einen gewissen John bei sich, der behaupte, hier zu wohnen. Ich reiße die Tür auf. John steht mit hängenden Schultern, einem aufgerissenen T-Shirt und Pflaster auf der Stirn neben dem Polizisten, der ihn am Arm hält. Ich solle ihn identifizieren, damit er freigelassen wird. Ansonsten würde er ihn wieder mit auf die Wache nehmen, bis jemand offiziell seine Identität bestätigt. John guckt mich nicht einmal an.

Wie dumm die Engländer doch sind! Hätten die hier Persos, wie der Rest der zivilisierten Welt, müssten sie diesen bescheuerten Polizisten nicht unnötig durch die Stadt fahren lassen, um mit irgendwelchen betrunkenen Vollpfosten unterm Arm irgendwelche Adressen zu bestätigen. Außerdem weiß ich nicht, was ich tun soll. Ich bin so sauer, dass ich dazu tendiere, John wieder in die Zelle wandern zu lassen – wie auch immer er da überhaupt reinkam.

»I don't know this man«, höre ich mich sagen und bin selbst überrascht. John zuckt zusammen und schafft es erstmalig, mir in die Augen zu gucken.

»Jule, please …«, bittet er mich.

Der Polizist betrachtet seine Fingernägel. Der kennt das Spielchen bestimmt.

»I didn't do anything!«, schiebt John hinterher.

Ja genau, der steht bestimmt nur so vor meiner (also seiner) Tür und guckt wie ein Labrador, der gerade den Lederschuh des Herrchens gefrühstückt hat. Der Polizist sieht das auch anders.

Haben denn eigentlich alle den Arsch offen? Diesen Mann möchte ich heiraten, ich möchte Kinder von ihm, zwei Stück, und ich schließe auch einen Bausparvertrag nicht aus, verdammt.

»Okay, I know him«, erbarme ich mich.

Nicht, dass er im Knast vergewaltigt wird und ich wieder schuld bin. Ich unterschreibe einen Zettel, dann lässt der Polizist von John ab, rät uns, die genähte Platzwunde in ein paar Tagen noch mal von einem Arzt checken zu lassen, und verschwindet.

John schmeißt sich sofort ins Bett und heult erst mal eine Runde. Er stinkt erbärmlich. Ich weiß ehrlich gesagt überhaupt nicht, wo ich anfangen soll. Ich gehe auf den Balkon, boxe in die Erde eines großen Blumentopfes und atme tief, sehr tief durch. Danach geht es mir besser. Ich bestelle eine Familienpizza beim Lieferservice nebenan, lasse Wasser in die Wanne und lege mich neben John. Er weint noch immer.

»I don't wanna talk about it right now, okay?«, schluchzt er. Ich nicke und nehme ihn in den Arm.

Ein paar Tage später flattert ein Brief vom Gericht ins Haus, der dazu aufruft, eine große Summe an einen Mann zu überweisen, der wohl in den Vorfall verwickelt war. Ich frage John vorsichtshalber nicht, warum. Er muss mir nur versprechen, nie wieder einfach so zu verschwinden. Dann bin ich gewillt, alles zu vergessen. Er hält sein Versprechen.

Für fast zwei Monate.

19.
Der Unterschied zwischen ETA und E.T.

Die Zahara hat ihre Spuren in meiner Seele hinterlassen. Nach neun Monaten bin ich nicht mehr derselbe Mensch. Sie haben meinen Willen gebrochen. Eigentlich wollte ich ja nur ein halbes Jahr in England bleiben. Aber jetzt, wo ich schon mal hier und verliebt bin, hänge ich einfach noch ein wenig dran. Auch wenn ich mich in der Zahara sehr langweile. Manchmal gehe ich ins Lager und lege mich theatralisch auf einen Haufen Klamotten. Einfach so, weil ich kann. Ich habe alles gelernt, ich weiß ganz genau, welche Kundin gleich auf mich zukommt, welches Kleid sie in welcher Größe probieren möchte und dass wir es nicht mehr haben, aber der Laden am Covent Garden. Ich kann über mein Leben nachdenken, während ich am Telefon Fragen beantworte. Ich weiß, dass »Unterhemd« auf Englisch »Vest« heißt, dass »Vest« auf Amerikanisch aber eine »Weste« ist. Ich kann verschiedenste Dinge so falten, dass sie auf einem Stapel gleich breit sind.

Vor einer Woche rief die Store-Managerin mich in ihr Büro – also die Treppe zwischen Klo und Essensraum. Sie lobte mich für meine gute Arbeit und beförderte mich zur Floor-Managerin. Das ist jemand, der den Überblick auf einem Stockwerk behält und das Doppelte des Gehaltes eines normalen Shop Assistants verdient. Ich freute mich erst, dann wurde ich traurig. Wenn ich jetzt des Geldes wegen noch tiefer in diesen Laden rutschte, würde ich vielleicht nie wieder den Weg hier rausfinden. Im selben Gespräch kündigte ich. Ich wollte nie Verkäuferin werden, ich wollte schon immer kreativ sein. Und das würde ich niemals in einem Geschäft finden, in dem die Ratten im Lager starben und die Kundinnen in die Kabinen kackten.

An meinem letzten Arbeitstag war ich stolz. Ich wusste vielleicht nicht, was ich danach machen sollte, aber ich hatte den Absprung geschafft.

»¡Joder! Don't go, Chulianaaa«, sagte María, als ich den Laden wie üblich eine Dreiviertelstunde zu spät verließ.

»I know. No me lo puedo creer«, erwiderte ich. Inzwischen sprach ich ziemlich gut Spanisch.

Ich weiß nicht, wieso, aber jemand von Channel 4 – das ist das Pro7 Englands – hat mich ungesehen als Online Community Manager engagiert. Der Mann heißt Mike und ist ein Freund von John. Ich weiß nicht, ob John ihn vielleicht heimlich bestochen hat. Mike hat mich nämlich nicht einmal gefragt, ob ich so einen Job vorher schon mal gemacht habe. Ich bin außer mir vor Freude. Ich arbeite jetzt im Internet! Wie cool ist das denn? Und nicht nur das – ich verdiene den vierfachen Stundenlohn wie in der Zahara. Absoluter Jackpot. An meinem ersten Tag trage ich den Hosenanzug, den ich in der Zahara immer anhatte. Den durfte ich zum Glück behalten. Die abgeschubberten Stellen an meinen Schuhen male ich mit einem Edding wieder schön schwarz. Ich kann da echt nicht in Jeans auftauchen, dafür ist der Schuppen viel zu schick. Das ist so ein moderner Glaskasten in der Nähe der Victoria Station, mit Emfangsdesk und tausend

Stockwerken und begrüntem Innenhof und einer riesigen, stählernen Vier vor dem Haupteingang – wegen Channel 4. Macht Sinn.

Erste Amtshandlung: Meeting mit dem Chef und irgendwelchen Kollegen. Wir sitzen zu zehnt an einem riesigen Tisch im dritten Stock. Es gibt sogar Obst und Kuchen und alles! Ich wickle heimlich etwas Süßkram in eine Serviette und lasse ihn in meiner Tasche verschwinden. Irgendwie sind alle Anwesenden Männer um die vierzig und in grauen Anzügen. Ich gucke mich um. Die einzige Frau, die hier zu arbeiten scheint, serviert uns Kaffee. Das Meeting beginnt, ich höre den Typen zu. Und verstehe wirklich so gar nichts. Ich brauche ein paar Minuten, um zu realisieren, dass ich die TV-Lingo echt nicht draufhab – und schon gar nicht auf Englisch. Panisch schreibe ich alle Worte auf, die ich nicht verstehe. Was zur Hölle ist »ETA«? Ich kenne nur E.T., und das ist ein Wesen aus dem All mit Leuchtefinger! Was ist »4oD«, was ist »tx«, und was meinen die mit »remit«, »realm« und »IBA«? Ich schwitze in mein Polyester-Jackett. Wenn die mich jetzt was fragen, fliege ich auf.
»Jule?«, spricht Mike mich direkt an.
Ich gucke fragend und hoffe, dass keiner die Schweißperlen auf der Stirn sieht.
»Any more questions on this one?«, will er wissen.
Ich schüttle den Kopf.
»Nah. All clear, Mike«, bluffe ich.

Als ich zu Hause ankomme, breche ich erst mal heulend in Johns Armen zusammen. Ich habe vor einiger Zeit mein WG-Leben aufgegeben und bin bei ihm eingezogen. Er beruhigt mich und erklärt mir alle Worte von meiner Liste. Dann versuchen wir gemeinsam, zu rekonstruieren, was nun wohl mein Job ist. Über die nächsten Wochen lerne ich fleißig alle TV-Vokabeln, bis ich irgendwann so spreche wie Mike und das mit dem Schweiß in Meetings weniger wird.

Im Grunde bin ich dafür da, eine Kunst-Community im Internet zu betreuen. Ich bin selbst dort angemeldet, ich schreibe Inhalte, Newsletter, lese und moderiere Kommentare, beantworte User-Anfragen, checke, dass alles läuft, und bin das Bindeglied zwischen Technik, Anwaltsteam und Marketing auf der einen und meiner Community auf der anderen Seite. Ich habe mich bis heute nicht getraut zu fragen, warum die dafür einen Ausländer eingestellt haben. Aus Angst davor, Fehler zu machen, lasse ich in den ersten Monaten jede einzelne E-Mail von John gegenlesen.

Eines Tages sitze ich nichts ahnend am Schreibtisch und löffle gerade einen Erdbeer-Käsekuchen, als plötzlich alle Bilder von unserer Webseite verschwinden. Oh oh. Für eine Seite, die hauptsächlich mit Bildern bestückt ist, auch nur semi-geil. Also informiere ich den Chef unseres Tech-Teams. Der wird schon wissen, was zu tun ist. Binnen einer Minute bekomme ich folgende Mail zurück:

Sounds like a routing issue – can you open a Command Prompt and do ›tracert flickr.com‹ and send me the output?

Aha.
Ach so.
Was?

Die Google-Inhalte zum Thema »Command Prompt« sind recht mager, oder besser gesagt: total unverständlich. Mein Mann sitzt gerade im Flugzeug nach Dublin, seine Mailbox hilft mir wenig weiter. Erst mal aussitzen. Vielleicht erledigt sich das Problem ja irgendwie von selbst.

Am Freitagabend bin ich zur Verleihung des Guardian Media Awards eingeladen, weil mein Projekt dort für den Preis nominiert ist. Aus Erfahrung weiß ich, dass diese Verleihungen ungefähr so langweilig sind wie das deutsche Steuerrecht in zwölf Bänden. Ich bin außerdem furchtbar schlecht im Smalltalken mit alten Männern in Schlips und Kragen, die irgendwas mit Medien zu tun haben, das ich eh nicht verstehe und die an die anderen 300 Gäste fleißig Visitenkarten verteilen, weil man ja bestimmt mal bla, bla, blaaaaa. Mir fallen da nicht mal annähernd Themen ein, die zu besprechen wären. Nix. Mein Gehirn setzt in solchen Situationen immer aus. Das ist unangenehm und wird oftmals mit Desinteresse verwechselt. Wobei ich mir nicht mal sicher bin, ob es nicht auch genau das ist. Bei der letzten Festivität habe ich mich wegen einer schönen Krankheit davor drücken können, dieses Mal muss ich hin. So eine Eintrittskarte kostet 300 Pfund. Ich habe das System noch nicht ganz verstanden.

»Hallo und herzlichen Glückwunsch! Sie sind in der Kategorie Dingsbums für einen Guardian Media Award nominiert und herzlichst zu unserer Festivität eingeladen. Karten kosten 300 Pfund.« Wenn jetzt, sagen wir mal, 300 Gäste geladen sind, dann sind das 90 000 Pfund (ohne Taschenrechner = Angaben ohne Gewähr). Mit 135 000 Euro könnte ich auch ein paar Glasklötze gravieren lassen und eine Party schmeißen. Nun gut, wahrscheinlich würden sich die Leute nicht gerade darum reißen, von mir einen Award für 300 Pfund verliehen zu bekommen. Egal, Channel 4 zahlt. Die Party findet dieses Jahr auf einem Boot statt. Das muss man sich mal auf der Zunge zergehen lassen.

Auf. Einem. Boot.

Um ein Uhr nachts fahren die Taxis dann zurück nach Hause. Wenn wir nicht gewinnen, erdrossele ich jemanden. Am besten gucke ich mir noch mal »Tod auf dem Nil« an.

Als ich wütend auf den letzten Happen meines Kuchens einstochere, sind alle Bilder wieder zurück auf der Seite. Da habe ich mal wieder ganze Arbeit geleistet.

»No worries. Fixed it«, schreibe ich zurück an das Tech Team und mache Feierabend.

Als was ich fast mal gearbeitet hätte:

- Olivenverkäuferin auf einem Wochenmarkt (zu früh aufstehen)
- ehrenamtliche Katzenbetreuerin im Tierheim (zu schlecht bezahlt)
- Blutspenderin (zu dünn, ich)
- Moderatorin in einem Fantasy-Rollenspiel-Forum (nicht nerdy genug)
- Floor-Managerin bei Zara Oxford Circus (nicht bescheuert genug)

20.
25 in der Bar 25

Ich habe Geburtstag! Ich werde 25. Ich bin in Berlin. Mit allen meinen Freunden! Das macht mich unfassbar glücklich. John habe ich zu Hause gelassen, der muss arbeiten. Jasmin und Jens holen mich vom Flughafen ab. Und Cleo und Elisabeth sind auch da. Das sind zwei Neuzugänge in unserer Gang. Die Bar 25 ist wohl gerade total angesagt. War ich noch nie, kann man aber mal ausprobieren. Dass es dort eine Schaukel direkt an der Spree gibt, hat mich sofort überzeugt.

23:17 h
Wir sind bei Jan und spielen »Killer and Spy« (Mord im Dunkeln ohne Licht).
Bei dem neuen Trendspiel muss man logisch kombinieren und lügen. In fünf Runden werde ich vier Mal kaltblütig ermordet – am Ende sogar von Jasmin! Dabei habe ich doch gleich Geburtstag?

00:00 h
Happy Birthday to you! Happy Birthday to you! Alle singen, ich bin stolz. Und froh, mal wieder hier zu sein. Wie ich die alle vermisst habe!

00:07 h
Die Euphorie ist echt schnell verflogen. Alle telefonieren

gerade mit irgendwem. Ich zücke mein Handy. Ich habe eine Nachricht bekommen! Geil!

Ihr Highspeed-Datenvolumen ist fast aufgebraucht. Ab dem 15.6. surfen Sie dann wieder mit voller Geschwindigkeit. Ihr O2-Team.

00:08 h
Ich werfe mein Handy gegen die Wand und exe etwas, das im Abgang angeblich nach Bratwurst schmecken soll.

00:27 h
Die Bratwurst hat gewirkt. Ich habe ein Mikro um den Hals baumeln, zwei Zigaretten im Mund und singe Bonnie Tyler. Überall glitzert es. Ist das noch Make-up oder sind das schon Sterne?

01:12 h
Beim Versuch, die Hebefigur aus Dirty Dancing in einem bodenlangen Kleid nachzustellen und mich dabei selbst zu fotografieren, falle ich erstmalig hin. Lande aber weich in einem Meer aus Luftschlangen. Dort bin ich glücklich.

01:45 h
Nach einer unendlich langen Tramfahrt kommen wir bei einer Privatparty am Oranienburger Tor an. Warum die eigene Bude (okay, die meiner Mutter) verdrecken, wenn man auch eine fremde nehmen kann? Vor der Tür schleudert mir ein Mädchen einen gelben Ofenanzünder ins Gesicht. Es tut trotz Trunkenheit unheimlich weh. Meine Wange schwillt auf das Doppelte an. Schätzungsweise.

01:57 h

Ich betrachte mich in einem Spiegel in dieser Wohnung. Von der Fleischwunde in meinem Gesicht keine Spur. Jemand bringt mir eine Tasse Waldfruchtlikör mit Red Bull. Gegen die Schmerzen. Das Gemisch entpuppt sich sofort als mein neuer Lieblingsdrink.

02:12 h

Mir wurden sehr viele Menschen vorgestellt. Alle Sportler. Ich habe mir keinen einzigen gemerkt. Ich freunde mich mit etwas Lametta an und fotografiere eine Flasche Schweppes auf dem Klo.

02:26 h

Irgendwas hat mich schon mehrfach von dem Stuhl gehauen, auf dem ich tanze. Wahrscheinlich war es der Schnaps. Ich sollte nach Hause fahren, möchte aber lieber noch ein bisschen glücklich sein.

02:29 h

Jemand tippt mir auf die Schulter: »Komm, wir fahren jetzt alle rüber in die Bar 25. Beste Zeit.«

02:51 h

Wir stehen am Eingang. Ich habe keinen Pfennig Geld mehr. An der Tür treffe ich einen Bekannten mit einer Banane im Gesicht. Das ist also die Bar 25. Ich war noch nie hier, möchte aber auch wirklich nicht rein.

02:58 h

Jemand hat mich am Arm nach drinnen gezogen. Ich stehe und starre und staune. Dieser Club hasst mich! Alles ist wie in einem Horrorfilm. Wenn ich jetzt nicht aufpasse, fressen mich die Zombies bestimmt auf. Und wenn ich jetzt nicht sofort was trinke, werde ich wieder nüchtern. Bloß nicht!

03:15 h
Ich mache ein Foto von der Bar. Um meinen Arm hängt eine teure Kamera. »Wenn die Security dich erwischt, fliegst du sofort raus.« Ich kippe meinen Jägermeister runter. War das jetzt eine Drohung oder ein Versprechen?

03:42 h
Oh Bar 25, du post-apokalyptische, kranke Vision von Hippies, die auf Chemie stehen. Bretterverschlag aus Disneyland mit Zirkusmanege, Sofavorplatz und Würstchenbude. Ein alles verschlingendes Loch, das sich einfach nicht um das sonst so gängige Raum-Zeit-Kontinuum schert. Eine Parallelwelt der Verrückten. Womöglich werden die mich nie wieder gehen lassen.

04:45 h
Ich bin die Einzige im Club, die keine Drogen genommen hat, und doch komme ich von allen am wenigsten klar. Außer diesem Mädchen da hinten, das Schaum vorm Maul hat und grunzt. Ist es eigentlich schon zu spät, jetzt noch mit Ketamin anzufangen?

05:07 h
Ich lehne an einer Holzwand, als mich jemand von der Seite anspricht. Er sieht ganz nett aus. Ich verstehe nicht viel, meine aber, das Wort GHB zu hören. Ich halte mir schnell den Drink zu und rutsche unauffällig von ihm weg. Als er kurz nicht guckt, renne ich so lange, bis ich

an der Wodka-Rutsche wieder rauskomme. Was zum Teufel?

05:18 h

Ich bleibe irgendwo zwischen Bumsecke und Bar stehen. Von der Decke hängt ein armdickes Tau. Ich greife danach und lasse es die nächste halbe Stunde nicht mehr los. Etwas Halt in Druffie-Land: unbezahlbar.

05:52 h

Was ist eigentlich, wenn mich hier jemand sieht? Zwischen den ganzen Opfern? Wie ich das Tau umarme? Das macht mir echt Sorgen. Ich mache es mir zur Aufgabe, jedem der etwa 2000 Anwesenden zu erklären, dass ich auch wirklich nichts genommen habe. Mir glaubt niemand. Ich sehe aber auch echt scheiße aus.

06:02 h

Sonnenbrille! Ich brauche eine verdammte Sonnenbrille!

06:33 h

Ich stehe in der Kloschlange vor einem WC-Bauwagen. Es stinkt, gibt keinen Spiegel, ich habe freie Sicht aufs Pissoir, die Leute gehen zu acht aufs Klo. Ich gucke mir die Anstehenden genauer an – die zucken mit den Mündern, haben riesige Schweißflecke und müssen nie blinzeln. Witzig.

06:48 h

Ich sitze auf einem Sofa in der Sonne und versuche normal auszusehen. Zombies krauchen um mich rum. Überall Dreck und Fratzen. Neben mir isst jemand einen Rollmops und ne Wiener. Gleichzeitig! Ich gucke ihn an – ihm fehlt das Weiße in den Augen. Wie soll ich nur jemals nach Hause kommen?

07:07 h
Ich habe endlich den Scheißausgang gefunden. Die Kamera hängt noch um meinen Arm. An der Tür werde ich deshalb verwarnt. Ja, genau. Taaaaaxi!

07:20 h
Ich stehe in der Sparkasse. Wahrscheinlich in Berlin. In der Scheibe spiegelt sich etwas, das mal eine Frisur war. Ich gebe meinen PIN ein. Falsch. Ich gebe ihn erneut ein. Wieder falsch. Die Tasten müssen heute irgendwie anders als sonst angeordnet sein. In der Ecke sitzt ein Penner. Vielleicht sollte ich mich einfach zu ihm legen?

07:35 h
Ich schaffe es zwar nicht, selbständig die Taxitür zu öffnen, verlange aber noch nach einer Quittung. Auch kurz vorm Koma darf man den Blick fürs Wesentliche nicht verlieren.

07:39 h
Ich bin zu Hause. Mein Handy ist schon längst aus. Muss es wieder anstellen, brauche ja nen Wecker. Ich gebe den PIN ein. Falsch. Ich gebe den PIN erneut ein. Wieder falsch. Beim dritten Mal werde ich aufgefordert, meinen achtstelligen PUK einzugeben. Scheiße.

07:43 h
Ich sitze auf dem Fußboden im Wohnzimmer meiner Mutter. Um mich herum liegen drei Aktenordner und eine Menge Papierkram. Das bewahrt sie alles für mich

auf. Was mache ich noch mal? Ach richtig, PUK suchen.
Pukpukpuk. Ich halte mir ein Auge zu, um besser sehen
zu können.

07:48 h
Mein Handy ist endlich von den Zahlenfesseln befreit.
Ich darf mir einen neuen Code aussuchen und tippe irgendwelche Tasten. (Shit! Welche eigentlich?) Ich stelle
meinen Wecker erst auf Mitternacht, dann auf 20 h.

16:00 h
Wer bin ich? Warum lebe ich? Welches Jahrhundert haben wir?

16:02 h
Geil. Ich habe den Kater komplett übersprungen.
Oder … Oder bin ich etwa *immer noch* betrunken? Auf
meinem Handgelenk prangt hartnäckig eine riesige 25.
Ich sollte aufstehen.

17:01 h
Gleich stehe ich auf.

18:03 h
Nee, echt jetzt. Gleich stehe ich auf.

19:02 h
Ich stehe auf. Hui, mir ist noch schwindelig.

19:03 h
Ich bin bis zum Klo gekommen. Mein Magen bringt vielleicht nichts mehr hervor, ich würge mich trotzdem
durch die nächsten Minuten.

19:13 h

Als ich endlich wieder im Bett liege, beschließe ich, nie mehr zu trinken. Dann stelle ich meinen Wecker auf 12 Uhr am nächsten Mittag. Ich hasse Kater. Ich hasse 25. Ich hasse Bar 25.

21.
Dentophobia – The Sequal

Ich habe mich unterdessen von den Strapazen meines Geburtstages erholt, nun aber leider Zahnschmerzen. Ich würde mir den kleinen Scheißzahn eher mit einem Schlittschuh entfernen, wie in diesem Film mit Tom Hanks, als in England zum Arzt zu gehen. Das Krankensystem in England ist eh der Brüller. Wenigstens ist es kostenlos. Aber wie auch sonst im Leben gilt: Kostenlos ist nicht unbedingt gleich geil.

Neulich war ich bei der Gemeinschaftspraxis in meinem Viertel. Man kann sich keinen Arzt aussuchen, sondern kriegt einen zugewiesen. Endlich habe ich es geschafft, mich offiziell zu registrieren. Jetzt darf ich in London die kostenlose medizinische Grundversorgung in Anspruch nehmen. Ich war auf der Suche nach einer Jahresration Antibabypillen, die es dort ebenfalls kostenlos gibt. Die Schwester machte ein ernstes Gesicht. Sie könne mir das Rezept leider nicht ausstellen, bevor ein Arzt mich untersucht hätte. Ich kenne das aus Deutschland. Die geben einem ja nicht mal ein Aspirin, ohne dass man ein Langzeit-EKG und ein großes Blutbild hat anfertigen lassen. Ich hatte keine Ahnung, was die standardmäßig in England auffahren, und sah mich bereits mit Spritze im Arm und Thermometer im Hintern. Im Wartezimmer beobachtete ich ein Ehepaar um die achtzig. Er saß im Rollstuhl, sie war blind. Ich dachte noch sehr lange über diese Kombination nach.

Eine gewisse Frau Brown holte mich ab – die Ärzte werden im Rotationsprinzip jedes Mal neu zugewiesen – und führte mich in ihr Minikabuff. Sie war nicht sehr gesprächig und schnappte sich zeitnah meinen Arm, um meinen Blutdruck zu messen. Damit schien alles in Ordnung zu sein.

»Okay, thanks. Please come back next year.«

Ich lachte, aber sie scherzte nicht: Meine gynäkologische Untersuchung bestand aus der Erfassung des Blutdrucks. Der Grund, warum das Gesundheitssystem in England kostenlos ist, ist also gefunden. Nächstes Jahr kriege ich vielleicht noch einen Blick in beide Ohren gratis obendrauf.

Ich hab auch mal einen Versuch beim englischen Zahnarzt gemacht. John zwang mich hin. Ich war mir sicher, dass nach vier Jahren der aktiven Verdrängung des Themas Zahnarztbesuch mindestens eine Generalrestaurierung des Kiefers anstand. Der Arzt hatte seine für deutsche Verhältnisse untragbare Praxis in einem Londoner Reihenhaus mit Ekelteppich, typischer Brit-Tapete und welligen Kunstdrucken. Im engen Treppenaufgang blieb ich hinter John zurück. Als mir der erste Schwall Zahnarztgeruch in die Nase stieg, schrillte mein Hirn so laut, dass ich mich umdrehen und wieder auf die Straße laufen musste. (Was ist das eigentlich für ein Geruch? Chloroform? Äther? Selbstgebrannter? GHB?)

Ich wusste, dass verstecken kindisch wäre. Also wartete ich, bis ich abgeholt und an der Hand nach drinnen geführt wurde. Überflüssigerweise fing ich an zu heulen. Der gemusterte Teppich machte mir Angst. Als der Arzt das erste Mal aus seinem Zimmer lugte und mich sah, musste er lachen.

»Promise you're not gonna drill!«, begann ich sofort die Verhandlungen.

Er versprach, ich ließ mich untersuchen. Als er sagte, er wolle irgendwas bohren und mit Amalgam füllen, verabschiedete ich mich und ging nie wieder hin. Deswegen nun auch die Schmerzen.

Ich beschließe, dass ich meinen Berlin-Aufenthalt dazu nutze, hier zum Zahnarzt zu gehen. Am Hackeschen Markt. Ich erzähle niemandem davon, dann ist es nicht so peinlich, wenn ich kneife. Es ist 20 Uhr. Business-Sprechstunde.

Als ich so da sitze und warte, sinkt meine Laune auf minus sieben (auf einer Skala von eins bis zehn). Ich stehe auf, laufe hin und her und komme mir dabei selbst komisch vor. Hoffentlich haben die da vorne keine Kamera.

Meine Mutter wurde damals in der Poliklinik in Brandenburg beim Zahnarzt in Massenabfertigungshallen so gefoltert, dass sie total glücklich ist, heutzutage überhaupt zu einer menschenwürdigen Behandlung gehen zu dürfen. Ihre Erinnerungen an prähistorische Dentalzeiten ändern an meinen Gefühlen aber nichts. Ich schmeiße ja auch ohne Reue Kartoffelschalen weg, während meine Oma die lieber aufheben würde.

Dann gehe ich aufs Klo. Es läuft Musik, die Handtücher sind sauber gerollt, die Fliesen blitzen. Ich gucke in den Spiegel. Vom Kinn bis tief ins Dekolletee ziehen sich dunkelrote Stressflecke. Ich sehe aus wie ein anaphylaktischer Schocker. Bleibt eigentlich noch Zeit zur Flucht? Vielleicht hätte ich die Sprechstundenhilfe am

Eingang in einer starken Minute nicht vorwarnen sollen. Ich bin gefangen auf Arztcatraz. Dentophobia – The Sequal.

Wenn du jetzt gehst, dann *könntest* du *eventuell* weniger Schmerzen beim nächsten Besuch haben. Das ist mir nicht konkret genug. Das rechtfertigt das Grauen nun wirklich in keinster Weise.

»Frau Müller bitte?«

Durchatmen. Du kannst jederzeit wieder vom Stuhl springen und die Polizei rufen.

Frau Fleck fragt mich, warum ich da sei.

»Ich will um die Uhrzeit wirklich nicht meckern, aber ich habe Panik«, sage ich, während ich die Geräte auf der Ablage vor mir scanne. »Doll.«

Sie legt ihre Hand auf meinen Arm.

»Wir gucken erst mal nach, Frau Müller. Sie müssen keine Angst haben.«

Ja genau. Ich glaube ihr kein Wort. Die kann nicht viel älter sein als ich. Weiß die überhaupt, wo sie hinbohren muss? Ich würde lieber mit ihr ein Bier trinken gehen.

Sie guckt mir in den Mund. Ich fühle meine Stressflecke mit jedem Herzschlag aufblinken.

»Ach, Sie haben aber niedliche Weisheitszähne. Haben Sie die schon mal gesehen?«

»Nein?«

Es ist auch wirklich schwierig, Zähne hinten oben im Kiefer zu betrachten. Sie nimmt einen Stift mit Kamera und projiziert meinen Backenzahn auf einen 27-Zoll-Screen vor meinem Gesicht.

Als ich das letzte Mal in Deutschland beim Zahnarzt war, hat man meines Wissens noch mit Hammer und Meißel behandelt. Ich bin beeindruckt. Kann ich das Bild gleich per Voice Command ins Netz beamen?

Dann macht sie Fotos von einem kleinen Riss im Schneidezahn, von einer alten Wurzelbehandlung und von meinem einseitigen Kreuzbiss. Die Galerie meines Mundes ist wirklich nur mäßig schön. Aber irgendwie auch geil. Wurde mir so noch nie gezeigt.

Jeden Schritt ihrer Untersuchung kommentiert sie ausgiebig. Den Unterschied zwischen Krone und Inlay darf ich sogar selbst an einem Klappergebiss erfühlen.

Als sie mir erklärt, ich hätte ein Loch und dass sie das nun schnell füllen würde, schreie ich auf, haue ihr den Metallpiker aus der Hand und springe vom Stuhl.

Fast hätte die mich so weit gehabt.

Aber nicht mit mir!

22.
Endstation Polenmarkt

Polen, Slubice | Alter: 25

Jan kenne ich seit der zwölften Klasse. Ich lernte ihn im Oberstufenraum unserer Schule kennen. Ich war damals die Neue und er einfach nur cool. Er spielte Theater und hatte schon mal Pilze probiert und war in irgendeinem Jugendbezirksrat. Er konnte sprechen und Schriftzüge an Wände taggen, war witzig und las schlaue Bücher. Ich erinnere mich daran, als wäre es gestern gewesen. Ich hatte eine Freistunde und hing schüchtern mit einer Frauenzeitschrift auf einem alten Sofa herum. Jan saß mit zwei Mädchen etwas weiter weg. Ich ignorierte ihn, er war schließlich ein Jahr über mir und offensichtlich sehr beliebt. Es dauerte nicht lange, dann setzte er sich zu mir und guckte mit in die Zeitschrift. Das behagte mir nicht sonderlich. Wir fanden einen Test, bei dem man anhand der Buchstaben seines eigenen Namens und des eines potenziellen Partners errechnen konnte, zu wie viel Prozent man zusammenpasste. Jan holte ein Blatt Papier und bat mich, es mit unseren Namen zu probieren. Wir kamen auf 99 Prozent. Wir gehörten also zusammen. Da Jan einen halben Kopf kleiner war und ich es damals eh nicht so mit Männern hatte, einigten wir uns auf was Platonisches. Er wurde mein Verbündeter auf der neuen Schule, und ich liebte ihn abgöttisch. Ich saß in den Pausen am Raucherbrunnen auf seinem Schoß, er brachte mir Dinge über das Leben bei, wir gingen zusammen auf

Partys, übernachteten beieinander. An meinem 18. Geburtstag fasste er mir im Bett mal an die Brust. Ich sprach zwei Wochen lang nicht mit ihm.

Heute fahren wir zum Polenmarkt in Slubice. Da gibt es Zigaretten und Schnaps und gefälschte Markenartikel für billig. Ich treffe Jan am Hauptbahnhof. Es ist heiß draußen und sein Outfit echt gewagt – seine Sportshorts sind kurz, sehr kurz, sein Batik-T-Shirt hat einen V-Ausschnitt bis zum Bauchnabel. Viel weniger Stoff hätte man an seinem Körper wirklich nicht platzieren können. Nun gut, in Polen sind bestimmt alle voll aufgeschlossen, die haben ja schließlich auch einen Kinderstrich neben dem Polenmarkt. Erzählt man sich zumindest. Da wir unser Geld später noch für Kippen brauchen, fahren wir mit der Regionalbahn nur bis Frankfurt (Oder). Auf der Karte habe ich gesehen, dass man easy nach Polen rüber laufen kann.

In Frankfurt studieren einige meiner Freunde, ich bin aber heute zum ersten Mal hier. Es ist auch nicht sonderlich einladend, um nicht zu sagen: echt hässlich. Vielleicht ist es der Fakt, dass nirgendwo Menschen auf der Straße sind. Oder dass einem bei 33 Grad alles vor den Augen flimmert. Oder dass die Häuser hier aussehen wie aus einer Stalin-Doku. Wir laufen und laufen und laufen – vorbei am Lichtspieltheater der Jugend, an Hochhäusern, in Stein gemeißelten, starken Bäuerinnen mit festem Schuhwerk und an Versuchen, diesen tristen Ort etwas fröhlicher zu gestalten. Leider sieht auch die moderne Kunst hier einfach nur kacke aus. Ich bin durchaus imstande, auch aus hässlichen Orten etwas Charme abzugewinnen. Frankfurt bringt mich an meine Grenzen.

Nachdem wir eine halbe Stunde einfach nur einer riesigen Straße mitten durch die Stadt gefolgt sind, habe ich eine Blase am linken Fuß. Gut, dass ich heute meine neuen Sandalen angezogen habe, die so schön mit Schweiß und Staub an meiner Ferse rubbeln. Während Jan an einen braunen Plattenbau pinkelt, setze ich mich auf die Straße und bin unzufrieden. Wir haben nicht mal Wasser dabei. Kann man hier auch nicht kaufen. Alles hat zu. In dieser Stadt lebt niemand! Kein Wunder. Jan motiviert mich weiterzulaufen, immer geradeaus. Auf der anderen Seite des Flusses wartet der Konsum auf mich: kühle Getränke und billige CDs und Handtaschen und Zigaretten.

Nach etwa einer Stunde kommen wir an die Oder – auf der deutschen Seite hübsch befestigt mit viel grauem Beton. In Polen hat man einfach alles so gelassen, wie die Natur sich es einst ausgedacht hat. Hippies! Jan und ich sind staubverschmiert und klebrig. Es dürstet mich noch immer.

Eine riesige Brücke aus Stahl verbindet die Städte Frankfurt und Slubice. Ich zücke meinen Reisepass und denke an die grausamen Kontrollen, die man über sich ergehen lassen musste, wenn man früher von der DDR in die BRD reiste oder umgekehrt. Ich durfte als Kind mal die Oberbaumbrücke Richtung Oma und Opa passieren, von einem bewaffneten Volkspolizisten begleitet, der mich grob an der Hand packte. Ich erinnere mich an eine ältere Frau, die damals in der Schlange umkippte, weil sie Stunden angestanden hatte. Reinste Schikane. Mal gucken, ob die uns jetzt so einfach ins Ausland lassen. Vielleicht hätten wir uns etwas angemessener kleiden sollen …
Auf der überdachten, von rot-weiß-geringelten Pollern,

Pfählen und Schranken geschmückten Brücke ist die Hölle los. Beziehungsweise: nichts. Alle Kontrollhäuschen sind verrammelt, niemand steht wo rum – weder Grenzgänger noch Grenzschützer. Auf einem Schild wird darauf hingewiesen, dass die Fußgängerausreise zwischen 21:00 und 6:15 Uhr geschlossen ist und welche Verkehrsregeln auf der anderen Seite zu beachten sind. Weder Jan noch ich haben einen Führerschein. Wir schlurfen einfach rüber. Dann stehen wir in Polen, die Pässe noch in der Hand. Ich lese den Hinweis »Przejscie graniczne« über einer Art weißem Reichsadler auf rotem Grund.

Wir beschließen, auf schnellstem Wege den Polenmarkt zu finden. Ich wirklich, wirklich durstig. Der befestigte, kameraüberwachte und aufgeräumte Teil Polens endet dreißig Meter hinter dem Grenzübergang. Dahinter folgt ein weites Feld voll Staub. Hier wächst nicht mal Gras. Die Skyline besteht aus halbhohen Platten, fensterlosen Ruinen und nie fertiggestellten Rohbauten. Zwischendurch steht mal ein Baum, mal ein ausgebranntes Auto. Weit und breit keine Menschenseele. Das ist also Polen. Kann mich wirklich nicht entscheiden, auf welcher Seite des Flusses ich weniger leben wollen würde. Wir marschieren über den Platz, meine Ferse schmerzt.
»Wo ist denn jetzt der Polenmarkt?«, drängele ich weiter, während Jan sich für Schilder interessiert.
Eines davon zeigt mit rennenden Kindern wohl den Weg zum Strich, ein anderes verbietet das Trompetenspiel, wieder ein anderes zeigt einen Mann ohne Hände an der Tankstelle.
»Wir müssen hier hinten irgendwie lang. Lass uns da durch die Häuser gehen«, schlägt Jan vor.

Ich folge ihm. An einer Tafel, die wir nicht lesen können, die aber eventuell auf ein Privatgrundstück hinweist, bleiben wir nur kurz stehen. Wir folgen einem Pfad, passieren ein Haus und umgehen gerade ein Auto, als aus dem Hinterhalt ein Hund auf uns zugeschossen kommt. Und dieser Hund ist sauer. Er tobt. Jan zerrt mich am Arm weg. Wir rennen. Der Hund auch. Ich kreische. Der Hund auch. Bis irgendwann die Leine auch mal etwas Sinnvolles tut und das Tier abrupt zum Stehenbleiben zwingt. Ich würde gerne noch etwas weiterrennen, aber wir stecken in einer Sackgasse. Hinter uns Haus, vor uns Hund. Der hat inzwischen richtig fiese Laune. Er fletscht uns an, Speichel tropft ihm von den hässlichen, aber – das muss ich neidlos zugeben – beachtlichen Zähnen.

»Fuck!«, schreit Jan.

Ich schiebe mich unauffällig hinter ihn, sodass der Scheißköter zuerst seine Beine zerfleischt. Ich bin ein Mädchen. Ich muss überleben. Schon allein wegen der vielen Kinder, die ich gelobe zu bekommen, wenn man mich nur lässt.

»Okay. Pass auf. Du lenkst den Hund ab, und ich renne schon mal raus, ja?«, schlage ich vor.

Jan nickt.

Der Hund steht auf seinen Hinterläufen und würgt sich selbst mit seinem Halsband, um zu testen, ob er nicht doch noch an uns rankommt. Ich reiche Jan ein Stück Holz – weitere Waffen liegen nicht in unserem Radius. Jan täuscht an, sticht mit dem Holz vor dem Tier in die Luft. Der Hund beißt zu, Jan lässt den Stock los und rennt aus der Falle. Als er außer Reichweite gerannt ist, jubelt er ausführlich mit den Armen in der Luft.

»Ey, bist du behindert? Komm sofort zurück!«, brülle ich in Panik.

Der Hund knurrt mich an.

»Ach komm, mach einfach so wie ich gerade«, ruft Jan zu mir rüber.

Er muss sich das Lachen verkneifen. Mit Tränen in den Augen setze ich mich auf den Boden.

»Lass mich ruhig hier zurück, du Arschloch!«

Einzige Taktik, die mir hier in der Todeszone einfällt: abwarten, bis der Endboss müde wird, und dann langsam wegschleichen. So sollte man alle Kriege führen.

Jan und ich waren schon einige Male im Urlaub. In der Regel zoffen wir uns an dem Punkt, wo er zu faul ist, eine Spinne zu entfernen, und ich vor Angst wüte. Irgendwo in ihm steckt aber ein Gentleman, das weiß ich. Man muss ihm nur zeigen, dass man noch nicht bereit ist, zu sterben. Zum Beispiel indem man in der dreckigen Ecke auf dem Boden schmollt, während dem Köter noch immer der Speichel von den Lefzen rinnt. Nach ein paar Minuten hat Jan aufgehört sich zu amüsieren und langweilt sich wohl. Er zieht sich endlich den Flipflop aus, um das wilde Tier zu verprügeln und so mein Leben zu retten. Es klappt. Ein Danke kann er dafür nicht erwarten. Ich schnaufe wütend an ihm vorbei über den Staubplatz Richtung Plattenbau. Wo ist denn jetzt dieser verschissene Polenmarkt?

Als wir endlich vor den heiligen Toren der Billigwaren stehen, ist erstaunlich wenig los. Also wirklich nichts. Hier ist absolut niemand.

Nicht mal Leute, die einem hübsche Handtaschen-Plagiate anbieten.

Nicht mal Nutten.

Nicht mal Hunde.

Nicht mal Autodiebe.

Niemand.

Alle Wellblechhütten sind verrammelt. Ich würde meinen Zorn gerne auch noch Jan aufdrücken, aber ehrlich gesagt habe ich selbst nicht so wirklich recherchiert, weil ich vermutete, dass die Institution Polenmarkt, die Wiege des Kapitalismus, immer offen sein *musste*. Der ganze Sinn unserer Pilgerreise ist zunichtegemacht worden. Es ist enttäuschend. Vor allem auch, weil ich vor Durst vermutlich gleich kollabiere. Und ob Jan meinen Leichnam sicher zurück ins Heimatland überführen würde, ist mehr als fragwürdig.

Wir beschließen, uns an den Fluss zu setzen – mehr Freuden scheint es in Polen wirklich nicht zu geben. Ein wenig müssen wir uns durch Büsche und über Wiesen kämpfen. Das weiße und gelbe Unkraut ragt sogar über unsere Köpfe hinaus. Auf einer kleinen Landzunge nehmen wir Platz. Es ist toll hier – ein richtiger Strand. Jan zieht sich aus. Er hat damit keine Probleme. Neulich waren wir notgedrungen mal in der Sauna – während Jan relaxte, wie Gott ihn schuf, bekleidete ich jeden Quadratzentimeter meiner Haut mit Handtuch und starrte stur auf die Holzplanken unter meinen Füßen.

»Bock auf baden?«, fragt Jan.

Es ist wirklich sehr heiß. Während ich noch überlege, ob das überhaupt erlaubt ist, sprintet er, quietschend wie ein Dreijähriger, in den Fluss.

»Jan! Komm zurück!«, rufe ich ihm nach. »Du hast doch keine Ahnung, ob die Oder überhaupt sauber ist. Wer weiß, was hier im Krieg versenkt wurde, welche Kraftwerke und landwirtschaftlichen Betriebe ihre Pestizide über das Wasser ableiten? Von Schiffen, deren Schrauben dich zerhäckseln mal ganz zu schweigen. Und ganz ausschließen würde ich mutierte Neunaugenfische und Riesenfeuerquallen nun auch nicht. Wir sind hier schließlich nicht in Deutschland. Das gilt auch für die hiesige Gesetzeslage. Schon mal über Todesstrafe nachgedacht? Hier kriegst du im Zweifelsfall vielleicht nicht mal einen ordentlichen Prozess!«

Während ich noch motzend am Rand stehe, zieht Jan mich mit einem Schwung ins Wasser. Erst brülle ich, dann ist es irgendwie doch ganz geil. Wir spritzen uns gegenseitig nass. Der Typ bringt mich echt zur Weißglut.

Später sitzen wir auf dem Balkon eines Restaurants mit Blick auf den Grenzübergang. In einer Tüte haben wir drei Stangen West für je 20,50 Euro, eine Stange Pall Mall für nur 19,20 Euro und ein paar lose Schachteln Golden American für den Weg zurück zur Bahn.

»Bester Tag!«, schwärmt Jan.

»Ja, mit dir verreise ich am liebsten«, antworte ich.

Dann gibt es ein Küsschen. Der Frieden hält so lange, bis Jan mir mein letztes Stück Pizza klaut. Dafür trete ich ihm gegen sein Schienbein.

Doofkopp.

23.
ABC-Alarm

Schlaf ist mir sehr wichtig. Heilig gar. Ich schlafe viel und gerne und immer. Wer oder was mir in die Quere kommt, muss sofort eliminiert werden, da kenne ich nichts.
Der 3. Oktober ist generell ein schöner Tag, weil ich dann bei den Bildern der Wiedervereinigung im Fernsehen heulen muss. Und weil frei ist. Zumindest in Deutschland. In England bedeutet dieser Tag nichts. Hier ist alles anders.

Um etwa fünf Uhr morgens – ich liege schon im Bett – trifft ein betrunkener Mob, bestehend aus John, seinem Bruder und ein paar Freunden, die so recht niemand kennt, bei uns zu Hause ein. In Partylaune. Mit laut. Da helfen auch meine Ohrstöpsel nichts. Ich höre mir das Spektakel in unserem Wohnzimmer vom Bett aus an. Eine Stunde, zwei Stunden, drei Stunden. Nach vier Stunden machen meine Nerven nicht mehr mit. Es ist neun Uhr durch, und im Nebenraum wird gebrüllt, gepöbelt, gefeiert. Ich verliere die Geduld. Auf dem Weg ins Wohnzimmer überlegte ich noch kurz, ob es höflich sei, sich was anzuziehen, aber mit Höflichkeit kommt man hier anscheinend nicht weiter. In Unterwäsche und mit Riesenfrisur reiße ich die Tür auf und brülle. Und ich brülle sonst nie. Ich bin selbst überrascht. Die Partygäste auch. Um meinen Standpunkt zu unterstreichen, benutze ich extra viele Schimpfworte. In meiner Wut denke ich sogar darüber nach, mal wieder einen Teller gegen die Wand zu pfeffern, ist aber keiner in der Nähe. Ich knalle die Tür so fest zu, wie ich kann. Eine gelungene Performance. Es ist komplett still.

Dann leichtes Kichern.

Dann dreht jemand die Musik wieder voll auf, jemand anderes schreit, es wird gesungen. Ich bin den Tränen nahe. Das ist Psychoterror. Wenn ich jetzt nicht bald schlafe, muss ich vielleicht verrückt werden.

Etwa zehn Minuten später geht meine Schlafzimmertür auf, und ein blondes Mädchen kommt herein. Sie stolpert über ein Paar Schuhe auf dem Boden und setzt sich zu mir aufs Bett.
Ich fühle mich wie ein invasierter Kleinstaat. Ich muss mein Territorium verteidigen. Mit allen Mitteln. Wenn die Bastion Schlafzimmer fällt, bleibt mir nichts mehr im Leben. Sie stellt sich vor. Ich vergesse den Namen in der Sekunde, in der sie ihn ausspricht. Ich bin einfach nur empört über das radikale Eindringen in meinen Tanzbereich! Ich bitte sie zu gehen. Sie erzählt mir, wo sie John und seinen Bruder kennengelernt hat, und fragt mich, wer ich denn so sei. »Honestly. Fuck off!«, probiere ich es etwas aggressiver.
Das habe ich noch nie zu wem gesagt, die Situation scheint mir aber angemessen. Dann stellt sie erstaunt fest: »Du bist ja ein Mädchen! Hatte ich gar nicht gesehen.«
Oha! ABC-Alarm! Ich setze mich aufrecht hin, um Größe zu zeigen, und zische sie an. Ich solle mir keine Sorgen machen, sie sei ja eh verheiratet. Hier helfen Worte nicht

mehr, hier müssen Taten folgen. Ich pelle mich aus dem Bett, baue mich vor ihr auf und zeige mit dem Finger auf die Tür! Sie wolle mich ja auch gar nicht stören. Wie hieße mein Freund noch mal? Inzwischen brülle ich. Das Mädchen bleibt unbeeindruckt.

»Fancy a drink?«

Als diese Frage auf meinen Gehörgang prallt, raste ich aus. Ich packe die Alte am Arm und schleife sie Richtung Tür. Sie beschwert sich. Ich sei unhöflich. Ich schubse sie aus der Tür und kreische hinterher, die anderen sollen aufpassen, dass ihre hässlichen, besoffenen, verdrogten Partygäste, die eh niemand kennt, nicht in mein Zimmer kommen. Ich kann das alles nicht fassen. Meine Brust bebt. Ich habe Tränen in den Augen, so wütend bin ich. In meiner Verzweiflung öffne ich meinen Laptop und gucke den einzigen Film, der darauf zu finden ist: *Camp Rock 2*. Super Storyline. Wenn man vierzehn ist.

Irgendwann gegen elf Uhr wird es leise. John und sein Bruder gehen ins Bett, der Rest löst sich in Luft auf. Oder so. Ich bin wahnsinnig müde, aber noch immer so wild wie ein angeschossenes Wiesel. Die haben meine Nacht versaut, jetzt versaue ich ihre. Ich gehe zum Kühlschrank und kippe die Milch weg. Ich weiß, dass beide Brüder Kaffee ohne Milch nicht trinken. Und den Genuss gönne ich ihnen nicht. Dann wische ich den vollgepissten Klodeckel mit Johns Handtuch ab. Zum Schluss schmeiße ich die Glotze an und gucke in voller Lautstärke *X-Factor, Americas Next Topmodel, Popstars, Grey's Anatomy,* noch mal *X-Factor, Freaky Eaters, Celeb Air* und dann die *Fashion Show*. Jedes Mal, wenn einer von den beiden auch nur in die Nähe der Fernbedienung kommt, grunze ich. John und sein Bruder verbringen den Tag oben im Büro.

Eine Woche später wiederholt sich das Spektakel. Die Jungs bringen nachts irgendwelche Leute mit nach Hause. Ich bin sofort angefressen, schlafe aber doch irgendwann ein. Morgens um elf wache ich auf, weil ich über mir Geräusche höre. Es ist Sonntag. Ich laufe die Treppe nach oben ins andere Zimmer und sehe ihn, John. Er ist nackt und begattet gerade eine Frau von hinten. Ich höre ihn stöhnen. Wie mechanisch gehe ich auf das Mädchen los. John zieht sich die Decke über sein Gesicht, ich ignoriere ihn erst mal. Mit einem Schuh, den ich auf dem Boden finde, schlage ich auf sie ein. Nicht doll, aber doll genug. John versucht mich zurückzuhalten. Ich schreie, sie flüchtet. Nackt. Ich stürme ihr hinterher und stelle sicher, dass sie aus der Haustür rennt. Wie besessen laufe ich wieder nach oben, sammle ihre Sachen auf und schmeiße sie aus dem Fenster. Ich habe noch nie in meinem Leben eine solche Wut verspürt. Ich bin noch nie in meinem Leben so gedemütigt worden. Als ich die Frau draußen nicht mehr sehen kann, muss ich meine Aggressionen gegen etwas anderes richten. Ich nehme eine halbvolle Flasche Wodka und knalle sie auf den Holzfußboden, wo sie zerscheppert. Dabei brüllte ich. Das ist alles, was mir einfällt. Ich bin außer mir. Verzweifelt suche ich gerade nach noch mehr Flaschen, als John im Türrahmen erscheint, mit zerzaustem Haar, den Blick auf den Boden gesenkt. Ich laufe auf ihn zu und bleibe vor ihm stehen. Er stinkt nach Alkohol. Es ist immer dieser Scheißalkohol. Immer. Mein Herz rast. Als er zu sprechen beginnt, schlage ich zu. Mit meiner nackten Faust in sein hässliches Gesicht, so fest ich kann. Nach dem dumpfen Aufprall schmerzt mir die Hand. Kurz schäme ich mich vor mir selbst. Dann erscheint mir der Schlag nicht angemessen genug. Ich klebe ihm noch eine hinterher. Er lässt alles über sich ergehen. Mit herunterhängenden Armen steht er vor mir und weint leise. Das stachelt mich noch mehr an. John dreht sich um und geht langsam den Flur hinunter Richtung Tür. Er würde dann wohl besser gehen. Da erschrecke ich.

Auf gar keinen Fall kann er mich jetzt hier alleine lassen. Wenn er jetzt geht, ist alles aus. Ich werde still. Ich bekomme Angst. Ich fange an zu weinen. Meine Beine können mich nicht mehr tragen. Ich sinke auf den Boden und ringe nach Luft. John kommt zurück und beugt sich über mich. Er ist ganz ruhig. Auch ich solle mich beruhigen. Das will ich aber gar nicht. Immer schwerer fällt mir das Atmen. Tränen quellen aus meinen Augen und fallen zu Boden, vermischen sich mit dem Wodka. Ich muss mich darauf konzentrieren, nicht zu ersticken. John legt seine Hand auf meinen Rücken. Ich lasse ihn machen. Ich kämpfe ums Überleben. Ich bin gelähmt. Ich röchele. So hört es sich also an, wenn jemand erstickt. Nichts wird jemals wieder so sein können, wie es war. John nimmt mich in den Arm. All die Jahre – und das ist alles, was von uns übrig ist. Tränen und Wut und Glas und Zigarettenstummel auf dem Küchenboden. Ich klammere mich an ihn. Zwischen unseren Körpern schließen wir den ganzen Dreck der letzten Nacht ein. Ich hasse ihn. Und liebe ihn.

Am nächsten Tag packe ich meine Sachen und ziehe aus. Irgendwohin. In einen anderen Stadtteil. Nach Dalston. Hauptsache weg. Und gucke nie zurück.

24.
Bisschen wenig Cherry, bisschen viel Coke

Ich habe gelernt, dass man folgenden, unachtsamen Satz niemals sagen darf, auch wenn man ihn noch so vorsichtig formuliert: »Für den unwahrscheinlichen Fall, dass du jemals aus Versehen mit einer anderen Frau Händchen hältst oder so, würde ich gar nicht unbedingt davon wissen wollen.«

Denn dein Partner wird es in jedem Fall völlig anders auslegen als du. Den Sachverhalt zu erklären, dass ein Mann ihn so versteht wie du selbst, ist ausgeschlossen. Du meinst damit: »Wenn du nach zwanzig Jahren Ehe und drei gemeinsamen Kindern im Kopierraum mal eine Kollegin küsst, würde ich es nicht wissen wollen, weil es wahrscheinlich keine große Relevanz hätte und mehr zerstören würde, als Gutes zu tun. Und da ich dir eh vertraue, zeige ich Größe, indem ich dir dies nun sage.«

Er wird verstehen: »Ich wünsche mir, dass du möglichst oft fremdfickst, ohne dass ich es mitbekomme. Challenge accepted?«

Es wird sein Freifahrtschein sein, mit dem er sich nach jeder fremden Frau selbst versichert, dass er nichts Böses tut, weil du es ja quasi eingefordert hast. Und nach Jahren wird er dir diesen Satz, den du in den ersten Wochen trunken vor Liebe mal nach zwei Flaschen Rosé gedroppt hast, wieder um die Ohren hauen. Und erst dann werdet ihr herausfinden, dass Sender und Empfänger in diesem Fall auf völlig unterschiedlichen Frequenzen gefunkt haben. Und der Funke somit erstickt ist.

Ich sitze an meinem Schreibtisch und soll den Weihnachtsnewsletter schreiben. Stattdessen denke ich an ihn und versuche den Kloß in meinem Rachen runterzuschlucken. Nicht jetzt, Kloß. Später vielleicht, aber nicht jetzt.

Ich gucke auf die Uhr. Es sind noch nicht mal 24 Stunden vergangen. Wie lange dauert es zur Hölle noch, bis ich wieder glücklich bin? Bis morgen? Bis nächste Woche? Das halte ich keine Sekunde mehr aus. Ich brauche Platz im Kopf. Und im Herzen. Und eine Zigarette. Für mehr Rausch! Weil zumindest diese Zigarette eine verlässliche Konstante in meinem Leben ist. Eine, über die ich die Macht habe. Eine Option, die ich und an der ich ziehe, wann ich möchte. Diese Zigarette ist ehrlich. Ich weiß, was ich nicht von ihr erwarten kann. Emotionen zum Beispiel. Aber einen Geschmack, der mich an das Vergangene erinnert. Und irgendwie auch an die Zukunft. Ach Zukunft, wo bist du nur, wenn man dich braucht?

In den letzten Tagen sagen mir die Menschen vermehrt, dass sie mich lieben. Wie angenehm dieses kuschelige Bett aus Freundschaften ist, in das man sich viel zu selten legt, um zu genesen. Hier ist die Welt noch in Ordnung. Hier herrscht Bedingungslosigkeit. Hier darf man so sein, wie man nun mal ist – mit all seinen Emotionen, Neurosen und völlig ungeschminkt.

Das Notfall-Komitee ist intakt. Wie kleine, emsige Ameisen beginnen alle sofort, die Trümmer von gestern wegzuschleppen. Telefonieren in der Nacht, Rauchen am

Die viel zu kurzen Sekunden, wenn man morgens aufwacht und die Traum noch schläft ...

Morgen, Ablenkung am Mittag – jeder übernimmt seine Aufgaben mit rührender Präzision.

Soll ich zu dir kommen, sollen wir lästern, brauchst du Schokolade, möchtest du ausgehen?

Wie man das so macht nach einer Trennung, gehe ich zum Frisör in Shoreditch. So ein trendy Frisör, wo nur tätowierte Hipster arbeiten und der Name des Salons in grünen Neonröhren an der spröden Holzwand prangt. Ein Haarschnitt ist nahezu unbezahlbar. Aber gerade jetzt muss ich in mich selbst investieren. Ich ziehe mich hübsch an, schminke mich und wasche mir die Haare. Wenn man zu diesem Frisör geht, sieht man besser gut aus. Adam, mein Hairdresser, ist der Prototyp des Ost-London invadierenden Zugezogenen. Er trägt skinny Jeans, Vans, ein rot kariertes Holzfällerhemd, unter dessen hochgerollten Ärmeln bunte Tattoos hervorblitzen, und eine Ray Ban. Adam ist aus Australien. Mit beiden Händen hebt er meine blondierten, toten Funzeln hoch, um sie dann wieder fallen zu lassen. Ich beobachte ihn im Spiegel. Adam verschwindet hinter irgendeiner Tür, ich nehme einen

Schluck Sekt aus dem Glas vor mir. Wenn ich schon so viel zahle, will ich wenigstens den Freisuff auskosten. Adam bringt ein Buch mit diversen in Schlaufen gelegten Haarsträhnen hinter der Tür hervor. Er zeigt auf etwas, das sich »Cherry Coke« nennt. Ich nicke. Dem Typen würde ich alles abkaufen. Soll er machen. Mein Leben ist eh in Stücken, eine verkackte Frisur mehr oder weniger macht nun auch keinen Unterschied mehr.

Während die fruchtige Farbe auf meinem Kopf einweicht, erzählt Adam von seiner Affäre mit einem Engländer, aus der theoretisch was Festes entstehen könnte. Ich kann mich nicht für ihn freuen. Ich glaube nicht mehr an die große Liebe. Liebe endet immer in einem riesigen Haufen Scheiße, den niemand wegmachen will, weil sich niemand dafür verantwortlich fühlt. Statt genau das zu sagen, proste ich ihm zu und exe mein Glas. Ich kann ihm seine Illusionen nicht nehmen, dafür fehlt mir die Kraft. Außerdem ist es unverschämt, dass Adam schwul ist.

Seit gut zehn Jahren habe ich nicht mehr meine Naturhaarfarbe gesehen. Zuletzt hatten sich meine einst hellblonden Babyzotteln in meiner Jugend zu einem amtlichen Straßenköterblond downgegradet. Ich hatte auf meinem Kopf schon alles von Rot (leuchtend und natürlich) über Gelb (Directions sei Dank) und Grau (Silber-Shampoo im Überfluss) bis hin zu einer Melange aus Blond, Rot und Schwarz (Dip-Dye vs. Strähnchen – a Match made in Heaven). Den Großteil der Zeit war ich einfach nur blond gewesen. Beziehungsweise waren sie oben meist weiß und liefen nach unten hin dann in einem mehr oder weniger satten Gelb aus. In jahrelanger, harter Arbeit habe ich die Peptidketten meiner Haare mit zwölfprozentigem Wasserstoffperoxid implodieren lassen. Genauso geil sieht meine Frisur jetzt auch aus. Ich kann meine Haare eine Woche lang nicht waschen, ohne dass sie fettig werden. Ich brauche auch kein Haarspray – einmal in Form gelegt, bleiben sie so, wie sie sollen. Ich habe ihren Willen gebrochen. Sie sind tot. Nun gehen wir von tot zu braun, genauer: Cherry Coke.

Nachdem Adam mir die Farbe vom Kopf gewaschen und alles mit einem Handtuch gut durchgerubbelt hat, entblößt er meinen neuen Look langsam. Meine Haare sind schwarz. Ich sehe aus wie ein verdammter Goth! Bisschen wenig Cherry, bisschen viel Coke. Ich muss mir die Tränen verkneifen, während Adam davon schwärmt, wie toll das jetzt zu meinen strahlenden Augen passe. Der Föhn gibt mir den Rest. Ich habe gerade 120 Pfund bezahlt, um auszusehen wie ein Monster. Ein dunkles Monster mit plattem Hinterkopf und echt viel Volumen im Pony. Ich schleiche nach Hause, in mein kleines, karges Gemach in Dalston, franse meine Zehen in den jahrzehntealten Zottelteppich, höre die Mäuse in der Küche rumtollen und spüre eine große Sprungfeder in meinem für England so typischen Omabett, auf dem in den letzten fünfzehn Jahren sicher an die hundert verschiedene Leute genächtigt haben. Das Praktische und zugleich Unpraktische an London ist, dass alle Zimmer generell nur möbliert vermietet werden. Klar, dass die Vermieter sich nicht gerade darum reißen, die Matratzen alle paar Jahre auszutauschen. Mein neuer Mitbewohner ist nicht da. Ich war die ganze Zeit total sicher, dass er schwul sei. Deswegen haben wir abends immer voll auf dem Sofa gekuschelt. Dann hat er einen Move gemacht. Ich war empört und bin seitdem auf Abstand. Durch die Gitterstäbe vor meinem Fenster streichele ich die schwarze Katze, die mich ab und zu gegen Leckerlis besuchen kommt. In der Scheibe spiegelt sich meine Gruftifrisur.

Ich öffne meinen Laptop, dann Google, dann die Seite der DHL und gucke nach, wie viel es kosten würde, etwa fünfzehn Kisten nach Deutschland verschiffen zu lassen. Leckt mich alle am Arsch – ich gehe zurück nach Hause.

Fun Fact: Ich habe gestern auf der Oxford Street David Hasselhoff getroffen. Endlich! Nach all den Jahren. Wir haben uns tief in die Augen geguckt. Wir mussten nicht sprechen, wir verstanden einander auch so. Ein Traum wurde wahr. Es gibt hier in London nun nichts mehr für mich zu tun.

Tschüss England. Ich habe dich immer geliebt. Vergiss das nie.

25.
Das, Mutter, war ein Mann.

Ich weiß nicht, ob das Zollamt das so gerne sieht, aber ich habe zwei Kisten Kakteen und Sukkulenten von London nach Berlin importiert. Inzwischen sind alle Umzugskartons bei meiner Mama in Kreuzberg angekommen. Die Kakteen sehen ganz okay aus. Besser, als ich dachte. Sie liegen in einer Reihe unter dem Schreibtisch im Durchgangszimmer und warten darauf, dass ich ihnen wieder Licht und später Wasser zuführe.

Nach fast vier Jahren Ausland zurück in die Heimat zu kehren ist irgendwie traumatischer als gedacht. Es fällt mir schwer, mich aus meiner Lethargie zu befreien und einen Plan zu machen, was ich machen sollte. Ich nehme einen gelben Post-it und schreibe auf: Plan machen. Den klebe ich ans Fenster neben meinem Bett. Jetzt geht es mir schon besser.

Meine Mutter ist bei der Arbeit, Mördermörte, mein treuer Gefährte aus WG-Zeiten, scheint noch dicker geworden zu sein und liegt ganz oben auf einem Turm von DHL-Kisten. Ich glaube, er freut sich, dass ich wieder da bin, er kann es nur nicht so gut zeigen.

Die zwei Zimmer, in denen ich nun erst mal wohne, werden normalerweise von Studenten besetzt, die meine Mutter in den Sommermonaten für viel zu wenig Geld aufnimmt. Also, nicht dass ich was bezahlen würde.

Wäre ja noch schöner … Zu Hause zu wohnen ist bequem und preiswert – so wird es schon seit Generationen gehandhabt. Ich schalte den alten Röhrenfernseher ein und zappe mich von RTL über Vox zu Pro7 und zurück. Ich bleibe kurz bei einer viel zu alt aussehenden Frau hängen, die ihre drei Kinder nur schwer ruhigstellen kann und spricht, als hätte sie sich in der Schulzeit das Hirn mit Crystal Meth weggebombt. Um Deutschland steht es schlimmer, als ich dachte. Im Ausland habe ich von hier nicht viel mitbekommen – vor allem nicht von Reality-TV und Politik. Ob wir einen neuen Bundeskanzler haben? Ich vertage die Recherche und mache mir einen Weißwein auf. Ist ja schon Freitag, 15 Uhr durch. Und ich beziehe Hartz IV! Klischee olé! Hartz IV habe ich mir zumindest vorgenommen. Könnte ich vielleicht auch noch auf meine To-do-Liste schreiben. Morgen.

Ich hole mein uraltes Motorola Razr mit Glitzersteinbesatz hervor und schreibe Jasmin. Wenn ich heute Abend nicht aus dem Haus gehe, werde ich vielleicht verrückt. In den letzten Tagen bin ich von todtraurig zu unverhältnismäßig glücklich und wieder zurück geschippert. Das macht mich echt fertig. Ich wollte so dringend zurück nach Hause. Jetzt bin ich hier und weiß nicht, was ich mit mir anfangen soll. Wenn ich nicht aufpasse, werde ich manisch-depressiv. Ich medikamentiere mich selbst mit Schnaps. Und meine Freunde helfen mir dabei. Außerdem ist Fußball-WM. Und sosehr mir Ballsport und Olli Kahn am Arsch vorbeigehen – beim Fußball gehört das Saufen zum guten Ton. Und man möchte ja höflich sein …

Am Abend stehen wir im Weekend – der Club ist in einem Hochhaus am Alexanderplatz. Über den Schuppen selbst kann man sich streiten, das Publikum ist geschniegelt und zeitgleich ziemlich verdrogt. Die Dachterrasse im 15. Stock ist aber unbestrittenerweise ein absolutes Highlight. Hier dem Sonnenaufgang entgegenzutrinken ist nahezu magisch. Und das ist ein wirklich guter Grund dafür, ab und zu herzukommen.

Wie heute, nach dem Spiel. Irgendein DJ-Import aus Schweden legt live auf. Es ist so voll, dass man nicht mal umkippen könnte, wenn man wollte.

Ich werde aus der Menge hinter das Mischpult gezogen. Hier gibt es einen Ventilator, etwas Platz und Wodka in Eiskübeln. Ich mache mir einen Drink, hoffe, dass niemand überprüft, was ich hier zu suchen habe, und stelle mich zu Christian, mit dem ich vor vielen Jahren in dieselbe Grundschule ging. Ich wusste, dass er heute Abend hier sein würde. Ich trage ein Batikkleid aus Seide, das ich mir von Jasmin geliehen habe. Als ich vorhin zu ihr zu Hause war, fand sie mein Outfit zu »emo«. So würde ich nie einen Mann abschleppen. Jasmin ist von der Idee, dass ich heute Sex haben werde, deutlich überzeugter als ich. Aber so war das schon immer. Einer muss ja an mich glauben. Sie hat in ihrem Schrank gekramt und dieses graue Kleid hervorgezaubert, das ich nun trage. Ihr selbst geht es bis über die Knie, bei mir ist es gerade lang genug, um nicht als Oberteil verstanden zu werden. Der Ventilator pustet mir in die Haare, die neue Farbe habe ich inzwischen zu schätzen gelernt. Zwar glotzen die Männer mir auf der Straße nicht mehr hinterher, aber damit kann ich leben. Dass Christian guckt, weiß ich hingegen.

»Sollen wir uns hinsetzen?«, brüllt er mir in einer der Umgebung angepassten Lautstärke in mein Ohr. Ich tue so, als hätte ich nicht darauf gewartet, und nicke. Er läuft Richtung Fenster, wo es lederne Sitzreihen gibt. Ich folge ihm, während ich ambitioniert meinen Drink exe und leer neben das Mischpult knalle.

Wir nehmen Platz. Er lehnt mit dem Rücken gegen die Glasfront, ich sitze, so gut wie mit diesem Kleid möglich, vor ihm. Wir sprechen irgendwas, es ist laut und heiß, neben uns macht ein Pärchen rum. Draußen leuchten Berlins Wahrzeichen um die Wette – Fernsehturm, Rotes Rathaus, Park Inn. Würde ich mich hier besser auskennen, würde ich vielleicht auch noch mehr benennen können, zum Beispiel diesen einen Brunnen da. Christian streckt seinen Arm aus, hakt seinen Zeigefinger in meinen Ausschnitt und zieht mich in seine Richtung. Leider ist mein Kleid echt oversized. Anstatt dass ich näher an ihn heranrücke, spannt sich mein überdimensionaler Ausschnitt einfach nur auf. Wir starren beide von oben auf meine freigelegte Unterwäsche. Eine normale Frau hätte jetzt vielleicht geschaltet und sich für einen Kuss nach vorne gebeugt. Ich beschwere mich lieber erst mal. Christian guckt kurz, packt dann meinen Nacken. Ich würde ihn wirklich gerne küssen, ich bin auch betrunken genug, aber hier sind so viele Leute, die ich kenne. Weil mir das unangenehm ist, wenn andere mich mit einem Mann sehen, knutsche ich fast nie in Clubs. Christian lässt mir aber keine Wahl.

»Vergiss doch mal die anderen, hier gibt es nur dich und mich.«

Wo hat er denn den Spruch her? Aus »Schlaflos in Seattle«? In jedem Fall wirkt er. Wir küssen uns. Erst nur ganz vorsichtig, dann mutiger. So war das also, küssen.

Im ganzen letzten halben Jahr habe ich nicht an andere Männer denken können. Auch nicht daran, dass ich jemals wieder sexuell aktiv werden würde oder dass andere mich überhaupt attraktiv genug finden würden, um mir einen feuchten Finger ins Ohr stecken zu wollen. Ich fühlte mich unsichtbar und alt und hatte mich in der Zeit nicht ein einziges Mal untenrum rasiert. Warum auch? Sollte es sich doch aus meinem verwaschenen Schlüpper kräuseln wie auf Medusas Haupt. Jetzt, hier, heute, genau in dieser Sekunde fühle ich mich lebendig und glücklich und gewollt. Und will.

Als die Sonne um sechs Uhr morgens gerade zwischen den Häusern am Horizont hervorlugt, liegen wir verschlungen auf den Sitzen. Ich habe ziemlich sicher schon einen Knutschfleck am Hals. Täte mich auch freuen. Alle würden dann denken: Guck mal, die Jule, die macht voll mit Typen rum.

»Nimmst du mich mit zu dir?«, frage ich und fühle mich sofort schlampig.

Christian fährt sich durchs Haar.

»Geht nicht, die Familie meines Mitbewohners ist zu Besuch da. Wir müssen zu dir.«

Das hat mir gerade noch so gefehlt.

»Ich wohne bei meiner Mutter«, sage ich.

Christian lacht. Als ich nicht lache, hört er auf.

»Oh.«

Wir schweigen.

Zwanzig Minuten später halten wir mit dem Taxi vor dem Haus meiner Mutter. Der Drang nach körperlicher Nähe ist größer als die Peinlichkeit der elterlichen Wohnung. Wir tippeln am Schlafzimmer meiner Mama vorbei in das Durchgangszimmer und dann in mein Reich. Mit dem Fuß kicke ich unauffällig meinen Kuscheltiereisbären Randy unters Bett. Das muss nun wirklich nicht auch noch sein.

Dann haben wir Sex. Trotz des hohen Blutalkoholspiegels komme ich auf wundersame Weise. Christian hält mir dabei den Mund zu, er hat Schiss vor meiner Mutter.

Sex! Sex, küssen – wie konnte ich nur ein halbes Jahr ohne leben? Warum macht man das nicht jede Nacht? Und am Tage? Und dazwischen? Die Welt wäre ein besserer Ort.

Ich verfranse meine Finger in Christians Brusthaar und lege meinen Kopf auf seine Schulter. So wie bei John früher immer. Der Gedanke macht mich nicht traurig. Es gibt noch mehr Johns auf dieser Welt, sogar in meinem Bett.

Am nächsten Morgen erwache ich, weil irgendetwas meine linke Brust knetet. Eine Hand. Soweit ich es einschätzen kann, habe ich keinen überdurchschnittlichen Kater. Mein Magen fühlt sich okay an. Kopf auch. Und die Brust erst. Die Zähne würde ich mir aber gerne putzen. Und mein Gesicht angucken, bestimmt völlig verschmiert. Die Hand wandert meinen Bauch entlang direkt zwischen meine Beine. Ich traue mich nicht, mich umzudrehen. Es ist irgendwie so hell auf einmal, und ich bin so nackt! Etwa zwanzig Sekunden später bin ich motiviert genug, mich aktiv am Geschehen zu beteiligen. Ich drehe mich um. Christian lächelt mich an, dann küsst er mich. Und wie der küssen kann. Und was der mit seinen Händen macht. Und wie gut der sich anfühlt. Und überhaupt! Während wir gemeinsam kommen – was für ein

Timing – gucken wir uns in die Augen. Das mache ich nie, wenn ich mit irgendeinem Kerl Sex habe. Das ist viel zu intim!

Plötzlich klopft es an der Zimmertür. Erschrocken schaue ich zu Christian, der Richtung Tür starrt, dann rufe ich: »Nein!« Vielleicht hätte ich etwas wählen sollen, das dem Wort »herein« nicht so sehr ähnelt, »hau ab« zum Beispiel. Die Tür öffnet sich. Blitzschnell zieht Christian die Bettdecke über seinen Kopf. Ich staune nicht schlecht. Christian ist keine zwölf mehr. Vielleicht aber auch nicht die schlechteste Idee, den Sichtkontakt zu minimieren, meine Mutter steht nämlich in Unterwäsche und mit einem Handtuch um die Haare in der Tür. Sie fragt irgendwas mit Frühstück, ich bin überfordert. Wie lange es wohl dauert, bis sie die mannsgroße Ausbuchtung unter meiner Decke bemerkt? Soll ich was sagen? Oder still ein Zeichen geben? Oder so tun, als wäre nichts?

»Ich kann grade nicht«, versuche ich es.

Der Wink war zu subtil, sie redet weiter. Es sei Post für mich angekommen, irgendwas vom Amt. In meiner Verzweiflung wiederhole ich:

»Ich kann gerade nicht, *Mama!*«

Dabei zeige ich auf den Haufen neben mir. Zwei Sekunden, drei Sekunden, vier Sekunden …

»Oh!«, entfährt es ihr. »Oh, ähm, na … Hallo. Und tschüss«, redet sie mit meiner Bettdecke.

Dann schließt sie die Tür.

Ich freue mich innerlich. Die Peinlichkeit wird verfliegen, Christian wird es irgendwann verarbeiten und *endlich* wurde ich mal von meiner Mutter mit einem Mann im Bett erwischt. Ich arbeite auf, was ich mit fünfzehn verpasst habe. Vielleicht denkt sie auch, es sei ein Mädchen gewesen. Oder ein Hund. Oder ein Berg Wäsche. Jedenfalls ist sie nun weg. Ich stoße Christian in die Seite. »Du kannst wieder rauskommen, du Schisser.«

Langsam lüftet er die Decke und schielt zur Tür. Ich lache, vielleicht entschärft das die Situation ein wenig.

Später muss ich Christian zuerst ins Badezimmer und dann zur Haustür eskortieren. Die Angst, meiner Mutter nochmals – und dann sogar ohne schützende Bettdecke – zu begegnen, scheint zu viel für ihn. Wir verabschieden uns mit einem Küsschen, dann ist er weg. Ich gehe zu meiner Mutter, die sich in ihrem Schlafzimmer verbarrikadiert hat – sicherlich ähnlich verängstigt wie Christian.

»Was war das denn?«, fragt sie mich.

»Das, Mama, war ein Mann!«

Später liege ich im Bett, freue mich, dass der Keuschheitsfluch nun endlich durchbrochen wurde, und gucke mal, was es sonst noch für Männer auf Facebook gibt. In meiner Timeline ist nicht sonderlich viel los. Dann bleibe ich an einem Foto von John hängen. Aus Amsterdam. Mit einem Mädchen. Ich werd bekloppt.

Klick. Klick. Klick.

Warum ist die so oft drauf? Die waren eindeutig zu zweit da. Sind die etwa verliebt? Oh Gott!

Klick. Klick. Klick.

Die sind verliebt. Oh! Mein! Gott! Okay. Noch mal genauer angucken. Fünfziger-Jahre-Kleid. Rote Schleife im Haar. Roter Lippenstift. Roter Lippenstift? Hab ich darauf nicht ein Patent angemeldet? (Dringend machen!

Wichtig!) Hübsch ist die. Irgendwas zwischen Dita von Teese, Sekretärin und Schneewittchen. Die Nägel hat sie auch noch lackiert? Bestimmt hat die immer total glatte Beine und ist nach dem Aufwachen schon fertig geschminkt. Und alle mögen die, weil sie so nett ist und leckere Cupcakes bäckt. Und lächeln tut die ... So eine fröhliche Type. Jetzt reicht's! Das hat die doch mit Absicht gemacht! Weil sie ganz genau wusste, dass ich mir diese Bilder angucke. Und weil sie weiß, dass sie perfekt ist. John sieht auch total glücklich aus. Dort in Amsterdam mit einem großen Stück Käse in dem einen und ihr im anderen Arm. Ich freue mich ja, dass ich ihn los bin, aber er hätte sich wirklich mal jemand Bodenständigeren aussuchen können. Ich sah nie so aus. Ich hatte immer nur Jogginghosen und Stimmungsschwankungen und wenn Nagellack, dann höchstens abgeplatzten. Am besten stalke ich die mal.

Klick. Klick.

Isa aus Graz. Wo ist das denn bitte?

Klick. Klick. Klick.

Ah, Österreich. Na, der hat's ja mit den Deutschsprachigen ... 283 Freunde. Ziemlich wenig. Fotos sieht man nicht. Hat die den Typen im Griff? Bringt er für sie etwa den Müll raus? Falls das so sein sollte, dann bestimmt nur, weil ich ihn jahrelang erzogen haben. Ich bin mit dem durch die Scheiße gewatet, damit dieses fröhliche Mädchen jetzt mit ihm in Amsterdam Zuckerwatte essen und Riesenrad fahren kann. Ich hasse Zuckerwatte. Und hab Höhenangst.

Warum genau nervt die mich bloß so? Eigentlich sieht sie ja ganz nett aus. Ich sollte beweisen, dass ich erwachsen und total über die Beziehung hinweg bin.

Dann rufe ich Jasmin an, schicke ihr den Link und lästere mit ihr über ihre Kleidchen. Dafür sind Freunde ja schließlich da.

26.
Everybody Herz

Es ist mir unbegreiflich, dass Jasmin, Cleo, Elisabeth und ich noch nie in einer Stadt gewohnt haben. Zeitgleich. Wir haben uns irgendwie immer verpasst.

Elisabeth kommt aus so einem Heile-Welt-Dorf im Rheingau und verträgt, wie alle Bewohner, Weißwein schon zum Frühstück. Außerdem sammelt sie Schuhe und weiß noch nicht so richtig, was sie arbeiten soll, also ging es erst mal auf Weltreise. Logisch.

Cleo kommt auch aus Hessen – von einem Bauernhof. Sie ist so ein kleines Punker-Mädchen und war früher sogar mal bei der Antifa. Ihr Geld verdient sie hauptsächlich mit der Arbeit in Nachtclubs. Das ist praktisch, weil wir es so durch die Türkontrollen schaffen.

Jetzt sind wir endlich vereint. Alle. Zusammen. In Berlin. Elisabeth ist von ihrer Reise zurück, braungebrannt, entspannt und vollgesogen mit Eindrücken, Jasmin war ein paar Jahre in einer deutschen Kleinstadt und studierte was mit Musik. Cleo hielt in Berlin die Stellung.

Niemand weiß so *wirklich*, was passieren wird, wenn man uns zu viert auf die Hauptstadt loslässt, aber wir sind uns sicher, dass es groß wird. Letzte Woche sind wir an den Ort zurückgekehrt, der uns in unserer Jugend Halt und Glück spendete – den Magnet-Club. Inzwischen ist dieses legendäre Etablissement einem Bio-Supermarkt gewichen und an neuer Stelle an der Spree wieder auferstanden. Ich verstehe das neue Konzept nicht, und es sind mir zu viele Touristen da, aber irgendwer wird sich schon was dabei gedacht haben. Der alten Zeiten wegen waren wir bei einer Emo-Veranstaltung. Wir hatten sogar schwarzen Lidschatten und Nagellack aufgetragen. Und nach dem fünften Wodka-Mate (das ist ein neuer Wachmacher-Drink auf Mate-Tee-Basis, der zuerst wirklich so gar nicht schmeckt, an den man sich aber ganz gut gewöhnen kann) war klar, dass wir unserer Liebe mit etwas Besonderem Ausdruck verleihen müssen. Einem Tattoo.

Ich persönlich habe anscheinend einen Hang zu tätowierten Männern. Das ist aber meiner Theorie nach dem Fakt geschuldet, dass alle Männer tätowiert sind. (Was war zuerst? Das Tattoo oder der Fetisch?) Bei mir selbst halte ich Tattoos aber für unangemessen. Die anderen drei Mädels waren da bislang etwas mutiger und haben sich das ein oder andere überflüssige, lies: unverzichtbare Motiv stechen lassen. Jetzt bin ich fällig. Irgendwer schuldet irgendwem noch einen Gefallen. Wir haben einen Termin. In Kreuzberg. Ich kann das unmöglich machen. Ich kann es aber auch unmöglich *nicht* machen. Dann hätten die Drillinge, mit denen ich abhänge, etwas gemeinsam. Ohne mich. Das würde ich nicht verkraften. Ich will dazugehören. Ich will auch mutig sein. Und easy. Und gefährlich. Und tätowiert. Also wird mein schlimmster Wunsch / geilster Albtraum wahr.

Das Heimstudio hat einen Computer und in der Mitte eine helle Lampe und ein paar Stühle. An den Wänden hängen tote Schmetterlinge im Rahmen, große alte Spiegel, ein Pornobild, ein Schrank mit Tattoo-Farbfläsch-

chen und ein riesiges Lehrposter zum Thema »die Inne-
reien eines Huhns«. In der Ecke steht eine Mischung aus
Safe und Wäschetrockner. Aber irgendwie anders. Steri-
lisiert man darin Dinge? Apropos. Sofort mache ich mich
über das Nadelbesteck her.

»Sind das die Nadeln? Warum sind die so groß? Kann
man damit auch Rouladen zusammenhalten? Sind die
steril? Wozu um Himmels willen brauchst du das Tep-
pichmesser?«

Aaron Kater, so heißt der Tätowierer, beantwortet alles.
Ich finde meine Vorsicht komplett gerechtfertigt. Mag
sein, dass die anderen das nicht so interessiert, aber ich
bin da Sterilitäts-Nazi.

Nachdem meine Zweifel ansatzweise ausgeräumt sind,
malt Aaron Kater das Herz auf eine Matrize. Wir haben
uns für dieses zeitlose Motiv entschieden. Aus Prinzip
wollte ich an der Skizze rummeckern und sie mehrfach
anfertigen lassen. Muss ich jetzt aber doch nicht. Das
Herz sitzt.

Bevor es losgeht, beschließen wir, in der Stehküche eine
zu rauchen und einen Rotkäppchen halbtrocken zu öffnen. Ich bin reif für Rauschmittel. Und Klo. Alternierend möchte ich nämlich jetzt gerade kotzen und pinkeln. Mir geht das alles zu schnell. Ich würde gerne noch
mal eine Nacht drüber schlafen. Aaron Kater erzählt von
einem Typen, dem er neulich ein Schwert auf den Penis
tätowiert hat. Die anderen haben viele Fragen, ich eher
nicht so.

Cleo muss anfangen, die ist eh schon total zugehackt.
Erst wird das Handgelenk eingesprüht, dann das Motiv
wie magisch übertragen. Sie lässt noch mal den Stichpunkt nachjustieren. Und los geht's. Als Aaron Kater die

Maschine anschaltet, wird mir schlecht. Total laut. Erinnert mich daran, dass ich bald mal wieder zum Zahnarzt sollte. Ich nehme noch einen Schluck Sekt, während er die Nadel ansetzt. Am liebsten möchte ich gehen. Sofort. Die zentrale Frage ist ja: Vor wem habe ich mehr Angst – vor dem Punker mit der Farbnadel oder den drei bekloppten Tussis da drüben? Schwer zu beantworten. Momentan hält es sich ziemlich die Waage. Scheißgruppenzwang.

Cleo scheint nicht mal ansatzweise aufgeregt. Die ist das alles gewohnt. Ihren Arm hat sie auf einem steril verpackten Barhocker abgelegt. Aaron Kater sitzt ihr gegenüber und sticht das Motiv. Ich habe große Angst, dass er mit dem Nadel-Ding abrutscht und Cleo aus Versehen einen schwarzen Strich über Bein, Bauch und Brust malt. Ach was, eigentlich habe ich Angst, dass er *mir* einen schwarzen Strich über Bein, Bauch und Brust malt. So viel Ehrlichkeit muss an dieser Stelle sein.

Ich habe das doch richtig verstanden? Tattoos bleiben für immer? In der Grundschule hielt sich bei mir wacker das Gerücht, Edding würde man nie wieder von der Haut abkriegen. Und das hat man ja inzwischen auch widerlegt. Ich kannte mal jemanden, der sich den Namen seiner Freundin hat tätowieren lassen. Musste er dann später bereuen und eine Eule drüberstechen lassen. Eine große Eule. Und Heroin-Markus hatte einen Knutschmund auf dem Arsch. Seine Ex vor mir hatte das Pendant auf ihrem eigenen Hintern. Da steckste nicht drin. Also, nicht mehr zumindest.
Die schwarze Farbe spritzt bis zu mir herüber. Cleo hat sich immer noch nicht bewegt. Nach vier Minuten ist das Werk vollbracht. Das Herz prangt auf dem Handgelenk

und suppt vor sich hin. Prima. Dann können wir ja jetzt wieder nach Hause gehen. Aber nein, die anderen beharren tatsächlich darauf, dass wir uns *alle* das Herz stechen lassen. Spießer. Aaron Kater schaltet Musik ein. Irgendwas Schnelles, Lautes. Verträgt sich nicht so gut mit meinem Herzschlag. Ich drehe das Volumen runter.

»Ich kann mich so nicht konzentrieren«, sage ich.

Dann bin ich dran. Mir ist nicht gut. Meine Hände schwitzen in den Handflächen. Jetzt schnell, sonst kneife ich. Mit meinem Sektglas ganz nah bei mir gebe ich noch mal letzte Instruktionen.

»Also hier so. Innen. Aber nicht so weit außen. Weißte? Und die Outline nicht zu dick. Mehr so wie hier.«

Aaron Kater interessiert das nicht so sehr, er nickt aber trotzdem aus Höflichkeit. Das ist wie beim Frisör neulich. Die machen eh, wie sie wollen. Ich lasse mich auf dem Stuhl nieder. Die Matrize sitzt, ein letzter Schluck Sekt, es kann losgehen. Ich merke, wie die Nadel durch meine Haut bohrt.

»Okay so?«, erkundigt sich Aaron Kater.

Ist okay. Ich epiliere schließlich meine Beine – ich weiß, was Schmerzen sind. Ich versuche, entspannt zu gucken. Die feinen schwarzen Linien zieht Aaron Kater mehrmals nach. Sieht sehr sauber aus. Und schön dünn. So, wie ich wollte. Dann ist er fertig.

Es ist echt gut geworden. Ich will weg.

»Super. Danke!«, sage ich und springe auf.

Ich muss unter Schock stehen, denn ich fange an zu weinen. Ernsthaft. Ich hab gehört, das macht man so, wenn man sich ein kitschiges Herz aufs Handgelenk tätowieren lässt. Die anderen Mädels nehmen mich in den Arm. Und ich die Flasche Sekt. Happy Times. Everybody Herz.

27.
Fick das Blowjob Center

Um zehn vor zwei schleppe ich mich das Treppenhaus des Jobcenters Berlin-Friedrichshain-Kreuzberg hoch. Genauso hatte ich mir das hier vorgestellt. Es riecht muffig, die Wände sind von oben bis unten beschmiert. Ich bleibe bei den Worten »Fick das Blowjob Center« stehen und mache davon ein Foto fürs Familienalbum. Dann setze ich mich in den Wartebereich C1 im ersten Stock. Ü25 steht an der Tür. Ich nehme an, das hat was mit dem Alter zu tun. Frechheit! Ich fühle mich noch deutlich jünger.

Mit mir warten zwei zerzauste Personen mit eselsohrigen Pappmappen in den Händen. Die beiden – und vor allem sehr viele nicht vorhandene Menschen – werden aufgerufen. Ich bin erstaunt, dass die Mitarbeiter so jung und geistreich aussehen.

Dann öffnet sich eine Zimmertür ganz nah am Treppenhaus, und eine rothaarige alte Figur guckt hervor. Ich erschaudere und hoffe, dass sie nicht Müller aufruft.

»Müller!«

Schade. Ich stopfe meine Leselektüre in die Tasche, schnappe meinen Mantel und folge ihr in die Höhle, in der sie haust.

»Sie wollen Ihren Antrag abgeben?«, fragt sie jetzt schon völlig genervt. Ich versuche, nicht auf ihren Buckel zu starren.

»Ja, genau.«

Aus jeder Pore versprühe ich Professionalität und Ziel-
strebigkeit, damit die Alte gleich mal schnallt, wie der
Wind weht.

Zusammen füllen wir am Computer meinen Lebenslauf
aus. Dass ich sowohl einen analogen als auch digitalen
Lebenslauf dabeihabe, interessiert nicht weiter. Während
sie tippt, gucke ich mir ihre gespaltenen Haarspitzen an.
Am besten schreibt sie noch auf, dass man, wenn man das
Wort »Analkniffel« googelt, genau ein Bildergebnis bekommt: mein offizielles Bewerbungsfoto. Darauf bin ich
sehr stolz. Auch wenn ich selbst nicht so genau weiß, was
Analkniffel sein soll.

Frau Lehmmeyer-Obhult (Oha! Sie hatte mal einen
Mann?) schwafelt etwas von »Arbeitsmarkt« und der
»Erstattung von Bewerbungskosten«. Dass ich nur in
Berlin und Umgebung arbeiten möchte – wobei Umge-
bung wirklich schon gelogen ist –, findet sie unflexibel.
Ich ahne Schreckliches. Ein paar Wochen dürfe ich mich
hier umgucken, bis sie mich auch zu Gesprächen nach
Wanne-Eickel schicke. Na dann.

Einmal im Monat muss ich hier antreten. Diese Frau
wird dann immer begutachten, ob ich alle Schikane-Auf-
gaben zu ihrer Zufriedenheit erledigt habe.

»Ich möchte Ihnen ja nicht gleich ne Maßnahme aufdrücken!«

Ich hatte noch nichts verbrochen, da war ja noch nicht
mal Geld genehmigt, und schon wurde mir aufs
Schlimmste gedroht.

»So. Jetzt müssen wir Ihnen noch ein Jobangebot mitge-
ben, auf das Sie sich dann innerhalb der nächsten Woche
zu bewerben haben. Wir gucken mal zusammen. Was
machen Sie noch mal?« Kompetent.

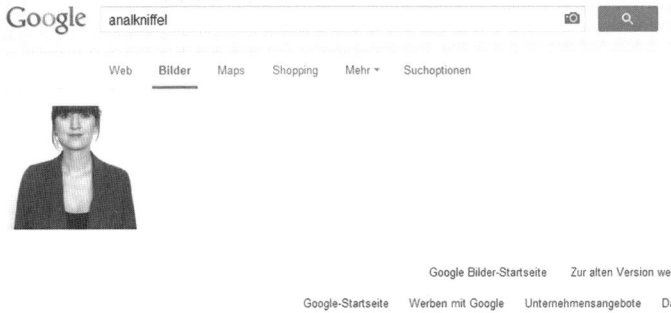

»Online Community Management, Social Media, Marketing im weitesten Sinne«, erkläre ich ihr noch mal.
Sie tippt »online« in ihren C64, der daraufhin fünf Stellenangebote auswirft. Die druckt Frau Lehmmeyer-Obhult jeweils zweimal aus. Papier gibt Sicherheit.
Sie entscheidet sich für eine Stelle. Ich überfliege kurz die Beschreibung. Es handelt sich um ein Autohaus in Brandenburg. Mit »Onlineshop«. Passt also super zu mir.
Da haben wir den gordischen Knoten ja schon fast entwirrt, die Lehmmeyer-Obhult und ich.
»Bewerbungsmappe haben Sie dabei?«
»Ja. Wollen Sie sehen?«
»Nein.«
Niemals im Leben hat die Alte verstanden, nach was ich suche und was ich mache. Das ist generell nicht schlimm, ich ahne aber, dass sie sich deswegen mit ihrem dicken Arsch auf meinen Geldhahn setzen wird. Die kann doch sicher nicht mal eine SMS verschicken.
Ich bin jung, ich bin klug, ich habe jahrelang im Ausland gearbeitet. Ich könnte viele Jobs machen. Will ich aber nicht. Weil ich den Anspruch habe, etwas zu tun, das mir Spaß macht. Weil ich anstatt eines Schrittes zurück viel-

197

leicht einfach lieber einen nach vorne machen würde. Ob diese Frau hier nun so tut, als würde sie mir einen Job suchen – nur weil es *ihr* Job ist – oder nicht, ändert nichts an dem Fakt, dass ich weiß, was ich kann.

»Gehen Sie bitte in Wartebereich C7 und geben Ihren Antrag bei meinem Kollegen ab.«

Ich gucke, ob unter ihrem Schreibtisch ein alter Besen liegt.

»Schönen Tag noch«, wünsche ich und frage mich, wie ich jetzt so schnell wie möglich an einen Job komme, um der Frau langfristig aus dem Weg zu gehen.

Eine Treppe tiefer wartet schon der etwas schwammige Herr Möller auf mich. Möller und Müller, toll! Ich knöpfe mir den obersten Knopf meines Hemdes auf. Herr Möller nickt, also lege ich den Hauptantrag auf Arbeitslosengeld II sowie Anlagen EV, EK, VGC, TK, DLZ, P7, R2D2 und einen dicken Stapel Bescheide, Dokumente und Briefe vor. In Ruhe guckt Herr Möller alles durch, macht sich Kopien und Notizen.

»Ich sehe, Sie haben Ihren letzten Job in England gekündigt?« Erwischt.

»Wurden Sie dort sexuell belästigt, von Ihrem Lebenspartner geschlagen oder hat ein enges Familienmitglied in Berlin eine todbringende Krankheit, sodass Sie kündigen und zurückkehren mussten?«

Oje.

»Nein?«, frage ich.

»Nein?«, wiederholt er.

»Nein!«, entscheide ich mich.

»Ach so, na dann haben wir da ein Problem. Da ziehen wir Ihnen vierzig Prozent Ihres Anspruches auf staatliche Unterstützung ab«, rattert er runter.

»Aha. Vierzig Prozent von wie viel noch mal?«, frage ich nach.

»Vierzig Prozent von 235 Euro.«

Ja, super. Lohnt sich dann alles hier so richtig, denke ich und sage nichts.

»Sie müssen dann noch den Girokontovertrag ihrer Bank bis heute 18 Uhr nachreichen. Haben Sie E-Mail?«

Ich nicke.

»Dann schreibe ich Ihnen mal meine Adresse auf, und Sie können das scannen und schicken.«

Scannen? E-mailen? Bin ich noch im Jobcenter oder doch schon bei der NASA?

Herr Möller nimmt einen gelben Post-it und schreibt was auf. Er reicht mir den Zettel und wiederholt den Inhalt. Ich nehme seinen Stift und verbessere alle Bs, die wie Sechsen aussehen.

»Ist schon seit der ersten Klasse so mit der Handschrift«, entschuldigt er sich. »Sie hören dann postalisch von uns.«

Auf dem Weg nach Hause gehe ich an der Krankenhauskantine vorbei, in der ich manchmal esse.

»Hallo, was Vegetarisches habt ihr heute nicht, oder?«, frage ich die Frau hinter der Theke.

»Doch. Hier. Der Fisch.«

»Nee, ohne Fisch und Fleisch bitte«, spezifiziere ich.

Man sollte meinen, dass man heutzutage im Restaurantbetrieb schon mal davon gehört hat.

»Ach so, veganisch? Nein, da kommen Sie zu spät.«

Heute ist wohl nicht so mein Tag.

Ein wenig später – nachdem ich im Autohaus in Brandenburg eine echt schlechte Performance hingelegt habe – erfahre ich, dass ein Anspruch auf Gelder in meinem Fall nicht besteht. Weil ich selbständig entschieden habe, meine sichere Stelle in England aufzugeben und nach Hause zurückzukehren.

Heute ist wohl nicht so mein Jahr.

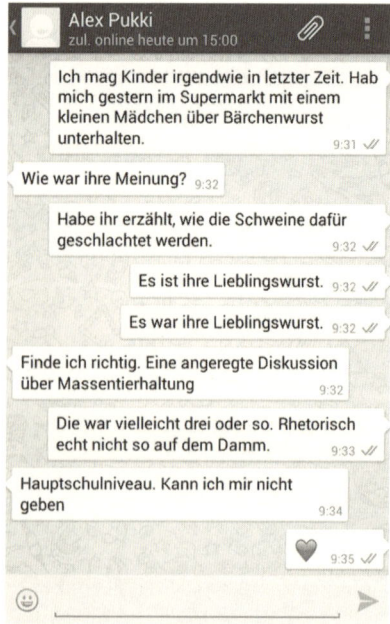

28.
House of Wax

Körperbehaarung ist so eine Sache. Man macht sie weg, sie wächst nach, man macht sie weg, sie wächst nach. Noch in der Generation meiner Mutter war Körperbehaarung bei Frauen und erst recht bei Männern völlig in Ordnung, gar erwünscht. Ich habe nicht das Glück, Ende der Fünfziger geboren worden zu sein. Ich muss mich enthaaren.

Über die Jahre habe ich verschiedene Methoden probiert. Enthaarungscreme, Kaltwachsstreifen, epilieren, rasieren, zupfen, mit dem Bindfaden ausreißen, verfluchen. Als Teenager habe ich alles rasiert, das sich mir in den Weg stellte – vom großen Zeh über Beine, Kahlschlag im Schritt, unter den Achseln und auf den Armen bis hin zur Oberlippe. Es gehörte dazu. Inzwischen bin ich da etwas entspannter. Und vor allem in den letzten, recht sexlosen Monaten mit John habe ich wirklich nicht sonderlich drauf geachtet, was sich unter meinen Armen so tut. Jetzt, wo das Thema Männersuche wieder sehr präsent ist, sollte ich das mit der Enthaarung vermutlich etwas ernster betreiben. Seit »Sex and the City« wissen alle, dass man am besten einmal im Monat in ein komfortables Waxing-Studio geht. Ich habe das noch nie probiert. In letzter Zeit sprießen die Salons in Berlin aber nur so aus dem Boden wie die Härchen aus meiner Unterhose. Als Arbeitslose, die nicht mal Hartz IV bekommt, erscheint mir der Gang dorthin auch nur sinnvoll. Wie ein Penner leben kann ich ja immer noch, wenn das Geld dann wirklich alle ist. Ich gehe nach Mitte, dort, wo sich die Schönen und Hippen tummeln.

»Ziehen Sie bitte schon mal Hose und Schlüppi aus.«
Ich starre die Frau neben meiner Liege an. Hat sie mich gerade gesiezt und gleichzeitig »Schlüppi« gesagt? Anscheinend. Sie heißt Cindy. Klischee Nummer eins: erfüllt. Außerdem hat sie langes, braunes Haar und ein dazu passendes braunes Gesicht. Eindeutig Solarium. Ihre Augenbrauen sind stark nachbearbeitet. Klischees zwei und drei: erfüllt.
»Waren Sie schon mal hier, Frau Müller?«
Ich schüttle den Kopf.
Cindy zieht sich quietschige Gummihandschuhe über. Ich entkleide mich, dann lege ich mich auf diese Pritsche. Neben mir brodelt ein Zehn-Liter-Eimer voller zäher, gelber Flüssigkeit. Irgendwas mit Bienenwachs.
»Ist das ... heiß?«, frage ich vorsichtshalber nach.
Cindy nickt. Blöde Frage. Sie pudert mich erst überall wie ein Riesenbaby ein, um mir dann einen Batzen Wachs auf meine Beine zu hauen und alles mit einem Spachtel zwischen Knöchel und Schambein zu verteilen. Die Masse brennt sich unverzüglich durch die ersten paar Hautschichten. Schon jetzt habe ich meine absolute Schmerzgrenze erreicht.
»So, jetzt wird's kurz zwicken«, warnt Cindy mich vor.
Mit einer umständlichen Handbewegung zieht sie das erkaltete Wachs ab. Die Bahn will kein Ende nehmen. Mir bleibt die Luft weg, ich sehe Sterne. Als ich wieder klar

denken kann, zähle ich nach – ein Viertel des einen Beines ist immerhin schon geschafft.

»Das machen wir jetzt noch ein paar Mal an dieser Stelle«, korrigiert Cindy meine Gedanken. »Dann aber langsamer.«

Ich überlege, ob es unhöflich wäre zu gehen. Aber keine Chance. Cindy verbrennt mir erbarmungslos meine kompletten Beine, um mir dann alle Haare samt Wurzel genüsslich auszureißen. Mein Körper hüllt sich sofort in ein uniformes Meer aus roten Punkten und brennt vor sich hin.

Ich zittere noch apathisch, als Cindy schon auf meine mühsam gezüchteten Schamhaare guckt. Ich schäme mich passenderweise. Dann zwirbelt sie ein paar Enden zwischen ihren Fingern.

»Was machen wir denn hiermit Schönes?«, fragt sie aufgeregt.

»Keine Ahnung. Was für den Sommer. Aber bitte lassen Sie noch was dran«, flehe ich Cindy an.

Sie fährt noch mal mit beiden Händen durchs volle Haar und visualisiert wahrscheinlich schon die fertige Frisur. Ich ahne Schreckliches!

Als kochendes Wachs über meine Bikinizone läuft, zucke ich unkontrolliert. Die kleine fiese Cindy. Nächstes Mal brauche ich eine Vollnarkose. Dass das hier nicht zum Standard gehört, ist ziemlich frech. Der Preis ließe eigentlich auf anderes schließen.

»Heiß, ne?«, kichert Cindy.

Vor meinem inneren Auge stopfte ich sie – der Ohnmacht nahe – komplett in den Bienenwax-Container. Gab es da nicht mal so einen Film mit Paris Hilton und viel Wachs? Egal. Ich verfluche alle Trends. Und alle Männer. Und alle Frauen, die keinen Haarwuchs haben. Und alle Depiladoras. Vielleicht muss man im Sommer auch gar keinen Bikini tragen? Es gibt doch jetzt auch Burkinis? Alles wäre besser als das. Sogar schlechter Stil.

Während Cindy mit ihrer Nase über meinem Schambein hängt und nachträglich einzelne Haare mit einer Pinzette auszupft, fragt sie:
»Und? Gucken Sie heute auch Fußball?«
Ich hasse diese Frau! Es ist ja schon eine Frechheit, dass sie sich sadistisch in meinem Intimbereich austobt, aber ein Gespräch über Sport? Das geht nun wirklich zu weit! Dann hält sie mir einen Spiegel hin. Untenrum.
»Und? Gefällt's Ihnen?«
Von gefallen kann man wirklich nicht sprechen … Durch meine vertränten Augen sehe ich eh nichts.
»Ja. Spitze«, lüge ich und hoffe, dass sie jetzt endlich von mir ablässt. Aber nichts da.
»Jetzt drehen Sie sich bitte auf den Bauch und halten Ihre Pobacken auseinander.«
Cindy sagt das so, als wäre es das Normalste der Welt! Hallo? Ich glaub, es hackt! Soll sie doch *selber* meine Pobacken auseinanderhalten!
Aber Cindy meint es ernst. Als ich da so liege, meinen Arsch in den Händen, frage ich mich, wer es jetzt eigentlich schlimmer hat: sie oder ich? Das hilft mir etwas dabei, meine Aggressionen von dieser Frau abzuwenden und auf die Welt im Allgemeinen umzuleiten. Es ist alles eine bodenlose Frechheit.
Davon hat man mir noch nie erzählt! Niemand hat mir *jemals* gesagt, dass man beim Intimwaxing seine eigenen Pobacken halten muss! Ich kam her für Glamour, glatte Haut und ein paar kühle Cosmos, so, wie es das Fernsehen mich gelehrt hat, und jetzt liege ich, mit den Händen

auf meinem Arsch und meinem Gesicht in die Liege gedrückt, sabbernd unter der kichernden Cindy! Ich muss den anderen Frauen von dieser Pobacken-Konspiration erzählen! Ich muss sie schützen!

Die hässliche Schönheitsbehandlung dauert 45 Minuten, in denen ich zu Gott finde. Nackt, fröstelnd und verängstigt sitze ich auf der Liege und pule mir Wachsreste aus meiner Poritze. Mein Leben hat echt einen neuen Tiefpunkt erreicht. Mein Bankkonto auch. Von meiner Würde spreche ich erst gar nicht. Ich schwöre mir hoch und heilig, bei meinem Schamhaar: So etwas Menschenverachtendes mache ich nie, nie, nie wieder!

Cindy ist gegangen – ich höre sie schon in der Kabine nebenan rumwerkeln. Die olle Sau.

29.
Neu in Neukölln

Berlin-Neukölln | Alter: 27

Ich habe einen Job gefunden! In einer Agentur in Mitte. Keine Agentur für Arbeit, sondern eine Agentur für Internet. So oft, wie mir das Jobcenter aber noch damit droht, mein Geld – welches ich eh nie erhalten habe – zu kürzen, könnte man anderes vermuten.

Es ist sieben nach acht an einem Mittwoch. Mein Handy klingelt. Unterdrückte Nummer. Ich gehe ran. Es ist meine Integrationsfachkraft vom Jobcenter. Es sei mal wieder Zeit für ein persönliches Gespräch, sagt sie mir. Ich frage mich, ob die mich da eigentlich sehr doll vermissen. Zwar freue ich mich, dass mich überhaupt mal jemand anruft, will dann aber doch wissen:

»Warum muss ich denn mit Ihnen sprechen, wenn ich schon seit einem halben Jahr einen Job habe?«

Ich finde die Frage durchaus berechtigt.

»Sie beziehen doch noch Arbeitslosengeld II, oder?«

»Nein, noch nie.«

Ich überlege kurz, bin mir aber doch ziemlich sicher, dass ich damals die News auch zu meiner Integrationsfachkraft getragen habe.

»Ach so?«

Ich kann ihre Verwirrung durch mein Telefon spüren. Irgendwie hatte ich sie auch ein bisschen vermisst.

»Na, dann herzlichen Glückwunsch und viel Erfolg weiterhin.«

Ich bedanke mich und bestelle bei der Gelegenheit gleich noch den regelmäßigen analogen Newsletter ab, den ich seit Monaten per Post bekomme.
Ein erfolgreicher Morgen.

Der neue Job hat es mir auch ermöglicht, die mütterlichen Gefilde in Kreuzberg zu verlassen und mit Elisabeth in eine WG nach Neukölln zu ziehen. Früher durfte man hier nicht herziehen, das weiß ich noch. Das war Sperrzone. Es wagen sich aber wohl immer mehr junge Leute her. Ich muss sagen, ich bin jetzt schon großer Fan der Hood. Da fehlt es einem echt an nichts – vor allem nicht an Späties, Ein-Euro-Läden und Eckkneipen. Als ich das erste Mal vor unserer Wohnung aus dem Auto stieg, trat ich in einen Hundehaufen. Zweimal hintereinander.

Wir haben keinen Kühlschrank. Und es in drei Monaten auch nicht geschafft, einen zu besorgen. Erst war das Fehlen eines Kühlschrankes ein allgegenwärtiger Panikmacher in der WG. Wir hatten Angst einzukaufen, zu kochen, Leute einzuladen – unser Leben war die Hölle. Inzwischen haben wir uns beruhigt und gelernt, dass auch ein Leben ohne Kühlschrank durchaus ein lebenswertes sein kann. Denn, wer hätte das gedacht, man kann Butter, Eier und auch Milch wunderbar einfach so in der Gegend rumstehen lassen. Meine Mutter würde mir sicherlich zustimmen, denn in der Deutschen Demokratischen Republik hatten sie auch keine Kühlschränke. Im Sommer wurden die Milchkannen in der Erde vergraben – quasi der Vorläufer der Kühltasche.
Ich finde es vor allem praktisch, dass ich nach dem Früh-

stück nichts wegräumen muss. Kann ja bis zum nächsten Tag einfach stehenbleiben. Das ist Freiheit auf höchstem Niveau.

Da ist das Leben ohne Korkenzieher schon um einiges härter. Vor allem, wenn man Mädchen ist und immer viel Wein trinken muss. Und wenn immer viele Mädchen vorbeikommen und dann auch Wein trinken wollen. Wir sind zwar handwerklich nicht übermäßig begabt, aber wenn es um kostbaren Wein geht, dann wissen wir uns immer zu helfen. Man braucht ja lediglich ein kleines scharfes Messer, einen schmerzunempfindlichen Daumen, ein nicht mehr benötigtes Handtuch, eine Siebener-Schraube, eine Zange und / oder Brechstange. Ich hätte von den verschiedenen Gästen, die sich an der Weinflaschenöffnung versucht haben, Fotos machen sollen. Wenn ich an der Reihe bin, hole ich mir gerne einen Mann. Am liebsten den Opernsänger von unten, denn der hat sogar einen richtigen Korkenzieher. Der Typ von nebenan ist der absolute Notnagel, denn der lädt sich dann immer gleich selbst zu der Verköstigung ein. Außerdem hat er in seinem Flur einen kleinen rosa Kinderwagen stehen, und das macht mir Angst.
Fast hätten wir angefangen, Telefonketten zu starten, um alle daran zu erinnern, nur Weine mit Schraubverschluss mitzubringen. Ich bin gestern in die Welt gezogen und habe einfach einen Korkenzieher erstanden. Bei Karstadt. Mit Yessi. Der hat mir ein Gerät angedreht, das ich wirklich einfach nicht verstehe. Alle anderen übrigens auch nicht. Glücklicherweise haben wir Brechstange und Schrauben noch nicht weggeschmissen.

Internet haben wir auch noch nicht. Als ich gestern in Ermangelung dessen in eine Mischung aus Späti, Post, Handywerkstatt und Internetcafé lief, fand ich dort vor den Computern nicht nur volle Aschenbecher und diverse leere und sogar volle Kurze, sondern auch einen schönen Querschnitt durch die Neuköllner Gesellschaft. Nicht so meins. Dafür kostete der Spaß auch nur vierzig Cent pro angefangene Stunde.

In Neukölln hat man es eh mit den Kampfpreisen. Wo sonst findet man um 23 Uhr im Laden ein großes Beck's für 65 Cent? *Inklusive* Pfand? Echt schade, dass ich kein Bier trinke. Wenn ich an der Kasse bei Aldi oder Kaisers stehe, will immer jemand vor, der nur ein Sternburg kaufen möchte. Mit Pfandbons. Immerhin fragen sie meistens höflich mit ihren roten Augen und krausen Haaren.

Neukölln ermöglicht es mir, am Sonntagabend mit pinken Socken, grünen Birkenstocks, Jogginghose, Mottopulli und John-Lennon-Sonnenbrille rauszugehen, ohne aufzufallen. In Mitte musste ich mich damals immer dafür schämen. Hier nicht. Manchmal wird man von Besoffenen und ihren Hunden angemotzt. Neulich in der U8 zum Beispiel. Da fragte ich den jungen Mann neben mir, ob er mir vielleicht nicht so auf die Pelle rücken könnte. Er antwortete Folgendes:

»Ich steck meinen Arsch in deinen Arsch und dreh ihn dreimal rum. Ich ficke deinen Tod. Und dann fick ich deine Mutter. Hure.«

Ich muss zugeben, dass mich dieses Versprechen etwas irritierte. Ansonsten sind alle eigentlich ganz freundlich – mal abgesehen von diesem im Gesicht zutätowierten Typen und dem einen mit dem Springmesser. Wir haben auch eine super Hausgemeinschaft. Auf dem zweiten Hinterhof hört man mindestens einmal am Tag jemanden brüllen oder was von Taio Cruz. Unten im Garten stehen die Franzosen eher auf Bonnie Tyler. Wir schieben manchmal alte Emo-Platten hinterher. Starke Mischung.

Ich hatte eigentlich die Hoffnung, dass man in Neukölln einfach mal mutig in eine beliebige Eckkneipe fallen könnte, um einen Schnaps zu trinken. Frei von Vorurteilen und Argwohn.

Nun muss ich ins »Schiller's Eck« (ja, es schreibt sich mit einem Deppen-Apostroph), um ein Paket abzuholen.

Mir ist schon etwas gruselig zumute, als ich die Tür öffne. Und siehe da – tatsächlich trete ich in eine Art Parallelwelt, in der Zombies regieren. Zombies und ihre Hunde. Große, kleine, zottelige, kahle. Und alle starren sie mich mit ihren blutunterlaufenen Augen an, als ich noch so in der Tür rumstehe. Jedenfalls glaube ich das. Es ist sehr rauchig und riecht nach alten, nassen Wollpullis von Humana.

»Guten Abend«, versuche ich es erst mal auf die höfliche Tour.

Die Barkeeperin mit der oldschool Dauerwelle zapft weiter Bier und glotzt. Jetzt muss gehandelt werden. Ich greife in meine Tasche. Ein dünner Mann mit Halbglatze und Unterhemd hält seinen Hund davon ab, mir ins Knie zu beißen. Wie lieb von ihm. Ich ziehe die DHL-Karte hervor.

»Ich wollte ein Paket abholen.«

Niemand reagiert.

»Ein Paket«, wiederhole ich.

Vielleicht sprechen die gar nicht meine Sprache? Ein Typ mit Halbglatze quarzt eine verdächtig dicke Selbstgedrehte vor sich hin. Das muss der Außenseiter der Truppe sein. Den essen die bestimmt als Erstes auf, wenn ihnen die Hunde ausgehen.

Ein Schlägertyp gehobenen Alters kommt hinter der Bar hervor und nimmt mir den Paketschein ab. Ich lächle unsicher. Seine Lederweste verursacht in mir Unbehagen. Ebenso das ungleiche Pärchen, das sich an der Bar Kurze kippt. Es ist 16 Uhr an einem Montag.

Zwei mittelgroße Hunde, einer mit Flecken, der andere sehr knochig, paaren sich in einer dunklen Ecke bei dem Plastik-Ficus. Eine Dame schmeißt einen Tennisball nach den beiden und brüllt. »Eeeey!«

Die Lederweste kommt mit meinem Paket wieder. Und raucht. Ich nehme den Karton entgegen und sage brav »danke«. Der Typ glotzt nur. Dann drehe ich mich möglichst unauffällig um und gehe zur Tür. Einen kurzen Moment habe ich das Gefühl, dass sich alle neun Besucher und ihre zehn Hunde zu einem riesigen Flashmob aufgebaut haben, um mir die Eingeweide von hinten durch die Schulterblätter zu zerren.

Ich drehe mich blitzschnell um. Alle rauchen und lallen, und die Hunde pimpern wieder. Vielleicht möchte ich hier in Zukunft lieber doch kein Bier trinken gehen. Aber es gibt ja auch andere Dinge in Neukölln zu tun. In der Wohnung muss noch eine Menge gemacht werden. Handwerklicher Natur. Wir improvisieren meistens, weil unsere Gehirne für viele der täglichen Problemstellungen einfach keine Lösungsansätze bereithalten. Wie zum Beispiel heute. Wir wollen was anbohren. Genauer: Gewürzregale, Haken und einen Badezimmerspiegel.

Wir fangen mit den Gardinenhaken in Elisabeths Zimmer an. Elisabeth bedient den Sechser-Bohrer, ich halte den Staubauffangkarton. Loch bohren, Dübel reinschla-

gen, Loch zu kurz, Dübel wieder raus, Loch tiefer gebohrt, Loch zu tief gebohrt. Ein großer Riss bahnt sich
den Weg vom Bohrloch ausgehend Richtung Norden
und Süden. Um das Loch herum fallen Farbe und Putz
großflächig ab. Wir starren auf die Unglücksstelle. Es ist
Elisabeth, die als Erste die Worte wiederfindet.

»Kacke!«

Ich nicke.

Wir füllen die graubraunen Putzstellen großzügig mit
Tipp-Ex auf und schwören uns, diesen Riss nie wieder
auch nur mit einem Wort zu erwähnen. Vor allem nicht
gegenüber dem Vermieter.

Wir machen uns an die Gewürzregale. Professionell messen wir Abstände, setzen Markierungen, wasserwiegen
irgendwelche offensichtlich schiefen Kanten. Aber wer
mag es schon total gerade? Gerade Gewürzregale kann
man auch noch mit fünfzig haben. Elisabeth schwingt
wieder den Bohrer. Jedes Loch bringt andersfarbigen
Staub hervor. Überraschungsputz. Dieses Mal reißen uns
keine Wände ein. Mit ein bisschen Übung geht eben alles.
Ich halte das Regal an die dafür vorgesehene Stelle. Die
Schrauben sind für die Aufhänglöcher viel zu groß. Man
kommt hier also nicht ums Denken rum. Schade. Ich ziehe die Schrauben aus den Dübeln und stecke einfach
kleinere rein. Wird schon passen. Passt aber nicht. Nun
sind die Schrauben zu weit auseinander. Elisabeth rückt
mit dem Hammer an und schlägt die kleinen Scheißer-
chen in die richtige Richtung. So lange, bis uns die erste
Schraube samt Dübel und Putz wieder entgegenkommt.
Kennen wir ja schon. Ich hole eine Rolle Tesa, mit der ich
die großen Putzbrocken an der Wand fixiere. Inzwischen
geht es nicht mehr darum, irgendwas fachgemäß oder besonders schön aufzuhängen, sondern darum, möglichst

wenig zu zerstören. Wir schaffen es, dass das Regal irgendwie an der Wand bleibt. Schief und definitiv nicht belastbar. Tesa hält ja auch echt nichts aus. Wir beschließen, unsere Gewürze in der Kammer zu lagern. Auf die neuen Regale können wir ja eine schöne Postkarte stellen.

Bleibt noch der Badezimmerspiegel. Die letzte Stunde hat sehr an unseren Nerven gezehrt, wir gehen nicht mehr besonders selbstbewusst an die Aufgabe. Die ersten zwei der vier Metallvorrichtungen zum Hängen des Spiegels bringen wir problemlos an die Wand. Wir sind fast stolz auf uns. Dann noch die zwei anderen. Gehen auch gut. Als ich den Spiegel draufsetzen möchte, berühren mindestens fünfzig Prozent der Aufhänger den Spiegel nicht mal annähernd. Sie schweben mehrere Dezimeter über dem Geschehen. Elisabeth neben mir kreischt frustriert. Womit haben wir uns selbst eigentlich verdient?

»Ich dachte, du hast das ausgemessen?«, motzt sie mich an.

»Ja, hab ich ja auch.«

Hatte ich ja auch!

Wir schweigen. Also auf ein Neues. Elisabeth ist gerade fast fertig mit dem letzten Loch für den Spiegel, als wir ein Geräusch in der Küche hören. Ich schleiche rüber. Das Loch im Bad ist auch von hier drüben gut zu sehen, nur dass es hier etwa zwanzigmal größer ist. Könnte daran liegen, dass auch ein Großteil der Küchenwand mit rausgefallen ist. Durch das Loch gucke ich Elisabeth an.

»Hast du noch mehr Tesa?«

30.
Drei von zehn? Na danke.

Mit Heroin-Markus habe ich seit Jahren nicht gesprochen. Er war meine erste große Liebe. Aber wie ich gelernt habe, passen auf jeden Topf wirklich eine Menge Deckel. Ich weiß, dass Markus noch in unserer alten Wohnung wohnt, weil ich heimlich mal an die Klingel geguckt habe. Als ich seinen Namen las, schlich ich mich so schnell wie möglich davon. Er hat Berlin also nie wieder verlassen. Bessere Immobilien, bessere Tanten, bessere Drogen. Was weiß ich. Er schreibt mir ab und zu, das merke ich, wenn ich zweimal im Jahr meine Spam-E-Mail-Adresse prüfe. Mehr Kontaktdaten hat er nicht von mir. Ich weiß nicht, warum ihm so viel daran liegt, mich zu sehen, oder mir zumindest von seinem Leben zu berichten. Ich vermute, er hat noch immer ein schlechtes Gewissen. Mal schreibt er, er sei clean. Mal schreibt er, er sei druff. Das ist auch genau der Punkt, der mich schweigen lässt. Ich habe ihm schon lange verziehen, aber ich möchte nie wieder in seine verlorenen, stecknadelgroßen Pupillen gucken müssen. Manchmal sehe ich Junkies in der Bahn. Mit halbgeschlossenen Augen. Ich kenne den Unterschied zwischen besoffen und high. Dann wird mir schlecht, und ich wechsle Wagon und Gedanken. Es ist besser so für mich.

Meine Zeit mit John aus London ist nun auch schon wieder eine ganze Weile her. Und die Affären von zwischendurch waren alle nicht der Rede wert. Ich möchte versuchen, mal wieder etwas ernsthafter zu daten. Irgendwo müssen doch die treuen, an einer Beziehung interessierten Männer stecken. Vielleicht ja im Internet?

»Finya.de ist Deutschlands großes, vollständig kostenloses Dating-Portal«, lese ich auf einer Webseite. »Sind Sie auf der Suche nach einem neuen Partner, nach einem netten Flirt oder einfach nur nach neuen Freunden? Dann sind Sie bei Finya.de genau richtig. Warum fürs Verlieben bezahlen?«

Das denke ich mir auch. Warum bezahlen, wenn's auch umsonst geht? Nach Empfehlungen aus dem Freundeskreis melde ich mich heimlich, weil voll peinlich, bei Finya an.
Voller Vorfreude auf tolle Bekanntschaften richte ich mein Profil ein. Ein Foto, ein Statement, Äußerliches und ein paar Fragen zum Thema Ernährung, Partnerschaft und Freizeit. Dann lehne ich mich einfach zurück. Noch während mein Foto auf seine Freischaltung wartet, kriege ich die ersten Mails. Ob die Verfasser einfach unheimlich nett zu allen Frauen oder schlichtweg verzweifelt sind, kann ich nicht ganz feststellen. Ich ignoriere sie erst mal.
Ich klicke mich durch Männer in meiner Nähe. Da es hier, wie bei manch anderer Seite, keinen Wesenstest gibt, nach dessen Ergebnis man mit anderen gematcht wird, kriege ich vom Bundeswehrsoldaten bis zum Techno-Opfer alles aufgetischt. Ich gebe jedem Bild etwa eine Sekunde, dann klicke ich weiter. Das reicht völlig für eine Beurteilung. Nach 300 Sekunden bin ich erschöpft, habe aber drei Männer mit einem Stern als Favorit markiert.

Später, als mein Bild sichtbar ist, häufen sich die Mails. Und eins wird schnell klar: Möchte man viele Nachrichten von sex- und vielleicht sogar heiratswilligen Männern kriegen, ist man hier richtig. Auch ich freue mich natürlich über die Zuschriften, muss aber feststellen, dass die Mitglieder entweder zu hässlich / doof sind oder ich zu wählerisch. So manch einer schreibt mir eine freundliche Nachricht. Leider aber kann ich mich wirklich nicht frei von optischen Vorstellungen machen. Ich hab nicht mal einen Typ Mann, aber ich weiß, was ich alles nicht möchte:

- Männer mit Anzug und Krawatte
- Dreads
- oberkörperfrei
- mit jeglicher Art von Waffe oder Jagd-Trophäe
- neben einer Zimmerpflanze
- vor einem Sportwagen
- auf einer Katze
- jenseits der fünfzig
- unter 1,60
- und / oder ohne Foto

Bin ich tatsächlich zu wählerisch? Oder noch schlimmer: zu oberflächlich? Vorsichtshalber gehe ich später alle Zuschriften mit Jasmin und Jens durch. Vielleicht habe ich ja ein paar versteckte Perlen übersehen?
Nein, auch die anderen sind von der Ausbeute gänzlich unbeeindruckt bis angewidert. Das beruhigt.
Einige Männer schreiben, nachdem sie keine Antwort bekommen, noch ein zweites, drittes und sogar viertes Mal.
»Na? Schüchtern?«

»Nein, ich hab nur leider keine Lust auf Analverkehr mit einem übergewichtigen, alten Mann im Jogginganzug.«
»Nicht so bissig, kleine Lady. Was hast du an?«
Ja genau.

Was ich vielleicht nicht über mich verraten hätte sollen: dass ich humorvolle Männer mag. Ich kriege von »Kommt n Pferd in ne Bar« über »Was ist grün und stinkt?« bis hin zu »Sitzen eine Französin, eine Spanierin und eine Deutsche am Lagerfeuer«-Witzen wirklich alles serviert. Ein Brüller folgt dem nächsten.
Im echten als auch Onlineleben bin ich sehr bemüht, freundlich zu sein. Ich mag es nicht, wenn Leute mich nicht mögen. Nicht mal die, die ich selbst nicht mag. Die höflichen Mails nicht zu beantworten verlangt mir alles ab. Mit jeder Nachricht wächst mein schlechtes Gewissen. Es wird schnell klar, dass ich es hier nicht lange aushalten werde. Der soziale Druck ist zu hoch. Freundliche Mails machen übrigens nur etwa die Hälfte aller Nachrichten aus. Der Rest ist anzüglich, beleidigend, Spam (auch das gibt's) oder reinkopiert, wenn man Glück hat, noch mit dem Namen der Vorgängerin in der Anrede.

Hallo Manuela. Vielleicht wird das ja der Auftakt eines ganz netten, unverfänglichen und unterhaltsamen Abends mit einer Aussicht auf ein intensives Kennenlernen! Ich bin mal frech: Männer und Frauen passen nie zusammen, außer in der Mitte, und um genau das geht es hier! Ich will ja nicht heiraten, sondern entspannt und sinnlich verführen, Spaß haben und lasziv vögeln, einfach genießen. *g* Viele Grüße.

Nach vier Tagen antworte ich dann mal zwei Leuten, die ich als das kleinere Übel einstufe. Mal gucken, was sich so entwickelt. Vielleicht sind sie ja sympathisch? Der Erste antwortet. Drei Sätze und vier Rechtschreibfehler. Okay, mit Mühe sehe ich darüber hinweg. Man will ja nicht kleinlich sein. Dann möchte er, dass ich ihn anrufe. Er erklärt mir, dass lange E-Mail-Stränge die Erwartungen schüren. Erwartungen, die dann oft nicht zu erfüllen seien. Und jede Enttäuschung koste Kraft, die er nicht mehr bereit sei zu investieren. Außerdem sei es besser, sich schnellstmöglich von Finya zu entfernen, um die Konkurrenz zu minimieren.

Irgendwie tut er mir leid. Wo ich noch Romantik hinter jeder Ecke vermute, ist er schon total abgefuckt.

Und mal abgesehen davon, dass ich echt ungerne mit Fremden telefoniere, bin ich wenig motiviert, ihn anzurufen. Er wird patzig.

*Ich verstehe nur Bahnhof. Klare, offene, einfache Sätze, am Kontext des Gesprächs orientiert, Fragen beantwortend, Fragen stellend und Gesprächsfluss bildend. Derartiges (Briefe schreiben) ist Deutschunterricht 4. Klasse. Hat man dir das nicht beigebracht?«**

* lexikalisch & grammatikalisch korrigierte Fassung

Kommt bei mir Bombe an.

Die Anonymität macht mir zu schaffen. Man weiß nichts über die Leute. Wo ich bei Facebook fleißig mit Daten rumschmeiße, knausere ich hier mit den Details. Sogar »Ich wohne in Neukölln« scheint mir unangebracht. In meinen Augen sind hier alle schon halbe Stalker, enttäuscht vom Leben und mit nichts zu verlieren. Bereit, vor meinem Fenster aufzutauchen – mit Pfingstrosen oder Flammenwerfer.

Man kann Leute bei Finya auch bewerten. Nach ihrem Aussehen. Von den Fotos zweier Männer sucht man sich das attraktivere aus. Finya errechnet im Hintergrund dann für jedes Mitglied einen Marktwert zwischen eins und zehn. Nach vier Tagen hat das System auch genug Daten über mich gesammelt. Spannend.
Ich starre auf die rote Zahl neben meinen Bildern.
Ich bin eine WAS?
Eine 3,3??
Das MUSS ein Versehen sein.
Ich klicke Refresh. Es bleibt dabei. 3,3. Also, ich bin wirklich keine volle Punktzahl, aber überdurchschnittlich unattraktiv? Frechheit.

Nach sieben Tagen habe ich Post von über fünfzig Männern bekommen, davon etwa fünf beantwortet. Alle kamen sehr schnell auf ein Date zu sprechen. Einer wollte meine Adresse rausfinden, um mir was tief in den Arsch zu bohren. Ganz der Gentleman. Überraschung: Ich wollte keinen Einzigen davon treffen. Mit einem Typen schreibe ich etwas länger. Ich überlege sogar, ihn zu treffen.

Er: Also erst was trinken und wenn wir uns mögen, kuscheln und so?
Ich: Klingt nach nem Plan. Ich möchte aber zu Protokoll geben, dass ich unter keinen Umständen mit dir schlafen werde. Selbst wenn du Brad Pitt sein solltest.
Er: What? Warum??

Ich: Weil sich das nicht gehört beim ersten Date.

(Pause.)

Ich: Hast du mich schon blockiert?

Er: Ich überlege noch …

Ich: Wenn du nicht gleich reinstecken kannst, wäre dir der Weg nach Neukölln zu anstrengend, oder wie?

Er: Hmmm … vielleicht?

Ich: Oh. Okay. Kein Problem. Ich kann ja vielleicht einfach zu dir nach Hause kommen und dir meine Muschi auf einem Silbertablett servieren, dann musst du deinen Arsch nicht aus der Bude bewegen. Jetzt pass mal auf, Freundchen: Ich bin eine Frau. Ich will gut gefunden werden. Und das garantiert nicht nur zum Vögeln. Wenn du ficken willst, such dir gefälligst jemand anderes. Mir behagt es nicht, mit so frechen Typen wie dir Sexdates auszumachen. Mir behagt es ebenfalls nicht, beim ersten Date mit jemandem zu schlafen. Da bin ich altmodisch. Das hat etwas mit Selbstwertgefühl zu tun – kennst du nicht, deswegen erkläre ich es dir ja. Das heißt nicht, dass ich per se nicht mit Menschen schlafen will. »Ich komm nur rum, wenn wir poppen, weil sonst lohnt es sich für mich nicht« empfinde ich – für dich vielleicht völlig überraschend – als unhöflich. Du bist unhöflich. Und wer ficken will, muss freundlich sein. War schon immer so. Also schlage ich dir Arschloch vor, dass du auf Nummer sicher gehst und dir heute Abend einfach einen runterholst. Haben wir alle was davon. Und zukünftig versuchst du es bei Frauen vielleicht besser mit Respekt anstatt mit emotionaler Erpressung. Dann kommst auch du bestimmt mal zum Schuss. Schönes Leben.

Eigentlich ist es ja eine Traumvorstellung: interessierte Männer reihen sich vor einem auf, und man darf sich welche davon aussuchen. Würde ich in der Disco auch immer sofort mitmachen. Wenn man sich allerdings niemanden aus der Schlange aussuchen möchte, dann kippt das Ganze in etwas Unangenehmes. Dann ist der Return on Investment schlichtweg zu niedrig und die Awkwardness auf Dauer zu hoch.

Einem müden Wikinger, einem kleinen Franzosen und einem bärtigen Türken schreibe ich eine Abschiedsmail, in der ich mich für ihre Zuschrift bedanke und ihnen viel Glück auf der Suche wünsche.

Bevor ich auf den Abmeldungsbutton klicke, halte ich noch mal kurz inne. Was, wenn die nächste Mail ein Treffer wäre? Was, wenn der Traummann morgen schreiben würde?

Dann kommt eine neue Nachricht rein. Ich öffne sie.

Leo, 51, fragt, ob ich auf Füße stehen würde. Dann klicke ich endlich den verdammten Button. Auf meinem Profil prangt inzwischen übrigens eine große, rote 3,0.

Na danke, Finya.

31.
Beklopptenbonus: Check!

Berlin-Mitte | Alter: 28

Ich bin zwei Minuten zu spät. Ob das schon von meiner Zeit abgeht? Wäre mir auch recht. Ich stehe schon eine Weile vor der Haustür. Und habe wieder diese Stressflecke im Ausschnitt. Sehe ich nicht, spüre ich aber. Ich muss mal. Flüchten.

Das Bungee-Syndrom macht sich in mir breit. Immer wieder frage ich mich: Was zur Hölle mache ich hier? Bin ich eigentlich wahnsinnig?

Muss ja, schließlich klingele ich gerade zum ersten Mal bei einer Therapeutin …

Gibt es dort ein Wartezimmer? Muss ich dann mit Rain Man und Gilbert Grape in einem Raum sitzen und die *Brigitte* lesen?

Eine Frau, die ich schon von ihrer Webseite kenne, öffnet mir die Tür und führt mich in ein Zimmer, in dem so gut wie nichts steht. Ein kleiner Tisch aus Glas, drei Stühle, das war's.

Die Wände sind komplett undekoriert, aus dem Fenster blicke ich auf die gegenüberliegende Häuserwand. Die Sonne scheint nicht.

Wo ist die Couch? Jedes Kind weiß, dass es beim Therapeuten eine Couch gibt. Für den Preis kann man ja auch wohl etwas Komfort erwarten! Ich hatte mich nicht getraut, zum Hausarzt zu gehen und ihm von meinem Pro-

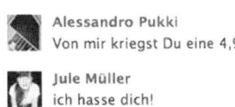

Alessandro Pukki
Von mir kriegst Du eine 4,9

Jule Müller
ich hasse dich!

Alessandro Pukki
Von 6? Das ist doch schon echt ganz gut. Jetzt sei mal nicl

Jule Müller
von zehn.

Alessandro Pukki
Oh.

Bitte verzeih

Jule Müller
☺

Alessandro Pukki
Dann eine 7,8

Jule Müller
na, das ist ganz schön optimistisch. aber danke.

Alessandro Pukki
Angemessen. Wegen der Brüste

Jule Müller
die reißens raus oder was?

Alessandro Pukki
Ja, sonst wäre es bei 4,9 geblieben

Jule Müller
hahaha.

okay.

blem zu erzählen. Ihn hätte das wahrscheinlich nicht weiter gejuckt – der hätte sich bestimmt sogar gefreut, dass ich keine Eiterbeule in der linken Augenhöhle habe. Ich hätte Buzzworte wie »Tabletten«, »arbeitsunfähig« und »Pulsadern« eingestreut und von ihm zwanzig Stunden verschrieben bekommen. Zumindest, wenn er mich nicht sofort zwangseingewiesen hätte. Ich bin einfach direkt zur Therapeutin gegangen. Scheiß auf das Geld. Ich habe ja einen Job. Und Therapie ist Wellness fürs Gehirn. Man wird es nicht bereuen. Zumindest erzählt man sich das so. Ich habe unlängst eine Gehaltserhöhung in der Agentur bekommen und jetzt eine Therapeutin. Das ist kein Drama, das gehört heute ja schon fast zum guten Ton. Und zum Erwachsensein. Es ist zumindest die beste Entscheidung, die ich treffen konnte. Das spüre ich. Ich meine, was habe ich schon groß zu verlieren, außer meiner Würde und dem Ansehen in der Gesellschaft? Meine Freunde lieben mich deswegen nicht weniger. Im Gegenteil.

Ich habe keinen Bock auf Socializen? Jeder versteht es.

Ich möchte mir in der Öffentlichkeit akribisch einzelne Haare ausreißen? Jeder ignoriert es.

Ich verspüre das Bedürfnis, mich umherfahren, bekochen und in den Arm nehmen zu lassen? Jeder macht es.

Ich zumindest plane, meinen Bekloppten-Bonus noch lange auszuspielen. Erst mal die erste Stunde überleben – der beschissene Teil einer Therapie.

Sie zeigt auf einen Plastikstuhl. Ich setze mich. Bequem ist das nicht. Na, das kann ja was werden. Ich gucke mich um. Auf dem Tisch sehe ich eine Flasche Wasser, einen Wecker, eine Packung Taschentücher und ein Klemmbrett mit Stift. Wenigstens ein paar Klischees werden mir noch erfüllt.

Die Therapeutin ist vielleicht vierzig und eine Mischung aus Lehrerin und Milf. Ihre vereinzelten grauen Haare in der dichten Frisur lassen sie überdurchschnittlich weise aussehen. Sie ist keine klassische Schönheit, ich finde sie aber toll. Sie redet wie jemand, der sich tatsächlich für meine Probleme interessiert. Wahnsinn.

Sie schenkt mir Wasser ein und fasst dann noch mal die Fakten zusammen, die sie in Telefonaten mit mir gesammelt hat. Ich habe Schüttelfrost. Ich möchte auf keinen Fall etwas sagen müssen. Dann stellt sie mir eine Frage. Jetzt erwartet sie bestimmt, dass ich irgendwas antworte.

Nicht, dass sie denkt, ich hätte einen Dachschaden? Der erste Satz *muss* sitzen. Ich muss sie sofort davon überzeugen, dass ich total alle beisammenhabe. Das ist momentan tatsächlich meine größte Sorge. Sollte ich das mit ihr besprechen, oder ist das, wie wenn man »Google« googelt?

So richtig bekloppt bin ja auch gar nicht.

Okay, ich sortiere Dinge vielleicht zwanghaft nach Farben …

Und ich habe da dieses Problem.

O Gott, ich wusste es! Ich hab nicht mehr alle Murmeln in der Hütte! Schon bald werde ich die Upper und Downer wie Smarties fressen!

Ich breche – auch für mich eher unerwartet – in Tränen aus.

Die Therapeutin reicht mir eines der Taschentücher. Ich putze mir beschämt die Nase. Ich möchte mich verstecken. Es gibt hier aber nichts. Vielleicht ist das der Zweck dieses minimalistisch Mobiliars?

Wir sagen eine Weile nichts. Die Therapeutin nickt langsam und abwesend mit dem Kopf. So, als würde sie nachdenken. Ich gucke auf die Uhr. Sechzig Sekunden vergehen. Das kostet mich 1,60 Euro! Bestimmt sucht sie nicht nach einer Lösung für mein Problem, sondern geht im Geiste die neue Pelz-Lösche-Kollektion nach geeigneten Nerzen durch. Ich räuspere mich. Sie guckt mich an. Dann sagt sie: »Erzählen Sie doch mal, Frau Müller.«

Ich trinke einen extra großen Schluck Wasser, obwohl ich schon jetzt tierisch aufs Klo muss. Hauptsache Zeit schinden. Dann erzähle ich. Sie schreibt auf ihrem Klemmbrett alles wacker mit. Aus Kostengründen spreche ich sehr schnell. Währenddessen frage ich mich, was sie so notiert. In der Schule habe ich auch lieber Sonnen und Vierecke gemalt, als mitzuschreiben. Oder steht da vielleicht sogar schon die Diagnose?

Sie fragt mich nach Männern, Beziehungen. Völlig off-topic. Ich sei zwar momentan allein, das sei aber *gar kein* Problem, lüge ich. Bloß nicht noch mehr potenzielle Gesprächsthemen schaffen. Das kostet ja nur wieder unnötig. Sie erzählt mir außerdem von einer lösungsorientierten Therapieform, die sie in meinem Fall gerne anwenden würde. Klingt wie eine Mischung aus Scharade, Geisterbeschwörung und über glühende Kohlen laufen.

Gar. Keinen. Bock.

»Brauchen Sie eine Pause?« Ich nicke und greife zu den Taschentüchern. Die Tränen laufen mir immer noch über die Wangen. Mir ist heiß, mein Herz schlägt direkt in meinem Hals. Irgendwas tut mir weh. Ich weiß nicht, was, aber es sitzt tief in meiner Brust. Ich nehme noch einen Schluck Wasser, dann gucke ich meine Therapeutin an und nicke ihr zu.
»Was würden Sie Ihrem Vater sagen?«
Wir hatten ihn in unserer Imagination auf den freien Stuhl neben mir geholt. Meine Therapeutin hat damit wohl schon viele positive Ergebnisse erzielt. Da sitzt er nun in meinen Gedanken – mein imaginärer Vater. Er trägt ein blaues Holzfällerhemd aus Flanell, die weißen Haare zum Zopf gebunden, an der Hand einen Ring aus massivem Silber. Ich wage nicht, in sein Gesicht zu gucken.
»Ich würde ihm sagen wollen, dass ich ihn vermisse«, schluchze ich.

»Sagen Sie es ihm ruhig.«

Die Therapeutin zeigt auf den leeren Stuhl. Ich fühle mich dämlich. Ich weine, während ich mit einer imaginären Person sprechen soll. Nach einem tiefen Atemzug traue ich mich.

»Ich vermisse dich. Und es tut mir leid.«

Durch die Tränen, die sich in meinen Augen stauen, sehe ich, dass er mich anguckt. Und er lächelt. Wohlwollend und voller Liebe. Ich möchte aufstehen und ihm um den Hals fallen. Ich weiß, dass er nicht auf diesem Stuhl sitzt. Dann weine ich laut und verberge mein Gesicht in den Händen, die noch das Taschentuch umklammern. Ich bin alleine.

»Ich würde vorschlagen, dass wir nächste Woche an dieser Stelle weitermachen.«

Wir sitzen noch eine Weile schweigend zusammen, bis ich aufhöre zu weinen. Dann gehe ich ins Badezimmer, um mein Gesicht zu säubern. Meiner Therapeutin gebe ich achtzig Euro und verlasse den Ort, an dem mein Vater nicht auf dem Stuhl gesessen hatte.

Als ich aus der Tür rausgehe, fühle ich mich ausgelaugt, verwirrt, erwachsen, arm, aber auch irgendwie stolz. Alles wird gut. Irgendwann.

32.
Ready to fog

Jasmin und Jens können nicht gut alleine sein. Immer, wenn einer der beiden weg ist, ruft der andere an und will was mit mir machen. Heute bin ich mit Jens verabredet. Wir legen im Astra auf und wollen dann ins Berghain. Normale Leute sagen so was andauernd, für uns ist das untypisch. Früher bin ich gerne mal ins Berghain, inzwischen bin ich fast dreißig und kann laute Musik nur noch eine Weile ertragen. Ist vielleicht spießig, aber die Wahrheit.

Im Astra angekommen, packt Jens die CDs aus. Ich tue nur so, als würde ich auflegen, eigentlich bin ich hier, um zu trinken, gut auszusehen und Jens zu entertainen. Außerdem geht niemand so versiert mit der Nebelmaschine um wie ich. Das Konzept der Nebelmaschine ist in etwa so alt wie ich und unschlagbar gut. Auf dem DJ-Pult gibt es einen kleinen Kasten, mit dem man die Intensität und die Intervalle des Nebels steuert. Wenn es betriebsbereit ist, erscheinen auf dem Display die Worte »Ready to fog«. Darüber kann ich jedes Mal lachen.

Jens und Jasmin legen Achtziger-Mucke auf.

»Nur die guten Achtziger«, sagen sie immer, wobei ich den Unterschied zwischen schlechten und guten Achtzigern echt nicht kenne. Ich nehme heute die Wünsche entgegen. Darin bin ich – neben dem Nebel – ziemlich gut. Es läuft Gloria Gaynor mit »I am what I am«. Der erste

Kandidat pirscht sich Richtung CD-Player, weil er sich was wünschen möchte. Es ist so ein Hardcore-Junge mit vielen Tattoos und Plugs.

»Habt ihr auch etwas aggressivere Tanzmusik? Vielleicht was von Rage?« Ich gucke ihn an.

»Against the Machine«, schiebt er nach.

»Wir spielen nur Achtziger«, sage ich.

Er verdreht die Augen und zischt ab zur Bar. Dafür kriegt er direkt im Anschluss Cindy Lauper gedrückt. Vier Minuten später steht ein Mädchen neben mir. Ob wir was von den Backstreet Boys hätten.

»Wir spielen nur Achtziger«, sage ich erneut.

Meine Gespräche der nächsten Stunde gehen in etwa so:

»Ich hätt gerne Spice Girls mit ›Wannabe‹.«
»Wir spielen nur Achtziger!«
»Habt ihr auch was von Aqua?«
»Wir spielen nur Achtziger!«
»Spielt doch mal ›Smells like Teen Spirit‹, bitte.«
»Wir spielen nur Achtziger!«
»Bin gerade erst gekommen. Lief schon was von den Backstreet Boys?«
»Wir spielen nur Achtziger!«
»Einmal ›Teenage Dirtbag‹!«
»Wir spielen nur Achtziger!«
»Ich wünsche mir die Backstreet Boys mit ›Get Down‹.«
»Verpiss dich!«

Nach zwei Stunden härtesten Kampfes an der Front, in der Jens bloß ein paar Knöpfe gedreht hat und in bester Laune schwelgt, weil ich ihm das Fußvolk vom Hals gehalten habe, tippt mir ein Mädchen auf die Schulter. Ich drehe mich zu ihr um.

»Lass mich raten. Was von den Backstreet Boys?«

»Nee. Habt ihr was von Bryan Adams dabei?«

Ich fall vom Glauben ab. Direkt im richtigen Jahrzehnt gewesen! Absoluter Wahnsinn! Ich gebe ihr einen Schnaps aus. Das ist unsere Zukunft. Dieses Mädchen muss sich möglichst oft reproduzieren. Am besten schon heute Nacht. Ich gebe ihr noch einen zweiten Schnaps. Schön Pfeffi – auch gut für die Mundhygiene.

Um ein Uhr rückt die nächste DJ-Schicht an. Ich verbeuge mich zum Abschied vor dem Publikum. Niemand klatscht. Erster Song der neuen Besetzung: »Quit playing Games« von den Backstreet Boys. Die Menge grölt. Ich brech ab. Auf ins Berghain. Ich bin reif für Bongo-Techno, oder was die da sonst so spielen.

Als wir mit dem Taxi vorfahren, möchte ich meinen Augen nicht trauen. Ich hatte schon gehört, dass hier immer viel los ist, aber das? Nein.

»Und ich dachte schon, die Schlange bei Mustafas Gemüsekebab sei lang!«, sage ich zu Jens.

Kurz bin ich versucht, Wasser und proteinreiche Energieriegel an die Wartenden zu verteilen. Aber was kümmern mich die anderen: Hauptsache wir stehen auf der Gästeliste. Der Türsteher sieht das nicht ganz so und will uns auf seinem Klemmbrett partout nicht finden. In einem Anfall von Selbstüberschätzung sage ich:

»Sie werden sich vielleicht erinnern, ich war vor sieben Jahren schon mal hier. Mit Sunny und Jasmin.«

Dabei gucke ich ihm direkt in die Augen. Er knurrt mich an. Nach langen vier Minuten Diskussion lässt er uns endlich rein. Glück gehabt! Sonst wäre mir noch das Berghain entgangen!

Eine burschikose Frau im Eingangsbereich befummelt erst meine Tasche und dann meinen Körper.

»Haste ne Kamera dabei?«, will sie wissen.

Habe ich ausnahmsweise nicht. Aus meiner Handtasche zieht sie mein Telefon.

»Wenn du Fotos machst, fliegst du raus«, schnauzt sie mich pro forma schon mal an.

»Ja klar. Wenn Sie mich so freundlich darauf hinweisen ... Schön haben Sie es hier übrigens. Und wie viele Leute Sie jeden Tag kennenlernen ... Toll! Falls Sie mal in Neukölln sind und Lust auf einen Kaffee haben, melden Sie sich doch. Sie wissen ja, wo ich wohne«, denke ich und gehe schnell weiter.

Aus einem Fenster heraus haut mir jemand so wuchtig einen Stempel auf den Arm, als wolle er ihn dauerhaft dort platzieren.

Nachdem wir unsere Sachen abgegeben haben, stehen wir im Innern der Fabrik. Hier herrscht das fortgeschrittene Luftfeuchtigkeitslevel: Bangkok nach einem Sommerregen. Ich greife meine Ohrstöpsel und brülle Jens zu, dass ich Angst habe und vielleicht doch einfach zu alt sei für Technoclubs. Er zieht mich an der Hand vorbei an ledernen Männern (weniger ist mehr), Eis essenden Mädchen und verschmutzten Tänzern. Hätte ich doch bloß mehr getrunken! Wie konnte ich mich nur so fahrlässig wenig besaufen? Ich meine: ein Drink? Für die Pannebar? Hallo? Wir hechten Stahltreppen hinauf und dann durch die Menge zur Bar. Alle um uns herum trinken Wasser. Ich bestelle widerwillig einen Wodka Cranberry und habe ab sofort keine Hand mehr frei – die eine hält den Drink, die andere hält den Drink zu. Am Ellenbogen schleift Jens mich weiter zum Mischpult. Erste Reihe. Na klar! Warum auch nicht?

Ich sage Linda und ihrem Diskogesicht hallo und werde mit einer Runde Augenbrauen-Breakdance belohnt. Es ist so schrecklich, dass ich kaum hingucken kann.

»Welchen Tag haben wir?«, fragt sie.

»Sonntagmorgen«, antworte ich, Linda hört aber schon nicht mehr zu.

Ist ja auch egal. Es ist der Tag zwischen Freitag und Montag – mehr muss man nicht wissen. Apropos! Ich gucke auf die Uhr. Schon neun Minuten hier. Wow!

»Wir bleiben aber nicht sooo lange, oder?«, frage ich Jens. »Wieso? Die Musik ist doch super!«

»Ach?«, hake ich nach.

»Ja.«

Ich nicke. Dann flüchte ich zur Toilette. Keine Spiegel. Und dafür zahlt man nun keinen Eintritt, ja? Irre. Immerhin ist nicht viel los und die Musik extrem laut. Sehr gut. Ich mag es nicht, wenn andere meine Klogeräusche hören. Offiziell hab ich lieber keine Verdauung. In der Kabine gibt es keinen Haken für die Handtasche. Frechheit. Mir bleiben drei Möglichkeiten.

Erstens: auf den Boden stellen und hoffen, dass alles trocken und keimfrei ist.

Zweitens: um die Schulter lassen und beim Hinhocken den Materialkontakt zwischen Tasche und Klobrille / Spülkasten riskieren.

Ich entscheide mich für drittens: an den Türgriff hängen. Wenn jetzt jemand von außen versucht, die Tür zu öffnen, fällt alles auf den Boden. Dann wäre die Anstrengung umsonst gewesen, und man hätte gleich all seine Habseligkeiten im Urin verteilen können.

Die Klobrille ist leicht besprenkelt. Ich nehme unverhältnismäßig viel Klopapier und wische schnell einmal im Kreis rüber. Draufsetzen tue ich mich trotzdem nicht.

Ich halte einen Sicherheitsabstand von etwa fünf Zentimetern. Je nachdem, wie viel Flüssigkeit man angestaut hat, geht das ganz schön auf die Oberschenkelmuskulatur.

Warum es bei uns Frauen so lange dauert? Deswegen! Weil wir erst mal putzen und uns häuslich einrichten müssen. Nun ist es raus.

Auf dem Rückweg zu Jens versuche ich, keine Nackten zu berühren. Während ich mit meinem Drink auf der Stelle herumtanze, bestaune ich vom Dancefloor das Panorama der gefühlt Tausenden Wartenden vor dem Club.

»Wie viele Leute passen hier rein?«

»Circa dreitausend? Im Durchlauf?«, schätzt Jens.

3000 Leute mal 3 Tage mal 14 Euro minus Sven Marquardts (also dem Türsteher seine) Gage ... Das macht in etwa ... Also Pi mal Daumen ... Da muss man ja Punkt vor Strich ... Ach verdammt, kann ich nicht rechnen, aber: viel Geld!

Beeindruckt stelle ich meinen leeren Drink am Fenster ab. Ein kleiner, vielleicht italienischer Mann tippt mir auf die Schulter.

»Kennst du Olli?«

Ich schüttle den Kopf.

»Willst du mit auf die Toilette kommen?«, fragt er weiter.

Herrje, kann man denn nicht einmal gemütlich im Berghain zu Techno tanzen, wie man es so liebt?

»Nee, ich war gerade schon pinkeln«, sage ich und gehe zurück zu Jens.

Vor ein paar Jahren war das alles hier irgendwie noch genau mein Ding. Da habe ich mal eine kichernde Polonäse durch den Darkroom geführt und bin deswegen rausgeflogen. Ich fand es spannend, die Abgründe der Partykultur zu beäugen, während ich einen Drink nach dem nächsten kippe. Und es war ein Erlebnis, um zehn Uhr morgens aus der Gruft in die Sonne zu treten und fast zu Staub zu zerfallen.

Heutzutage frage ich mich, wie alt diese ganzen kleinen Mädchen sind, die hier drei Tage am Stück abhängen, und ob die alten Männer alle keinen Beruf haben. Ich empfinde Mitleid und das unbändige Bedürfnis, am Eingang Kondome und Infoblätter zum Thema Ketamin zu verteilen.

Nach 47 Minuten ist Jens auch endlich am Ende mit den Nerven. Es ist ja auch schon drei Uhr durch! Wir machen einen Polnischen (als würde es jemandem auffallen), schlendern vorbei an der immer noch kilometerlangen Schlange und steigen ins Taxi. Nächstes Mal teilen wir uns vielleicht einfach wieder eine Flasche Rotwein auf dem Sofa.

33.
Der Lady-Diana-Puzzle-Test

Berlin-Neukölln | Alter: 28

Ich starre in meinen Kalender. Ich hatte seit einem Jahr und 22 Tagen keinen Sex. Für die einen ist es Jule, für die anderen der längste Single der Welt. Wie zur Hölle konnte das nun wieder passieren? Ich bin doch in der Blüte meines Lebens! Ich sollte mich anständig durch die Gegend vögeln!

Ich selbst habe es ehrlich gesagt noch nicht mal gemerkt. Jens hat mich mit den Worten »Du solltest dringend mehr gebumst werden« auf den Missstand hingewiesen. Mein Körper hat schon abgeschlossen mit Sex. Er schreit nach nichts außer der wohligen Vertrautheit von Schokolade und Sofa. Es liegt auf der Hand: Ich brauche eine Affäre. Kann ja nicht so schwer sein. Ich bin schließlich weder dumm noch überdurchschnittlich hässlich. Ich habe Brüste, sogar zwei davon, das sollte ja wohl ausreichen!

Ich hab ja keine Ahnung, wie groß meine Brüste sind. Ich quetsche mich seit Jahren mehr oder weniger erfolgreich in 80 D – das Größte, was es bei H&M so gibt.

Deshalb bin ich im KaDeWe, um mich obenrum mal professionell vermessen zu lassen. Beim Anblick meines getigerten Billig-Büstenhalters ist die Mutti mit Maßband nur wenig erfreut. »Passt ja eher nicht so, oder?«, fragt sie vorwurfsvoll.

Ich senke den Kopf. Dann sprintet sie los und bringt einen Arm voller schwarzer T-Shirt-BHs zurück, die von ihrer Größe her an doppelte Obstschalen erinnern. Einen nach dem anderen ziehe ich an, bis sie irgendwann zufrieden ist. Wir haben was gefunden. Ich gucke auf den Waschzettel. 75 E. E??? Wie konnte ich bis jetzt überleben, ohne ständig vornüberzukippen? Ich betrachte meine Brüste im Spiegel. Sie sehen wirklich nicht sehr groß aus. Irgendwie angemessen. An mir ist ja sonst auch alles eher riesig. In den Adidas Sleek Hightops habe ich eine 43 1/3. Muss man sich mal vorstellen! Als Mädchen! Die fallen aber wirklich auch sehr klein aus.

Auf jeden Fall ist es jetzt offiziell: Ich habe große Brüste. Es ist sicher nur eine Frage der Zeit, bis ich große, hängende Brüste haben werde.

Wenn ich Männer kennenlerne, was echt nicht so oft vorkommt, dann benutze ich gerne meine eigens angefertigte Checkliste, um den Schrott schon frühzeitig auszusortieren.

Wer kennt es nicht? Man steht im Club, an der Supermarktkasse oder im Solarium und – zack – verliebt man sich in einen muskulösen Typen mit Tattoo auf dem Hintern. Man trinkt sich einen an, hat Sex, dann Kinder, Bausparvertrag und Hochzeit. In dem Trubel vergisst man oft, sich die elementarste aller Fragen zu stellen: Hat der überhaupt alle Tassen im Schrank?

Das ist gefährlich, denn mit ziemlicher Sicherheit sitzt man zwanzig Jahre später mit einem sabbernden Kleptomanen fest, der von sich nur in der dritten Person spricht. Reine Zeitverschwendung.

Auch ich habe einige falsche Personen gedatet und dabei wertvolle Jahre verloren, in denen ich hätte so viel erledigen können … Kein Wunder, dass die Steuererklärung ewig liegen blieb.

Am besten trägt man immer ein paar Kopien der Checkliste in der Clutch. Wann und wie man die Liste ausfüllt, ist Geschmackssache. Ich arbeite da gerne mit mindestens einer Exfreundin und mit der Mutter des potenziellen Sexualpartners zusammen. Wer nicht so viel Zeit hat, kann das auch nach der Party in der Tram auf dem Weg zu ihm erledigen. Wichtig ist, dass die Fragen ohne wertenden Unterton vorgelesen werden. Wir unterstellen nichts. Wir sind frei von Vorurteilen und anerzogener Skepsis. Es sollte eine Atmosphäre des Vertrauens und der Ungezwungenheit geschaffen werden. Falls das schwerfällt, hilft in der Not ein Becher Absinth.

Die Liste ist in drei Bereiche unterteilt, die aus je fünf Fragen bestehen. Angefangen wird mit den Basics. Die Fragen werden im Verlauf immer schwieriger. Wird auch nur eine der Fragen mit »Ja« beantwortet, faltet man die Liste ruhig zusammen, gibt dem Gegenüber die Hand und wünscht ihm einen schönen Abend. Später löscht man seine Nummer und alle Verknüpfungen in den sozialen Netzwerken. Ohne Ausnahmen.

1. Allgemeine Lebensumstände

- Bist du jünger als 25 oder älter als 40?
- Wohnst du noch bei deinen Eltern?
- Bist du in einer Beziehung?
- Warst du schon mal bei »Mitten im Leben«?
- Bist du rechtsradikal, Straight Edger, Mormone, PETA-Aktivist oder generell religiös?

2. Körperliche und geistige Fitness

- Nimmst du Anti-Depressiva und / oder Ritalin?
- Liegen in deiner Familie schwere Formen von Erbkrankheiten vor?
- Findest du dich selbst überdurchschnittlich schön / hässlich?
- Kaufst du an Silvester Böller für mehr als zehn Euro?
- Hand aufs Herz: Pinkelst du dich manchmal nachts ein?

3. Popkulturelle und sexuelle Vorlieben

- Hast du alle Bände von Harry Potter gelesen?
- Ist das hier eigentlich deine Céline-Dion-CD?
- Fühlst du dich manchmal zum Briefträger, dem Nachrichtensprecher oder deinem kleinen Neffen hingezogen?
- »Two Girls one Cup« war echt ein super Film, oder?
- Findest du mich zu dick???

Wenn man ihn bis hier noch nicht zu einem Ja hat bewegen können, folgt die Zusatzfrage: Wie viel ist drei plus drei? Das ist eine Fangfrage. Die Antwort muss »sechs« lauten.

In den ersten Jahren kann das häufige Durchfallen von hübschen und vermeintlich tollen Männern an den Nerven zehren. Mein persönliches Mantra:

Eines Tages wird er kommen – der Mann, der zu allem Nein sagt.

Wenn jemand den Test besteht, beginnt ein zweiter, noch viel schwierigerer Test. Der gefürchtete Lady-Diana-Puzzle-Test. Nach der ersten gemeinsamen Nacht (in der man, jeweils im Rahmen der eigenen Möglichkeiten, keinen Sex hatte) holt man besagtes Puzzle unter dem Bett hervor. Das Motiv ist austauschbar, ich habe mich für die Königin der Herzen entschieden, Tierbabys oder alles von Disney würde aber auch gehen. Und dann sagt man: »Puzzeln wir das mal zusammen?« Man muss es dazu übrigens nicht wirklich puzzeln wollen. Die Reaktion verleiht Aufschluss über die Brauchbarkeit des jeweiligen Bettpartners.

Hundert Prozent meiner besten Freundinnen raten mir vom Gebrauch dieses Tests bei Männern dringend ab. Ich verstehe nicht, warum. Wahrscheinlich fürchten sie, dass ich so auch noch die letzten zwei brauchbaren Typen auf Erden verschrecke. Ich sehe es etwas differenzierter.

Es geht nicht um das blöde Puzzle. Das letzte rührte ich vor etwa sechs Jahren an. Es war der Buckingham Palace in 3000 Teilen. (Man merkt den roten Faden bei der Motivwahl.)

Es geht darum, dass ich toll gefunden werden möchte. Ich könnte auch vorschlagen, zusammen den Abfluss im Bad von Haaren zu befreien oder die verstaubten Blätter meiner Zimmerpflanzen abzuwischen. Gemeinsam. Und das ist der Punkt. Wenn ich nicht mal gewillt bin, bei der Freizeitgestaltung minimale inhaltliche Abstriche in Kauf zu nehmen, um mit der anderen Person Zeit zu verbringen, dann ist doch auch der Rest überflüssig. Außerdem löst man bei so einem Puzzle 999 kleine Probleme. Gemeinsam. Das muss doch zusammenschweißen?

Da seit Jahren niemand auf die Lady-Diana-Puzzle-Test-Frage mit Ja geantwortet hat, bin ich inzwischen etwas ratlos. Um innerlich nicht völlig zu vertrocknen, beschließe ich: Heute suche ich mir irgendwen. Komme, was wolle. Ich gehe mit den Herz-Mädchen auf eine Privatparty, ich trinke Schnaps, vielleicht ist Resteficken eine Option? Das Leben ist ja eigentlich zu kurz für schlechten Sex. Aber das Leben ist auch zu kurz für gar keinen Sex. Fakt.

Früh am Morgen – ich habe natürlich noch niemanden zum Angrabbeln gefunden – sitzen wir noch zu fünft in der verwüsteten WG-Küche im Friedrichshain. Und dann steht die Erste auf und geht schlafen. Ich gucke auf die Uhr, es ist sieben. Die anderen beiden fangen an rumzumachen und gehen dann auch ins Bett. Ich bin total besoffen. Da setzt sich so ein Typ neben mich aufs Sofa. Er ist auf jeden Fall viel zu jung für mich. 23 vielleicht, hat aber ein sehr hübsches Gesicht und einen guten Körper. Leicht prollig, eventuell auf Drogen.

Er: Jetzt sind nur noch wir beide übrig.
Ich: Hmm.
Er: Hast du nen Freund?
Ich: Nee.
Wieder ich: Hast du ne Freundin?
Er: Nein.
Ich: Hmm.
Er: Hast du Kondome?
Ich: Ach, schlafen wir jetzt miteinander?
Er: Ich dachte?
Ich: Können wir erst mal rummachen?
Er: Hier in der Küche?

Ich: Wo denn sonst?
Er: Da hinten in dem leeren Zimmer?
Ich: Weißt du, wer da wohnt?
Er: Nö.
Ich: Okay.

Und dann gehen wir rüber in dieses Zimmer, keine Ahnung von wem. Auf dem Boden liegt eine Matratze. Die Vorhänge sind offen, draußen ist es schon hell. Irgendwo steht ein Schreibtisch, ein paar T-Shirts und Kram liegen rum. Eindeutig ein Jungszimmer. Wir versuchen, uns alles einzuprägen in unserem Suff, damit wir die Details später wieder richten können und der Besitzer des Zimmers keinen Verdacht schöpft. Wie die Bettdecke liegt und auf welcher Seite die Vorhänge sind und so. Ist auf jeden Fall schwierig um die Uhrzeit. Der Raum dreht sich auch konstant.
Dann ziehen wir uns aus. Der Junge trägt enge Boxershorts mit Superman drauf. Passt irgendwie zu ihm. Und dann haben wir Sex. In dem Bett von irgendjemandem. Und ich kann es noch. Echt verwunderlich.
Zwischendrin sagt er: »Hast du schon mal so muskulöse Oberschenkel gesehen?«, und zeigt mir seine Beine. Aber er sagt das nicht so eingebildet, sondern irgendwie lieb. Neutral. Als hätte er gesagt: »Guck mal, ich hab nen Marienkäfer auf der Hand.«
Danach richten wir den Raum wieder so her, wie er war. Oder wie wir denken, dass er war. Ich stehe in der Mitte des Zimmers und gebe ihm Anweisungen. Dann gehen wir wieder in die Küche, legen uns aufs Sofa und pennen ein. Als wir später aufwachen, muss er los. Er küsst mich noch mal und ist dann weg.

Später wache ich auf und denke: Ist das jetzt wirklich passiert? Vielleicht waren wir beide betrunken, aber das zählt auf jeden Fall! Damit kann ich eins a vor den Mädchen angeben. Ich bin zufrieden.

Ich habe den Superman und seine Schenkel nie wieder gesehen.

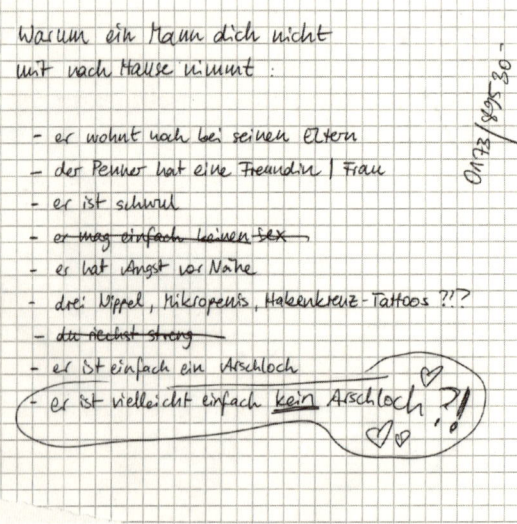

34.
Diagnose: Rücken.
Behandlung: Sport.

Berlin-Kreuzberg | Alter: 28

Ich liege, mit dem Blick zur Decke, beim Arzt auf der Pritsche. Der soll sich mal meine Rückenschmerzen angucken.

»Und jetzt, Frau Müller, heben Sie mal Ihren Oberkörper, ohne Ihre Hände zu benutzen, bis Sie aufrecht sitzen.«

Ich schmeiße meine Bauchmuskeln an und erhebe mich aus meiner Liegeposition. Zumindest geistig. In echt passiert genau nichts, außer dass sich meine Augen zusammenkneifen und ich mich angestrengt stöhnen höre. Mein Körper bewegt sich kein Stück, ich lasse wieder los.

»Und da haben wir auch schon genau das Problem. Sie können sich wieder anziehen. Kommen Sie, ich helfe Ihnen hoch.«

Wie peinlich mein Leben manchmal ist. Zum Glück hat er mich nicht auch noch nach Liegestützen gefragt. Und hoffentlich nimmt der das mit der ärztlichen Schweigepflicht genau.

Die Diagnose ist einfach: Rückenschmerzen durch Muskelschwund durch Faulheit.

Die Behandlung auch: Sport.

Mit Sport hatte ich es leider noch nie so. In der Schule wurde ich mit Schwebebalken und Rolle rückwärts und Brennball gequält. Mich wollte auch nie jemand in seiner Mannschaft haben. Ich schwänzte deshalb große Teile des Sportunterrichts.

In den letzten Jahren habe ich es ab und zu mal mit Sport versucht – ich war ein halbes Jahr im Fitnessstudio an den Geräten, dann ging ich eine Weile schwimmen oder auch mal Rad fahren. Hauptsächlich Sport, wo mir niemand sagte, was ich zu tun hatte und was ich falsch machte.

In letzter Zeit reden alle ständig und immer vom Yoga. Aber das ist nichts für mich.

Ich bin über 1,80 m und so gelenkig wie ein Kochlöffel. Ich habe, wie beim Arzt bewiesen, weniger Muskeln als ein Komapatient. Wenn ich mit durchgestreckten Beinen versuche, den Boden vor meinen Füßen mit meinen Fingern zu berühren, knackt es im Kreuz, und ich bleibe auf halber Strecke stecken. Ich habe die Knochen einer Frührentnerin.

Es ist ja nicht so, als hätte ich das nicht ausprobiert. Power Yoga bei Fitness First an der Schönhauser Allee.

Ich lag eingeklemmt wie eine Sardine zwischen Jasmin und Jan und fünfzig Verrückten und konnte mich bei der anfänglichen Entspannungsphase kaum halten vor Lachen. Ommmmmm. Der Humor verging allerdings schnell, als ich nach fünf Minuten halbherzigem Sonnengruß schon keine meiner Gliedmaßen mehr spüren konnte. Vladimir, der russische Vorturner, hatte es auf mich abgesehen. Wahrscheinlich, weil ich anfangs zu laut gekichert hatte. An meinem Beispiel zeigte er dem ausgebuchten Kurs voller gestählter Powerfrauen mit bunten Einteilern, wie man es am besten nicht machte.

Ich fühlte mich wie eine Taubstumme bei der Bandprobe. Relativ schnell lag ich nur noch flach auf der Matte und kämpfte mit den Tränen, während meine Freunde links und rechts von mir eisern immer wieder den sterbenden Hund durchchoreographierten.

Das war der Tag, an dem ich mein Fitness-Selbstbewusstsein verlor. Vladimir hatte mich gebrochen. Ich würde nie wieder einen Yogakurs betreten. Bis dass der Tod mich ausschied.

Denn Yoga besitzt ein grundsätzliches Problem: Es ist Sport.

Heute, Jahre nach jenen traumatischen Erlebnissen, traue ich mich, auf Anraten meiner Mutter, noch mal. Abgesehen von den unerträglichen Rückenschmerzen, habe ich das Gefühl, dass der Erdkern irgendwie an meinen Brüsten zieht und so viel, wie ich am Schreibtisch hocke, kann das alles auch nicht gerade besser werden. Meine Mutter geht schon seit Jahren zum Yoga und ist deswegen voll fit. Also für ihr Alter.

Als ich aus dem Büro losmuss, kommt ein unerwarteter Anruf rein. Alles verschiebt sich. Ich verpasse die U8 Richtung Sportstudio, finde dann in Kreuzberg die Straße nicht, weil mein Navi auf dem Handy streikt und ich ohne verloren bin. Ich komme viel zu spät an und sehe die Frauen durch das Schaufenster schon das Om sprechen. Und traue mich nicht mehr rein. Und denke: Welch Ironie. Nicht mal diese eine Sache, die mir Ausgleich zum Job schaffen soll, kriege ich hin. Meine erste, ernstgemeinte Stunde Yoga, mein erster Schritt in eine bessere Zukunft, und ich stehe völlig außer Atem vor der Tür. Im Schnee. Im

November. Und mein Rücken tut weh von der schweren Tasche, die ich trage.

Ich setze mich auf eine Treppe. Eine halbe Ewigkeit hocke ich im Schnee. Und heule. Meine Mutter sehe ich durch das große Fenster minutenlang einen Kopfstand machen. Trost. So nah und doch so fern.

Als ich meine Finger nicht mehr spüre, schleppe ich mich in die Kneipe an der Ecke. An der Bar bestelle ich das größte Glas Merlot, das angeboten wird. Mit verschmiertem Gesicht und zittriger Stimme. Hilft ja nix. Hier warte ich auf meine Mutter. Saufenderweise. Während sie die Sonne grüßt.

Es läuft Staind »It's been awhile«. Blöde Musik, blöder Rücken, blöde Arbeit, blödes Yoga, Scheißschnee! Ich hasse die Welt.

Nach zwei Minuten Zwiegespräch mit dem Wein rückt ein Mann näher an mich ran. Ob ich öfter da sei, will er wissen. Er hat keine Haare mehr, und sein Bauch streift die Theke. Die Tränen sind noch nicht ganz getrocknet, aber ich muss lachen. So richtig. Er lacht mit. Ich erkläre ihm, dass ich leider gerade meine Ruhe bräuchte, und er rückt wieder ab. Ich bin ihm sehr dankbar.

Eine Stunde später kommt meine Mutter durch die Tür,

die Haare verschwitzt, die Wangen gerötet vom Yoga. Und dann trinkt sie Wein mit mir, und ich erzähle. Von meinem Rücken. Und von dem Scheißschnee. Und bin glücklich, dass es sie gibt. Und dass sie mich auch liebt, wenn ich sie Kopfstand machen lasse, während ich Wein saufe.

Mütter. Gotta love them.

35.
Weihnachtsmann vs. Nikolaus

Berlin Neukölln | Alter: 28

Neulich saß ich in der Deutschen Bahn auf dem Weg von Berlin ins schöne Hamburg. Da das gleichmäßige Schaukeln und Rattern des Wagens auf mich immer eine äußerst beruhigende Wirkung hat, schlief ich.

Dann hörte ich jemanden in meiner Nähe sprechen. Die Ticketkontrolle witternd, öffnete ich widerwillig die Augen und sah einen Mann. In Bauchnähe wohlgeformt, mit weißem Rauschebart und Bommelmütze – es bestand kein Zweifel an seiner Person, es war der Weihnachtsmann. Er hielt mir eine Mini-Schokoladen-Version von sich selbst hin. Ich griff zu. Das Aufwachen hatte sich gelohnt.

»Vielen Dank, lieber Weihnachtsmann«, sagte ich.

»Ich bin der Nikolaus«, antwortete er mir.

»Du siehst aber aus wie der Weihnachtsmann.«

»Ich bin aber der Nikolaus.«

Dann ging er aus meinem Abteil, der Weihnachtsmann, äh Nikolaus. Ich guckte auf das Geschenk in meiner Hand. War das jetzt kein Schokoweihnachtsmann, sondern ein *Schokonikolaus?*

Und wenn der Weihnachtsmann nicht der Nikolaus ist, warum sehen sie dann genau gleich aus? Würde da nicht einer von beiden sagen: »Hey, zieh du ruhig den roten Anzug an, ich geh dann für Blau. Ist ja sonst verwirrend für die Leute«? Oder: »Ich lasse besser mal nur den Schnäuzer stehen, behalt du doch den Vollbart, Kumpel«?

Es gibt nicht viele Möglichkeiten:
- Einer von beiden streift als Copycat durchs Leben
- Die beiden sind eineiige Zwillinge, die es lieben, sich gleich zu kleiden
- Der Weihnachtsmann und der Nikolaus sind dieselbe Person
- Zufall

Und wer zum Henker ist eigentlich dieser Knecht Ruprecht? Ich bin hochgradig verwirrt. Wen soll ich denn jetzt zukünftig in meine Bude lassen? Den Dicken, der sich Zugang über den Schornstein verschafft? Den Typen, der völlig obsessed mit Schuhen ist? Oder doch lieber das kleine Kind im weißen Kleid?
Beziehungsweise: Wer von denen hat denn nun offiziell meine Geschenke?
Ich frage Google. Google weiß die Antwort. Jetzt weiß ich, wen ich das nächste Mal für den hässlichen Kram unter dem Baum zur Verantwortung ziehen kann.

Nikolaus

Der Nikolaus ist viel älter als der Weihnachtsmann und hätte damit klamottentechnisch eigentlich schon mal Vorrecht. Er wurde im 4. Jahrhundert irgendwo in der Türkei geboren und war ein außerordentlich spendabler Kirchenmann. Zum Beispiel rettete er drei junge Frauen vor der Zwangsprostitution, indem er ihnen die zur Heirat fehlende Mitgift in Form von goldenen Dönern durchs Fenster warf (ohne Knoblauch). Auf diese Geschichte geht die heute gängige Schuhbefüllung zum 6. Dezember zurück. Auch praktisch (zum Beispiel für nach dem Gänsebraten): Er kann Tote zum Leben erwecken.

Knecht Ruprecht

Knecht Ruprecht sieht aus wie eine Mischung aus Ronja Räubertochter und den sieben Zwergen. Er ist die Ausgeburt des Bösen und wird dem Nikolaus zur Seite gestellt. Er agiert auch unter den Namen Bartl, Klaubauf, Krampus, Butzenbrecht, Schwarzer Peter, Bullerklas, Hans Trapp oder Schmutzli. Den sollte man auf jeden Fall *nicht* reinlassen, wenn er an die Tür klopft, denn er öffnet dann seinen Mantel und wedelt mit seiner Route. Soweit ich weiß, ist das eh verboten.

Weihnachtsmann

Das ist nun also der Onkel, der mir persönlich früher die Geschenke gebracht hat. Seitdem ich einmal einen Freund meiner Eltern als Weihnachtsmann entlarvt habe, weil ihm der Bart immer vom Gesicht rutschte, weiß ich, dass es ihn nicht gibt. Ich habe es mir zur Aufgabe gemacht, mein Wissen zu verbreiten. Vor allem kleine Kinder reagieren auf die News in der Regel sehr dankbar.

Christkind

Dieses Kind hat sich über die Jahrhunderte vom kleinen Baby-Jesus in eine blonde, geschlechtslose Engelsgöre gemorpht, ist katholisch und deswegen hauptsächlich in Süddeutschland, dem deutschsprachigen Ausland und dem Ostblock zugegen. Deswegen habe ich es in Berlin noch nie gesehen. Aber macht ja Sinn, dass man sich die Regionen etwas aufteilt. Auf jeden Fall finde ich es unverantwortlich, dass ein minderjähriger Kurier mit so vielen Wertgegenständen durch die Weltgeschickte tingelt. Außerdem: Ist Kinderarbeit nicht was für die Dritte Welt?

36.
Bratenspritze ins Glück

Rolfi ist ziemlich sicher der schönste Mann der Welt. Wenn er mir gegenübersitzt, möchte ich ihn grundsätzlich und immer im Gesicht berühren. Am liebsten ruht mein Arm auf seiner Schulter, während sich meine Finger durch seine Locken im Nacken kraulen. Rolfi managt zwei Restaurants in Berlin. Das eine ist für seine delikaten Steaks und Celebrity-Gäste bekannt, das andere für den Michelin-Stern und legendäre Cocktails. Ich habe nicht viel gemeinsam mit dem Durchschnittsbesucher seiner Lokale. Dass die mich da überhaupt mit Sneakern und Hoodie reinlassen, wundert mich. Manchmal stellt Rolfi mir Leute vor, die um ihren Hals ein Tier baumeln haben und über Kunst reden. Dann gibt es Küsschen und Champagner, und ich lächle höflich. Wenn ich gefragt werde, was ich mache, sage ich immer »Fotografin und Autorin«. Dass ich noch nie ein Buch veröffentlicht habe und die Fotoaufträge auch nicht gerade auf mich herabregnen, sage ich nicht. Klar.

Manchmal, wenn ich mit Rolfi lunche, überschlage ich, was Essen und Getränke eigentlich kosten würden. Das bereitet mir Unbehagen. Rolfi sagt immer, das dürfe ich nicht so sehen. Ich sehe es aber so.

Rolfi mag es nicht, wenn ich für irgendwas Geld ausgeben muss. Er lädt mich immer und zu allem ein. Ich weiß, dass es ihm Spaß macht, aber wir streiten uns oft darüber.

Deswegen tut er so, als ginge er auf die Toilette, und zahlt heimlich. Dabei habe ich auch Geld. Manchmal zumindest.

Rolfi ist Schweizer. Wenn er mit seiner Familie telefoniert, verstehe ich kein verdammtes Wort. Selbstverständlich hat er eine Vorliebe für teure Kosmetik und guten Bergkäse. Sein Käsefondue ist sagenumwoben.

Ich lernte ihn vor ein paar Wochen in einer Bar am Kotti kennen. Ein gemeinsamer Freund stellte uns vor. Ich war sofort verliebt. Wir tranken einen Wodka Rhabarber zusammen, dann einen zweiten und dritten, und ich konnte meinen Blick nicht von ihm abwenden. Er war witzig, charmant, klug, gut gekleidet, tanzte wie ein Weltmeister. Wir tänzelten Hand in Hand durch die schwitzende Menge. Ich fragte ihn, ob ich ihn behalten dürfe. Und er willigte ein. Es war Magie.

Zwei Tage danach flog er für eine Weile nach Hause in die Schweiz. Ich setzte mich spätabends in ein Taxi und fuhr ans andere Ende von Neukölln, um ihn zu sehen. Er öffnete eine Flasche Champagner (Note to self: Kann man echt nicht so gut exen, das Zeug), und ich half ihm dabei, zu packen. Er war sehr ordentlich. Er verstaute seine Schuhe in Stoffbeutelchen und faltete seine Hemden präzise. Ich hatte Fieber, war betrunken und glücklich.

Nach seiner Rückkehr gingen wir auf Dates. Wir aßen oft bei seinem Lieblings-Italiener, und dann gab es Wein und Pasta mit Trüffeln. Wir erzählten uns unsere Lebensgeschichten und guckten Filme auf dem Sofa. Dabei kuschelte ich mich in seinen Arm. Es kribbelte in meinem Magen.

Rolfi war mein neuer Mann. Eines Abends fragte er mich, ob ich auch mal Kinder wolle. Meine Uhr tickte vielleicht noch nicht sonderlich laut, aber irgendwann würde sie es. Noch nie zuvor hatte ich jemanden getroffen, mit dem ich mir ernsthaft eine Familie vorstellen konnte. Mit Rolfi konnte ich es. Und es war mir völlig egal, dass er schwul war.

In meiner Gegenwart würde er niemals einen hochkriegen. So viel ist sicher. Da helfen nicht mal Aftershave und Umschnalldildo. Ich könnte mich nach einer Magnumflasche Champagner vielleicht lockermachen, wobei ich mir da auch nicht sicher bin. Nein, der natürliche Verkehr ist ausgeschlossen, das müssen wir irgendwie anders lösen. »Turkey Baster«, sagt Rolfi trocken. Er meint diese große Plastikpipette, mit der man den Braten in der Röhre (pun intended) mit Fett benetzt. Eine sogenannte Bratenspritze. Erscheint auch mir die einzig wahre Methode der Selbstbefruchtung zu sein. Wozu brauchen wir einen Arzt, wenn wir auch alles in der Haushaltsabteilung bei REWE finden?

Ich erzähle meiner Mutter auf einer Parkbank in Kreuzberg von unseren Plänen. Ich gehe davon aus, dass sie die Idee weder besonders für gut durchdacht hält noch ernst gemeint betrachten wird. Sie strahlt mich an: »Moderne Zeiten erfordern moderne Wege. Beziehungen gehen ständig in die Brüche, richtige Freundschaften selten. Zwei Wohnungen auf einem Stockwerk wären perfekt dafür. Habt ihr schon was in Aussicht?« Ich staune. Sie wünscht sich dringender einen Enkel, als ich dachte. Und hat offensichtlich die Hoffnung aufgegeben, dass mich ein normaler Mann irgendwann mal schwängern wird.

Denn wenn wir mal ehrlich sind: Es gibt einfach keine guten Männer in Berlin. Und wenn, dann sind sie vergeben oder eben schwul. »Wenn ich auf Mädchen stehen würde, hätte ich dich schon längst geheiratet«, hat Rolfi neulich mal gesagt. Und ich glaube ihm.

Ich sehe mich im Alter nicht mit einem ergrauten Partner auf der Veranda sitzen und Stachelbeeren essen. Ich könnte mir für den Lebensabend eher das Konzept Oma-WG vorstellen. Mit meinen drei Herz-Mädchen zum Beispiel. Dann kann die eine den Krankenwagen holen, wenn die andere aus dem Bett fällt. Und die Pflegerin muss nur eine Küche feucht durchfeudeln. Ich weiß gar nicht, warum die einsamen Alten der Kriegsgeneration das nie gemacht haben. Stell ich mir auch eh spannender vor, wenn man das Kreuzworträtsel in der *Sybille* zu zweit oder dritt lösen kann und nur abwechselnd die Katze bürsten muss. Der Gedanke an eine solche WG ergibt einfach Sinn.
Ich habe einen unbändigen Glauben daran, dass ich ein tolles Leben haben und niemals allein sein werde. Mein Glück wird aber nicht abhängig von Männern sein. Und wenn ich mir die Halbwertszeit von Beziehungen in meinem Umkreis angucke, dann erschließt sich mir der Gedanke völlig, dass zwei Menschen ein Kind miteinander bekommen, die sich lieben, aber eben nicht körperlich. Zwei Menschen, die nicht eifersüchtig sind, wenn der andere mit irgendwem Sex hat. Zwei Menschen, die trotzdem an das Konzept der Familie glauben, weil es eine feste Säule in unser aller Leben darstellen sollte. Zwei Menschen, die eine Patchworkfamilie gründen, ohne dass man sich jemals trennen wird. Meiner Meinung nach brauchen Kinder nämlich vor allem eines – bedingungslose Liebe.

Inzwischen habe ich neben der Arbeit in der Agentur damit angefangen, mich etwas kreativer zu betätigen. Ich habe eine neue, monatliche Kolumne in einer Musikzeitschrift, leider nur online, aber immerhin. Außerdem wurde ich schon ein paar Mal als Fotografin gebucht. Für Festivals und für Hochzeiten. Ich habe weder das Schreiben noch das Fotografieren so wirklich gelernt, aber es macht mir unfassbaren Spaß. Ich bin auch fest davon überzeugt, dass es weniger auf die Technik und viel mehr auf die Leidenschaft ankommt. Was nützt einem das Wissen, welche Blende man mit welcher ISO paart, wenn einem der Blick für Momente fehlt? Darin bin ich gut, das möchte ich ausbauen. Ich werde einfach Autorin und Fotografin.

Wäre auch super für unseren zukünftigen Sprössling.

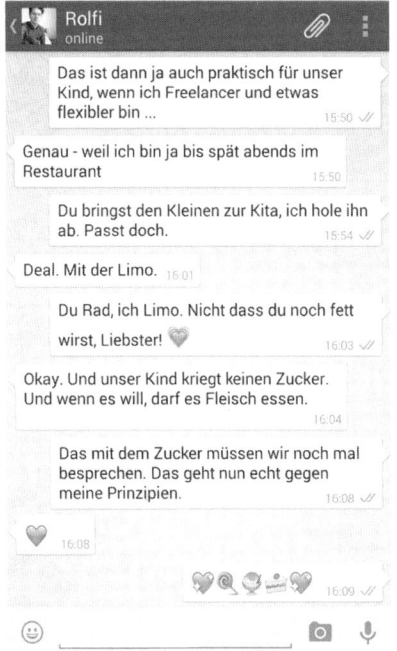

37.
Nur für den Klick
für den Augenblick

Berlin-Neukölln | Alter: 28

Samstag, 11. Februar

Ich bin bei Matze zu Hause. Matze benutzt Facebook täglich. Auf seinem Homescreen sehe ich an die siebzig rote Notifications glitzern. Sofort überkommt mich der Drang nachzusehen, was sich hinter dem kleinen Tor des Glücks verbirgt. Matze selbst bleibt beim Anblick Zen-artig unbeeindruckt.
Ich: »Wow. Bei dir geht's ja ab.«
Er: »Wieso? Was ist das?«
Ich: »Deine Notifications?«
Er: »Ach so. Ja. Checke ich nie.«
Ich lasse das Thema fallen. Das muss ich erst verdauen. Es gibt also Menschen, für die Benachrichtigungen keinen Punkt darstellen, der sofort und ohne Umwege vom Mauszeiger angepeilt werden muss? Resistenz gegen den schlimmsten Schlüsselreiz der Neuzeit? Ich bin beeindruckt und fühle mich schwach zugleich.

Mittwoch, 15. Februar

Ich habe ein neues Facebook-Plugin. Es ist eventuell ethisch fragwürdig, aber solange nur ich es habe, sehr brauchbar. Ich kann sehen, wer sich wann de- und reaktiviert oder mich komplett aus der Liste der Freunde löscht. Erst durch dieses kleine Tool wird mir bewusst, dass sich einige Menschen in der einen Woche abmelden und in der nächsten wieder zurückkommen. Vielleicht ist die vorübergehende Deaktivierung ab und zu sinnvoll? Beim Gedanken daran beginne ich unter den Armen zu schwitzen. Ich könnte natürlich jederzeit abschalten. Na ja ...

Sonntag, 19. Februar

In einem Café treffe ich Fabian. Dieser beklagt sich über seine kurze Aufmerksamkeitsspanne und den minütlichen Drang, das Telefon zu checken. Lernen ist überhaupt nur noch in einer öffentlichen Bibliothek möglich. Mir geht es ähnlich. Da ich in diesem Café schreiben möchte, lasse ich mir bewusst nicht das Wi-Fi-Passwort geben. Ich bin nicht stark genug, an einem Rechner zu arbeiten, an dem auch ein Facebook-Fenster studiert werden könnte. Trotzdem ertappe ich mich etwa alle fünf Minuten dabei, wie ich auf dem Touchpad in Richtung Chrome unterwegs bin. Kurz vor Klick merke ich, dass ich eh kein Internet habe. Ein Gedanke, der Unbehagen auslöst. Jetzt nicht mein Handy zu missbrauchen verlangt mir alles ab.

Montag, 20. Februar

»Ich muss mehr Yoga machen und weniger facebooken«, schreibt mir Elisabeth. Sie zieht das Thema Deaktivierung schon seit einiger Zeit in Betracht, traute sich aber nie. Bis jetzt.
In einer starken Sekunde schlage ich vor, dass wir es einfach tun. Yoga gegen Facebook. Ob ich es ernst meine, weiß ich selbst nicht. Dann schickt Elisabeth mir einen Screenshot von ihrer Abmeldebestätigung. Es ist zu spät.

Ich muss nachziehen. Jetzt nicht nachdenken, einfach machen.

Das Deaktivieren ist komplizierter als erwartet. Ich muss meine Gruppen und Seiten anderen Administratoren und meine Apps anderen Developern anvertrauen, mein Passwort eingeben, bestätigen, verdrehte, komplett unleserliche Buchstaben identifizieren und nachtippen. Außerdem werden mir Bilder von meinen engsten Freunden vorgesetzt. »Jamba-Jasmin wird dich sicherlich sehr vermissen.« Die Schweine, ey. Je länger der Prozess dauert, desto weniger möchte ich es durchziehen. Aber ich schaffe es. Ich klicke den finalen Button in die Einsamkeit. Und zack – raus bin ich.

Eine Weile starre ich auf den Bildschirm. Ich habe es wirklich getan. Hätte ich jemandem Bescheid sagen sollen? In einem umnachteten Moment denke ich tatsächlich: Ich könnte es bei Facebook posten!

Ach nein. Kann ich nicht.

Nicht, dass jetzt 600 Leute denken, mir sei etwas zugestoßen. Ob es überhaupt jemand merkt? Ob jemand mir schreiben oder mich stalken will? Ob jemand mitkriegt, dass etwa die Hälfte aller Fotos im Netz verschwunden ist? Ob jemand meinen Namen in einem Kommentar verschlagworten möchte und dann denkt, das @ sei kaputt?

Später schreibt mir Jens bei WhatsApp: »Jule, was hat es mit deinem FB-Hiatus auf sich? Schick mir ne Mail.«

Im selben Moment schreibt auch Jan: »Wasndalos???«

Dann flattert eine E-Mail von Rolfi rein: »Sag mal, spinnst du?«

Ich bin ruhig. Innerlich. Den Rest des Tages klicke ich nur einmal auf den Browser, um sofort zu merken, dass es dort nichts Spannendes gibt. Das Foto von Henry und mir beim Lunch würde ich gerne posten. Ich verschiebe es auf nach meine Rückkehr.

Abends esse ich Brote, während ich in der Kinderbibel blättere. Dann wasche ich ab, mache eine Runde Yoga und bespreche vegane Kuchenrezepte mit Elisabeth. Um halb elf bin ich abgeschminkt und im Bett. Da ich nichts mehr bei Facebook zu checken habe, schlafe ich einfach sofort ein. Dingdingding Jackpot?

Dienstag, 21. Februar

Mein Handy läuft und läuft und läuft. Ich nehme das Telefon morgens von der Steckdose und habe *abends immer noch Akku!* Ich fühle mich wie zu Zeiten des Nokia 3310. Es eröffnen sich völlig neue Möglichkeiten. Vielleicht übernachte ich sogar mal woanders? Krass.

Mittwoch, 22. Februar

Ich sitze vor dem Laptop. Aus Ermangelung an sinnvollen Tätigkeiten eröffne ich ein Tagesgeldkonto und überweise mir selbst feierlich hundert Euro. Über die werde ich mich mal sehr freuen, wenn ich fünfzig und arbeitsunfähig bin. Und wo wir schon mal beim Thema Geld sind, könnte ich auch gleich noch welches ausgeben. Ich gehe zu Amazon und klicke eine Yogamatte, einen Bauchmuskeltrainer (wtf?) und eine elektrische Zahnbürste in meinen Einkaufswagen. Gewöhnlich besuche ich vor dem Amazon / Asos / Zalando-Checkout noch mal Facebook, werde abgelenkt, in ein Kommentarfeuerwerk verwickelt, und der Kauf kommt nie zustande. Jetzt ist alles anders. Bauchmuskeln – here I come!

Donnerstag, 23. Februar

»Facebook ist kaputt. Ich kann dir nicht schreiben.« Mir fällt auf, dass die Unerreichbarkeit meiner Person auf Facebook eher auf ein Versagen der Technik zurückgeführt wird als darauf, dass ich freiwillig auf mein Profil verzichtet haben könnte. Zweiter Gedanke der Verlassenen: Die muss ein psychisches Problem haben. Wahrscheinlich wurde sie gerade von einem Typen betrogen und steht kurz vorm Suizid, der nur noch durch eine Facebook-Abstinenz umgangen werden kann.

Freitag, 24. Februar

Ich sitze mit Rolfi in einer Bar. Ich nehme mein Handy, um auf Facebook einzuchecken. Da ich betrunken bin, dauert es einen Tick zu lange, bis ich merke, dass das keine Option ist. Ich suche Trost im Alkohol. Wird eine Sucht immer durch eine andere abgelöst? Heroin vom Methadon, Rauchen vom Fressen und Facebook vom Saufen?

Samstag, 25. Februar

Der Versuch, einen Verlassenen zu beruhigen. Konversation mit Björn per SMS.

Er: »Bist du wirklich weg von Facebook? Mir wird sofort schlecht.«

Ich: »Ich teste momentan meine Grenzen aus – Yoga, Tagesgeldkonto, Facebooklosigkeit, Steckrübenpüree. Vielleicht hilft's ja bei irgendwas. Und mal unter uns: Ich bin bald zurück.«

Er: »Ein Glück! Mir geht's nämlich genauso. Wie kam es bloß zu diesem Schrecken? Thrill? Der Kick für den Augenblick? Verlustangst?«

Ich: »Suchtbekämpfungsmaßnahme. Erstaunlicherweise dreht sich die Welt noch.«

Er: »Letztens hatte ich was Lustiges auf Facebook gestellt. Das hast du voll verpasst. Na dann schicke ich dir immer eine SMS, wenn's was Gutes war. Keine Angst, kommt nicht so oft vor.«

Sonntag, 26. Februar

Mir schmerzt die Schulter. Ich benutze ein Rheumapflaster. Das macht alles nur noch schlimmer. Außerdem habe ich Hunger, und die Küche sieht aus wie Sau. Ich will Mitleid. Das kriegt man im echten Leben ja nur auf Facebook. Jetzt ein paar Likes auf einen beliebigen Status … Ich rufe meine Mutter an. Auch okay.

Montag, 27. Februar

Heute ist meine selbst auferlegte Facebook-Pause eigentlich beendet. Es war eine erholsame Woche. Ich habe viel geschlafen, mit Menschen telefoniert, es geschafft, eine Massenmail ohne Facebook zu versenden, der Welt Strom gespart und in der Bahn Zeit gehabt, die Menschen um mich herum verachtend zu mustern. Irgendetwas hält mich davon ab, mich wieder einzuloggen. Ich verschiebe die Rückkehr auf morgen.

Dienstag, 28. Februar

Ich tu es einfach. Ich logge mich wieder ein.
Nein, ich werde jetzt nicht die sieben letzten Tage runterscrollen. Nein, ich werde nicht sofort alle Bilder posten, die in meinem Handy warten. Nein, ich werde keine Rundmail schreiben, dass ich wieder zurück bin, und Gefahr laufen zu erfahren, dass es eh niemand gemerkt hat.
Zwei Minuten später habe ich Posts auf meiner Wall, Mails im Posteingang, und die Notifications leuchten

wieder verführerisch. Meine Freunde schmeißen mir eine virtuelle Willkommensparty. Ich bin gerührt.

Fazit: Facebook ist schlecht für die Aufmerksamkeitsspanne, ist verantwortlich für die Verkrüppelung sozialer Kompetenzen, hält von den wichtigen Dingen ab, verkürzt die Lebenszeit aufgrund des erhöhten Stressaufkommens, konditioniert das Gehirn und den Daumen auf absurde Weise, begünstigt Stalking, Mobbing und Online-Pädophilie – und ich würde nicht darauf verzichten wollen.

38.
Gutes Herz,
vertrocknete Vagina

Berlin-Neukölln | Alter: 28

Kann mich mal jemand nehmen, schütteln und mir eine reinhauen, damit dieses Dauergrinsen von meiner Visage verschwindet? Ich putze den verkeimten Herd von innen und singe dabei inbrünstig Sinead O'Connors Hit.
»Was verdammt noch mal machst du da und warum hast du so gute Laune?«, fragt Elisabeth mich empört.
Ertappt. »Öhm. Nichts?«

Diese Pille damals in Dresden, die ich mit Rosi genommen habe, hatte haargenau denselben Effekt. Glück. Pures Glück. Allesdurchströmende Liebe. Ausnahmezustand auf ganzer Linie. So wie jetzt gerade.
Und dann, nach Stunden der reinsten Erfüllung, tauchte erstmals ein nagender Gedanke auf: Könnte die Wirkung vielleicht irgendwann aufhören? Muss man das Glück wieder loslassen, verliert man all die Liebe?
Und spätestens als ich mir im Zuge des Runterkommens zitternd die Gedärme durch den Mund herauswürgte, erinnerte ich mich daran, warum man die Finger von verbotenen Früchten lassen sollte. Das hat damals schon nicht mit dem Apfel geklappt, das klappt heute nicht mit Pillen und bis in alle Ewigkeit nicht mit verbotenen Affären.

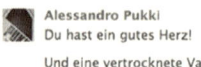
Alessandro Pukki
Du hast ein gutes Herz!

Und eine vertrocknete Vagina.

Jule Müller
ja.

aber ey, ich kann das einfach nicht. hab zu viel gewissen und zu wenig "scheiß drauf" abbekommen.

das endet nur in drama.

Alessandro Pukki
Ich hätte den schon längst richtig krass weggebangt!

Jule Müller
du bist kein maßstab.

Alessandro Pukki
Aber sowas macht man ja auch nicht und ich finde das sehr gut von Dire

Jule Müller
danke.

auf den glitzersticker im muttiheft bin ich sehr stolz.

und jetzt stör nicht weiter, ich muss vibratoren googlen.

Ich hatte noch nie etwas mit jemandem, der in einer Beziehung war. Normalerweise sind vergebene Männer für mich sexuell einfach nicht vorhanden. Weil eine Liaison nicht in Frage kommt. Weil ich Fremdgehen für eine fiese Charakterschwäche halte – egal, ob es nun um den aktiv Bepartnerten geht oder um denjenigen, der bei dem Blödsinn mitmacht.

Nun ist es passiert. Ich habe mich in einen jungen Mann verknallt, der eine Freundin hat. Das ist unerhört, denn es stellt mein ganzes Weltbild auf den Kopf. Früher gab es nur schwarz oder weiß. Jetzt entdecke ich immer mehr Grautöne in meinem Leben. Und die schillern mir so verlockend entgegen, als wären sie aus purem Gold.

Ich habe Menschen immer verurteilt, die in meiner Situation ihren Gefühlen gefolgt sind. Natürlich traue ich mich auch nicht, es den Mädchen zu sagen, weil ich mit dem Moralknüppel zuvor immer ordentlich zugehauen hatte. Nun stehe ich selbst im Fokus meiner Willenskraft. Fuck.

Bei diesem Mann ist einfach alles anders. Wir trafen online aufeinander und lernten uns dann zufällig auch in der Realität kennen. Er guckte mich an, und ich verlor mich in seinem genetisch so perfekten Augenpaar. Die Freundin an seiner Seite erschien mir schlichtweg nebensächlich.

Wir schreiben tagsüber und telefonieren nachts. Schon seit Wochen. Mein schlechtes Gewissen nagt an mir. Der Schlafmangel eh. Und das Hoffen darauf, dass aus dieser fiktiven Romanze etwas entstehen könnte, das real ist. Die Chemiebaukästen in unseren Köpfen haben sich fleißig etwas zusammengebraut. Aber es ist nur Theorie. Eine, die es zu beweisen oder widerlegen gilt. Beides wäre mir recht. »Könnte«, »würde« und »sollte« spielen eine viel zu große Rolle. Wie heißt es so schön? Hätte, hätte, Fahrradkette. Oder noch treffender: Finger in Po, Mexiko.

Ich klemme zwischen selbst auferlegter Keuschheit und dem Sehnen nach Zuneigung.

Und dann nach Wochen, in denen ich ihn nicht treffen wollte, weil ich nicht wusste, wie stark ich sein konnte, gehen wir in eine Bar. Wir haben uns noch nie berührt. Außer damals, als ich ihm zur Begrüßung die Hand gab. Das war aber wenig liebevoll. Ich will ihn nur einmal sehen, bevor ich ihm verklickere, dass ich niemals die Zweitfrau sein werde.

Weil was ist denn bitte schlimmer als eine Liebe, die zwar augenscheinlich erwidert wird, aber nicht wirklich beansprucht werden kann, weil sie unter mehreren Parteien aufgeteilt wird? Krebs und Kalter Krieg. Mehr fällt mir nicht ein. Ich kriege den Geist, die andere den Körper? Das geht so nicht. Das sage ich ihm heute.

Mit dem ersten Blick und der ersten Umarmung verlieren sich leider alle Vorhaben. Gott, riecht der gut. Ach, einmal nur. Danach nie wieder. Nur einmal seinen Nacken streicheln. Nur einmal küssen. Nur einmal verlieren. Nur einmal verlieben. Nur einmal. Nur, nur, nur.

Wir küssen uns. Der Boden schwankt unter meinen Füßen. Er fragt mich, ob wir zu ihm gehen können. Und ich erkenne es. Ich erkenne, dass er ein Mensch mit anderen Prinzipien ist. Prinzipien, die ich niemals werde akzeptieren können. Ich habe ihn nur geküsst, ich kann den Absprung schaffen.

Dann winke ich ein Taxi heran. Damit hat er nicht gerechnet. Er versucht, mich aufzuhalten, aber ich habe mich entschieden.

Vielleicht bin ich feige, denke ich auf dem Weg nach Hause. Vielleicht gebe ich zu schnell auf? Ich könnte mich aufbäumen und brüllen, dass ich die Einzige bin, die an seiner Seite sein sollte? Dass ich und niemand sonst es verdient hat, errettet zu werden? Aber das Bild vom edlen Ritter, der die Holde aus ihren Nöten rettet, ist so alt, so ausgelutscht – es muss einfach ausgedient haben.

Es hat ausgedient.

Er hat ausgedient.

Am nächsten Tag schreibe ich ihm eine Mail. Ich beende es dort, wo es anfing. In unseren Posteingängen. In unseren Köpfen. Tschüss Affäre, hallo Selbstwertgefühl!

Ich hatte ein wenig Zeit, um Abstand zu nehmen und über alles in Ruhe nachzudenken. Und ich bin zu dem Schluss gekommen, dass du vielleicht der tollste Mann der Welt sein magst, ich mich aber in der mir zugeteilten Rolle als zweite Geige nicht wohl fühle. Ich brauche jemanden, der mich Vollzeit liebt. Alles andere habe ich nicht verdient. Und deine Freundin auch nicht.

Das war ja auch von Anfang an klar. Aber es war alles so aufregend, du so wundervoll und meine Träume so schillernd, dass ich mich nicht wehren konnte. Was soll man auch tun, wenn du einen so anguckst? So als wäre man die Einzige weit und breit?

Ich möchte diesen kurzen Moment der Klarheit nutzen, um mich aus dieser schönen wie schlimmen Situation zu befreien. Um dich gehen zu lassen. Um zu gehen.

Du hast, soweit ich es sehen konnte, wundervolle Menschen um dich herum, die dich lieben. Und ich habe meine Herz-Mädchen. Wir können uns also glücklich schätzen. Auch glücklich darüber, dass wir uns kennenlernten zwischen Bahn und Büro, zwischen Hamm und Hamburg, zwischen Wedding und Neukölln, irgendwo in der Mitte. Und dass es knallte!

Und wer weiß, vielleicht bist du ja im nächsten Leben ein freier Mann. Dann kann ich deine Prinzessin Leia werden und mit dir gemeinsam gegen die dunkle Seite der Macht kämpfen. Wenn es so weit ist, schick mir einfach ein Foto von deinem Laserschwert.

Ich werde dich vermissen, Skywalker!

Und jetzt mal ohne Scheiß – ich werde dich wirklich vermissen.

PS: Wenn ich jemals meinen entkleideten Körper im Internet finde, muss ich dir leider die Beine brechen.

Dass er niemals darauf antwortet, macht es alles einfacher. Und trotzdem fühle ich mich dumm, weil ich eingeknickt war. Und einsam, weil mein Handy ab sofort stumm blieb. Unseren Facebook Edge Rank hatten wir uns monatelang mühsam erarbeitet. Nun quält er mich. Meinen Mädchen habe ich davon berichtet. Sie haben zugehört, kurz den Kopf geschüttelt, mich für den Schlussstrich beglückwünscht und dann einen Sekt aufgemacht. Also alles wie immer.

Ein nicht zu verachtender Fakt: Man will immer das haben, was man nicht haben kann. Bei mir waren es früher Bananen in der DDR, heute ist es eine glückliche Beziehung mit Brandon Boyd. Inzwischen habe ich freien Zugang zu Bananen, und sooo geil sind die Dinger gar nicht. An Brandon Boyd halte ich weiter fest. Unterschied ist natürlich, dass ich beides noch nie probiert hatte / habe. Die Lösung nach einer schmerzhaften Trennung liegt im ersten Moment klar auf der Hand: sich umbringen. In der Badewanne, auf dem Dachboden, im Auto, im Wald.
Aber da müssen wir anders durch.
Ablenken ist einer meiner Favoriten. Das macht jeder anders. Ich empfehle hier vor allem: Batida Kirsch, Kristallweizen, Doppelkorn. Alles in einem Drink, und das zwischen zehn und Mitternacht stündlich verabreicht. Es spricht wirklich auch gar nichts gegen einen kleinen Flachmann auf dem Büroklo.
Insidertipp: Immer gut schütteln – der Kokoskram setzt sich sonst zu doll vom Bier ab.

Da gibt es jetzt bestimmt die Gesundheitsfreaks, die aufschreien. Für alle körperbewussten Trauernden kann man sich natürlich auch in die Arbeit schmeißen. Gedichte aus dem eigenen Blut. Aquarelle aus Tränen. Bücher aus Emotionen. Konzepte aus Kacke. Nur zu: Es wird dich befreien.

Was sagt man als guter Freund zu einem Besessenen? Nichts. Alles ist scheiße. Alle wissen das.
Zur Not hilft dennoch ein sorgfältig vorbereiteter Prep-Talk. Dieser Monolog darf gerne auswendig gelernt und möglichst emotionslos vorgetragen werden:
»Sieh es mal so. Es gibt 7 Milliarden Menschen auf der Welt. Davon leben 82 Millionen in Deutschland, davon rund 42 Millionen Männer. Davon sind zehn Prozent, also 4,2 Millionen, zwischen zwanzig und dreißig. Hiervon sind wiederum etwas mehr als die Hälfte in Beziehungen. Bleiben 2 000 000 Männer im richtigen Alter und Land. Wenn man davon jetzt alle Dörfler, Gays, Verwandten, Nazis, Callboys, Exfreunde von Freundinnen und vor allem Wurstmänner aussortiert, ist man höchstens noch bei 200 000. Und das ist schon wohlwollend kalkuliert.
Müssen nur noch alle Herren abgezogen werden, denen du niemals begegnen wirst und die (ganz wichtig) einfach total hässlich sind / stinken.
Bleiben meiner Rechnung nach 20 000 potenzielle Lebensabschnittsgefährten. Bedeutet im Klartext: Bei nur 0,00027 Prozent aller Männer, die du auf der Welt triffst, lohnt sich überhaupt ein Verlieben.
Ach nein, Moment … zur glücklichen Beziehung fehlt ja auch noch die emotionale Zustimmung des Gegenparts. Also: Bei nur 0,0001 Prozent der Männer darf man sich

guten Gewissens verschießen. Die sind safe. Welcher zu welchen gehört, ist natürlich nicht so leicht bis überhaupt nicht zu identifizieren. Aber mal ehrlich – warum solltest gerade du dich in einen von den Richtigen verlieben? Noch ein Bierchen?«

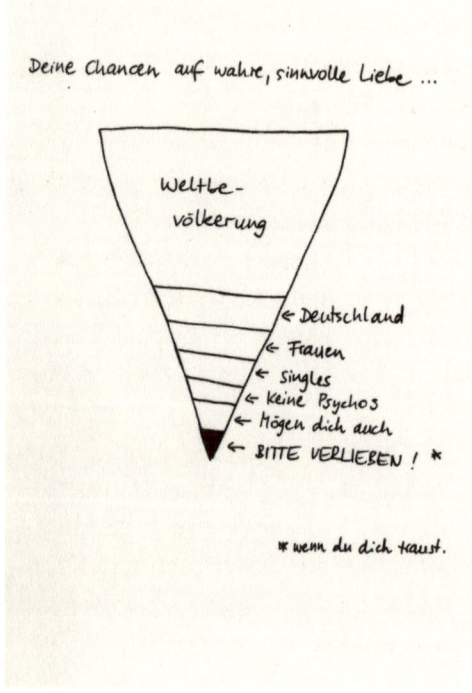

Dinge, die ich fast getan hätte:

- Mit George Clooney zu Abend essen
- »Herr der Ringe« gucken
- Ein Bauchnabelpiercing mit meiner Mutter stechen lassen
- Achterbahn fahren
- Ein frisches Rinderhirn anfassen
- In Island erfrieren
- Meinen Dispo ausreizen
- Eine Woche lang fasten
- Im Krankenhaus übernachten
- Batterien in den normalen Müll schmeißen
- Mich bei den Nachbarn wegen zu lauter Musik beschweren
- Dir sagen, dass ich dich liebe

39.
Alpine Blicke wie
aus dem Flugzeug

Norwegen, Lofoten | Alter: 29

Zusammen mit Rolfi und Schmalli geht es nach Norwegen. Juchu! Schmalli ist unser gemeinsamer Zahnarzt-Freund aus Köln und ebenfalls ziemlich gay.
Seitdem ich im Fernsehen eine Reisedoku über die Lofoten – eine Inselgruppe zwischen Nordkap und Polarkreis – gesehen habe, lässt mich dieser Ort nicht mehr los. Und die Jungs waren echt leicht zu überzeugen.
»Kommt ihr mit auf die Lofoten?«
»Was ist das?«
»Inseln.«
»Okay.«

Die Planung des Urlaubs hingegen war eine extreme Herausforderung. Nachdem Schmalli versehentlich einen Flug gebucht hatte, der sich mit denen von Rolfi und mir nicht mal ansatzweise überschnitt, glaubte ich schon nicht mehr daran, dass wir es zu dritt bis zum Nordmeer schaffen würden. Aber ein paar hundert Euro Umbuchungsgebühren später sind wir nun so weit.

Ich starte mit Rolfi von Berlin-Schönefeld aus. Beim Einstieg in das Flugzeug peitscht die eine Hälfte meiner Frisur gen Himmel, die andere in mein Gesicht. »Früher war mehr Glamour«, merkt mein Reisepartner in Crime völlig richtig an. Im Flieger gibt es Wi-Fi. Irre! Wozu reden, wenn man Handys und iPads hat? Rolfi und ich sind neunzig Minuten am Chatten, Checken, Mailen, Posten, Tweeten, Appsen, Mapsen. So als wäre das Internet ein kostbares Geschenk, das wir nach der Landung wieder abgeben müssten. Wer weiß aber, ob es in Norwegen überhaupt Netz gibt? Gut auch: Wenn wir jetzt abstürzen, können wir wenigstens noch schnell ein Video an die Liebsten whatsappen. Praktisch!

Im schönen Oslo, es regnet, haben wir einen mehrstündigen Zwischenstopp. Rolfi sitzt neben mir und hackt noch immer wild auf sein iPad ein, ab und zu telefoniert er. Beim ersten Gespräch sagt er: »Ist Max bei dir? – Ach toll. Gib ihm mal nen Blowjob von mir.« Beim zweiten geht es um Scholle, Dessert und Cocktails für 124 Mann. Er führt ja diese Restaurants. Ich kriege Hunger. Da es auf dem ganzen Flughafen kein vegetarisches Sandwich gibt, vergnüge ich mich an der Salatbar. Zwischen Thunfischbergen und mayonnaisierten Scampi finde ich ab und an ein verzehrbares Salatblatt oder eine Olive. An der Kasse zahle ich dreißig Euro für diesen Billo-Salat und einen kleinen Saft. Noch kann ich darüber lachen. Mal gucken, wie viel Spaß ich mit den Rechnungen am Ende dieser Reise haben werde.

Gute fünfzehn Stunden später haben wir unsere Rucksäcke endlich vom kleinen Flughafen in Bodø in unser Hotel aus Pappmaché geschleppt. Es ist kurz vor Mitternacht, ich liege mit Rolfi auf dem weißen Doppelbett und sonne mich in dem hellen Quadrat, das durch das Fenster auf die Laken scheint. Dazu trinke ich Rum aus einem Einweg-Zahnputzbecher. That's the life.

Die Sonne berührt nicht mal *annähernd* den Horizont. Sie kreist einfach konstant parallel dazu. Alle zehn Minuten stellt jemand erneut völlig erstaunt fest: »Krass! Noch voll hell!«

Auf eines im Leben ist eigentlich immer Verlass: Die Sonne geht jeden Morgen auf und jeden Abend wieder unter.

Norwegen kümmert sich nicht um Konventionen. Gefällt mir.

Am nächsten Tag holen wir Schmalli vom Flughafen ab. Der ist, wie immer, völlig überdreht. Nachdem er eine Nacht in Oslo auf einem Spielplatz schlafen musste und eine übergroße Dose zollfreien Lutschtabak gekauft hat, ist bei ihm alles aus. Rolfi und ich sind auch mehr als happy, denn unser Trio der Glückseligkeit ist nun komplett. Wir machen einen kurzen Wi-Fi-Stopp am Hotel, holen dann unser Auto ab und düsen zur Fähre. Vier Stunden Fahrt trennen uns von der Inselgruppe.

An Deck ist es so windig, dass es kaum jemand länger als fünf Minuten dort aushält. Meine Frisur habe ich eh schon auf dem Festland gelassen. Meinen Look auch. Hier hat man andere Probleme, zum Beispiel Überleben: Meine Nase läuft, meine Augen tränen, von den Fingerspitzen hängen kleine Eiszapfen. Wie haben es damals nur die Wikinger gemacht, ohne Hightech-Fähren, ohne Wi-Fi, ohne Schokokekse, ohne Goretex? Welch wunderbare Idee es doch war, den Sommerurlaub nördlich des Polarkreises zu verbringen. Strand kann ja jeder …

Ein paar Stunden später taucht am Horizont dann das Reiseziel auf. Die Inseln ragen wie eine Wand aus dem diesigen Meer. Gipfel, von Schneeresten befleckt, zeichnen sich gegen den blassblauen Himmel ab. Ich kann mir nicht vorstellen, dass man irgendwo auf diesem Steinhaufen Straßen bauen kann, geschweige denn leben? Da man auch beim besten Willen keinen Hafen erkennen kann, positioniere ich mich vorsichtshalber nahe der Rettungsboote. Unter Umständen rammen wir gleich frontal die immer größer werdenden Klippen.

Norwegen ist groß. Wir werden ein Abenteuer erleben. Ich spüre das. Wir haben Lutschtabak, mehrere Staffeln sinnloser Serien, drei Flaschen Schnaps, einen Kompass und jede Menge Bock.

Schmalli sieht den Zauber der Mitternachtssonne heute zum ersten Mal. »Krass! Noch voll hell!«, staunt er. Dann legen wir an einem der grünen Felsen an und fahren mit unserem Leihwagen von Bord.

Die ersten Tage verbringen wir in einem Museumsdorf zwischen haushohen Stockfischgerüsten, glitzernden Meeresbuchten und dem blonden Bäckerjungen, den wir alle drei gerne morgens beim Teigkneten anhimmeln. Inzwischen sind wir akklimatisiert und wollen wandern. Beziehungsweise: Die Jungs wollen wandern. Ich war noch nie so richtig in den Bergen und weiß absolut nicht, was mich erwartet. Es bleibt mir nichts anderes übrig, als mich meinem Schicksal zu fügen. Der Titel, den die Tour in unserem Reiseguide trägt, lautet: »Alpine Blicke wie aus dem Flugzeug«.

Super ausgerüstet (Adidas High-Tops, H&M-Polyesterjacke, Nüsschen) beginnen wir den anstrengenden Aufstieg über Grasweiden, an Bergseen vorbei und durch Geröllfelder. Dass das Guidebuch uns mehrfach den falschen Weg entlangführt, macht mich noch nicht besonders stutzig. Auch dass ich fernab von trittsicher und ausdauernd bin, find ich ziemlich normal. Die Jungs schieben mich einfach immer weiter die Berge hinauf, höher und höher. »Da oben gibt es sicher Wi-Fi«, sagt Rolfi, der vor mir läuft. »Und dann kriegst du auch einen Energydrink.« Ich komme mehrfach an meine Grenzen, wenn es darum geht, in einem riesigen Geröllfeld von großen Steinen auf noch größere Steine zu springen. Auch umdrehen und zurück nach unten zu gucken tut mir nicht besonders gut.

Nach etwa einer Stunde Marsch bin ich zwar verschwitzt, habe aber noch verhältnismäßig gute Laune, als ich in Rolfis Gesicht ein paar Meter vor mir das Entsetzen sehe. Langsam und neugierig nähere ich mich ihm.

»Was ist denn da?« Dann stehe auch ich oben. Vor uns endet der kuschelig-grasige Vorsprung, ein riesiger Block Eis ragt neben meinem Kopf in den bewölkten Himmel. Dahinter kommt nichts. Mein Blick stürzt tausend Meter senkrecht in einen gigantischen Felskessel, an dessen Ende eine Bucht in Türkis erstrahlt. Ein Schritt nach vorne und ich würde fallen.

Wie ich mich nun erinnere, bin ich nicht nur eine miese Kletterin, sondern auch absolut nicht schwindelfrei. Komplett überrumpelt vom Anblick, wirft sich mein Körper zu Boden, um sich, dort angekommen, in die Embryonalposition zu begeben. Die Wolken streifen kühl und feucht mein Gesicht. Ich hyperventiliere. Tränen laufen über meine Wangen. Höhenangst kicking in. Mir war einfach nicht klar, dass der Berg irgendwann zu Ende sein würde. Und auch wenn es unwahrscheinlich ist, dass ich aus meiner Liegeposition wo runterfalle, fühle ich mich wie Alice im Wunderland bei ihrem endlosen Sturz in den Kaninchenbau.

Während die Jungs diskutieren, wo wir lang müssen, bin

ich von meiner Panikattacke flach an den Boden geklebt. Der Wind ist eisig. Ich werde am besten einfach sterben. Zurück können wir nicht mehr, das wäre viel zu steil. Rolfi hebt mich vom Boden auf. Ich will nicht.

»Komm, wir machen eine Polonäse«, schlägt er vor. Ich folge ihm heulend, mit zitternden Knien und gebückt. Der planmäßige Weg führt zur Seite weg auf dem Bergkamm entlang. Zwar weder auf noch ab, aber auf einem viel zu schmalen Weg. Links und rechts von uns geht es dramatisch in die Tiefe. Meine Finger krallen sich in Rolfis Schultern. So laufen wir Meter für Meter. Schmalli kundschaftet vorne den Weg aus, ich glaube, der ist genervt von meiner Performance. Rolfi zieht mich im Schlepptau über die (Achtung, Anwärter für das Unwort des Jahres!) Felsnasen. Ich singe Kinderlieder, um mich abzulenken. Eine Hand habe ich von Rolfi gelöst und zur Scheuklappe umfunktioniert. Ähnlich wie bei der Zerstörung Sodoms und Gomorras darf ich einfach nicht mehr zurückgucken. Ich würde beim Anblick des Abhangs vermutlich implodieren.

Es ist mir absolut unbegreiflich, wie Menschen auf die Idee kommen, man könne auf einem Bergkamm in tausend Metern Höhe einfach mal so entlanglaufen! Ich weiß, ich neige zu Übertreibungen, aber das hier ist das Schlimmste. Alle Zahnarztbesuche, Familienfeiern, Singlebörsen der Welt kommen nicht annähernd an diesen Moment heran. Sogar die Jungs werden immer stiller. Man hört nur noch Schafsglocken in der Ferne. Und mein Wimmern. Ab und zu, wenn es zu schlimm wird, lasse ich mich auf den Boden fallen und reibe mein Gesicht an einem eisigen Stein. Dann muss Rolfi mich wieder mühsam aufrichten.

Über einen ungünstig gelegenen Felsen muss ich eine Bauchrolle machen. Unter mir droht der Hunderte Meter tiefe Abgrund. Durch die verträneten Augen sehe ich kaum etwas. Besser so. Rolfi klebt am Felsen – wie auch immer er dort physikalisch überhaupt haften kann, aber es ist ja Schweizer – und stemmt meinen Hintern hoch. Schmalli zieht von der anderen Seite an meinem Arm. Ich wiederhole stur mein Mantra des Tages: »Fuck! Fuck! Fuck! Fuck! Fuck!«

Wir machen eine Pause. Endlich darf ich den versprochenen Energydrink leeren. Schmalli erklärt mir, wie toll ich gerade meinen Quadrizeps trainiere. Typisch Arzt. Ich hasse meinen Quadrizeps! Irgendwo sind Schafe und gucken blöd. Von dem Felsen, auf dem ich – noch immer in schwindelerregender Höhe – liege, kann man den Berg sehen, von dem wir gerade kommen. Der, an dem ich die erste der vielen Panikattacken hatte. Ich habe keine Ahnung, wie der graue Tausender heißt, und taufe ihn »Todesgipfel«. An dem wäre sicher sogar Reinhold Messner gescheitert. Ich nehme unser Buch zur Hand, um rauszufinden, was mich heute noch erwartet. »Treten Sie nicht zu nahe an den Abgrund, denn die Felsen hängen über, wie auch die Schneewechten keinen Boden unter sich haben. Wer sie betritt, begibt sich in LEBENSGEFAHR.« Ich lege das Buch wieder weg. Das Wort Lebensgefahr hätten die echt nicht so hervorheben müssen.

Irgendwann später – es sind Stunden vergangen – befinden wir uns auf einer etwas geraderen, breiteren Strecke. Hier kann ich sogar ganz alleine und mit offenen Augen laufen. Wir überqueren einen kleinen Hügel, dann blicken wir – mal wieder – von oben herab auf das offene Meer. Aus dem türkisen Wasser schrauben sich zwei riesige Regenbogen in den Himmel, bevor sie zurück in die Lagune stürzen. Wie Hohn wirkt dieser Anblick angesichts meiner Todesangst.

»Double Rainbow«, kreischt Schmalli. Ich traue mich erstmals auf dieser Wanderung, mein Handy zu nehmen und ein Foto zu machen. Hier ist es eigentlich ganz schön. Wenn man mal das heimtückische, alpine Panorama hinter einem vergisst.

Nachdem uns der letzte steile Abstieg aus 400 Metern gelungen ist, küsse ich den Asphaltboden voller Ehrfurcht. Hinter uns liegen acht volle Stunden Terror. Nie wieder werde ich mich über ebenerdiges Terrain beschweren. Da auf der Landstraße kein einziges Auto zum Trampen kommt, laufen wir die zehn Kilometer zurück zu unserem Gefährt. Ich liebe jeden einzelnen Schritt davon. Am Auto angekommen, treffen wir einen greisen Mann vor seinem Campervan. Er fragt uns nach den Bedingungen auf dem Berg.

»Guter Mann, Sie werden da oben sterben. Tun Sie es nicht!«, warne ich ihn. Er lacht. Die Strecke sei er schon oft gewandert. Sogar noch letztes Jahr, zu seinem Siebzigsten. Ich bin empört. Arrogante Sau.

Später stehen wir in einer Bar in irgendeiner Kleinstadt. Ich will ein Bier. Ich trinke nie Bier, aber genau jetzt habe ich das Bedürfnis, damit anzufangen. Rolfi muss die Gläser zu unserem Tisch tragen, ich zittere noch zu sehr.

»Das hast du ganz toll gemacht heute«, sagt er, als wir anstoßen. Ich weiß, dass er lügt.

»Ohne euch wäre ich da oben gestorben. Okay, ohne euch wäre ich da auch nicht raufgestiegen, aber danke.

Ehrlich.« Bevor ich wieder sentimental werde, setze ich an und trinke. Schmeckt scheiße. Schade.

»Die Rechnung geht auf mich«, sage ich und gehe zur Bar. Als ich die 45 Euro zahle, frage ich mich, ob die Gläser im Preis mit inbegriffen sind.

Heute habe ich was geschafft. Ich habe Ängste überwunden. Vielleicht sollte ich jetzt mal die Spinnen in Angriff nehmen? So oder so werde ich noch meinen Kindern und allen anderen, die es nicht hören wollen, davon erzählen, wie ich den wolkigen Todesgipfel im Nordmeer erklommen habe.

40.
Die Frau ist schwanger, verdammt!

»Welche wollen Sie?« Die Kassiererin bei Kaisers hat die Tür der Glasvitrine aufgeschlossen und wartet nun ungeduldig auf meine Bestellung. Sie kennt mich natürlich schon und denkt, ich wolle eine Flasche Schnaps, so wie sonst immer. Will ich aber nicht. Ich brauche einen Schwangerschaftstest. Zwischen Billy Boys und Nivea-Creme ziehe ich die rosa Packung hervor. »Schwangerschafts-Frühtest« steht drauf, und »Gewissheit in nur drei Minuten«. Die Kassiererin mustert mich, dann schließt sie wieder ab und kehrt zu ihrem Platz zurück. Es ist kurz vor 23 Uhr, ich texte Rosi:

Hab noch einen bekommen. Bis gleich.

In Kreuzberg treffe ich dann auf Rosi, die gerade von irgendeiner Reise wiedergekommen ist.
»Ich mach das jetzt einfach«, beschließt sie sofort und zieht den Test aus der Packung. Ich bin aufgeregt.
»Pinkel am besten irgendwo rein.« Ich reiche Rosi einen Plastikbecher aus dem Schrank. Die atmet tief durch und verschwindet auf dem Klo. »Aber nimm nur den Mittelstrahl«, rufe ich ihr hinterher.
Ich horche auf die Geräusche von der Toilette nebenan. Rosi pinkelt. Keine Ahnung, ob sie überhaupt ein Kind

möchte. Oder ob ich möchte, dass sie schwanger ist. Ich wurde nicht gefragt!

Rosi kommt von der Toilette wieder und legt den Test in sicherer Entfernung auf dem Küchenschrank ab. Alles scheint sehr unwirklich. In drei Minuten werden wir wissen, ob wir bald Zuwachs bekommen.
»Eine rote Linie: nicht schwanger. Zwei rote Linien: schwanger«, liest Rosi vor. Wir strecken unsere Köpfe über die Packungsbeilage, um die zugehörige Abbildung ausgiebig zu studieren. Ich bin eh zu aufgeregt, um mir das zu merken. Zu zweit werden wir den Stab schon zu deuten wissen. Schwarmintelligenz.
»Wer ist eigentlich der Vater?«, frage ich sie.
»Felix.« Rosi gießt sich einen Schluck Sekt ein, ich nehme ihr das Glas weg. »Oder Thilo.«
»Und was ist mit dem von neulich aus Frankreich?«, frage ich.
»Drei Minuten sind um.« Rosi trottet zum Küchenschrank und hebt den Test auf. Ich exe ihr Sektglas.
»Zwei Linien«, sagt sie. »Schwanger.«
Vorsichtshalber vergleichen wir den Stab noch mal mit der Abbildung. Es ist eindeutig. Rosi ist schwanger. Sie scheint sich irgendwie zu freuen, also freue ich mich auch. Ich umarme sie. »Darf ich noch eine rauchen?«, fragt Rosi.
»Auf keinen Fall!«, sage ich und zünde mir eine an. »Der Zug ist abgefahren, Mutti.«

Zwei Tage später bin ich mit Rosi zum Tatort verabredet. Irgendwie muss ich sie ja davon abhalten, ihre Abende in verrauchten Kneipen zu verbringen. Die Schwangerschaft ist jetzt auch von ihrer Ärztin offiziell bestätigt.

Ich habe das Gefühl, Rosi hat gar nicht vor, Felix zu informieren. Oder Thilo. Oder den Franzosen. Na ja, in ein paar Monaten hat sie eh keine Wahl mehr.

»Mir geht's nicht so gut«, ruft sie aus dem Bad, als ich mir gerade eine Handvoll Chips in den Mund haue.

»Soll ich kommen?«, rufe ich zurück, ohne den Blick vom Fernseher abzuwenden.

»Jaaaa!« Mann, nie kann man in Ruhe abhängen. Ich greife mein Handy – wer weiß, was für Mails auf dem Weg zum Klo reinkommen – und gehe ins Bad. Rosi sitzt mit heruntergelassener Hose auf der Toilette, ihren Kopf stützt sie auf den Arm.

»Ich blute«, nuschelt sie.

Fuck, sie blutet!

Ich bin nicht gut mit Blut, aber das muss ja an dieser Stelle niemand wissen.

»Ich werde gleich ohnmächtig«, schiebt sie hinterher. Klar, no pressure. Gut, dass ich mein Handy in der Hand halte. Ich wähle die einzige Taxinummer, die ich kenne, und bestelle eins.

Rosi ist völlig in sich zusammengesackt.

»Wir fahren jetzt ins Krankenhaus, ja?«, muntere ich sie auf. Der Schweiß steht ihr auf der blassen Stirn. So eine Gesichtsfarbe habe ich noch nie an ihr gesehen. Eigentlich an niemandem. Sie nickt kaum merklich. Okay, packen. Ich muss irgendwas packen. Ich greife einen Rucksack aus dem Flur und stopfe Portemonnaie, Handykabel, Zahnbürste und ein T-Shirt hinein. Schlüpper finde ich nicht, aber im Krankenhaus ist man untenrum eh ständig nackt, deswegen ja auch diese praktischen Kittel. Die Zeit, meine Zigaretten zu suchen, nehme ich mir noch. Man muss vorausschauend handeln. Rosi stöhnt.

Ich stülpe ihr praktische Birkenstocks über und hieve sie dann vom Klo hoch.

»Jule, ich kann nicht mehr«, lässt sie mich wissen. Wir sind gerade mal auf der vertikalen Ebene vorangekommen, die horizontale Richtung Straße müsste jetzt noch folgen.

»Komm, wir machen das zusammen. Das Taxi wartet bestimmt schon unten. Ready?«

Sie nickt wieder. Ich ziehe ihren kalten Arm über meine Schulter und schiebe sie nach auf den Hausflur. Ihr Stöhnen ist lauter geworden. Auf der Straße kommt uns der Taxifahrer entgegen. Zusammen schaffen wir Rosi auf den Vordersitz. Es geht ins Urbankrankenhaus. Von hinten halte ich Rosis Hand.

»Ich sterbe«, flüstert sie, den Kopf hat sie an die Scheibe gelehnt. Der arme Fahrer sucht über den Spiegel Blickkontakt. Ich flüstere ihm zu, dass Rosi wahrscheinlich nicht wirklich sterben werde, er sich aber durchaus beeilen könne. Das tut er auch. Er nimmt dabei sogar eine rote Ampel mit. Respekt.

Wir fahren direkt vor den Eingang der Notaufnahme und parken dort quer vor der Tür. Ohne auf den Preis zu gucken, gebe ich dem Fahrer zwanzig Euro. Rosi kann kaum laufen. Wir wuchten sie zu zweit ins Foyer. Interessiert niemanden.

»Hilfe!«, schreie ich. Ein Pförtner weist uns daraufhin den Weg zur Anmeldung. Sonst passiert genau: nix. Praktisch, diese Notaufnahme.

»Ist gerade kein Arzt hier«, erklärt uns ein Mann, der immerhin ein Bett bringt.

»Die Frau ist schwanger, verdammt!«, schnauze ich ihn an. Rosi kriegt ihn am Ärmel zu fassen und lässt nicht mehr los.

»Ich verblute innerlich«, sagt sie, dann kippt ihr Kopf zur Seite weg. Rosi ist ohnmächtig. Ich renne zur Anmeldung rüber, in der eine Schwester gerade irgendwelchen Papierkram ausfüllt.

»Wir brauchen dringend einen Arzt«, versuche ich es noch mal. Die Frau hinter der Glasscheibe guckt unbeeindruckt, winkt dann aber den Typen von draußen rein.

»Bitte fahren Sie die junge Dame doch in den Kreißsaal.«

Wir sprinten einen langen Gang hinunter, durch eine Tür, dann in den Fahrstuhl, durch eine Halle, links um die Ecke, einen weiteren Gang und zwei Türen hindurch bis zu der Tür des Kreißsaals. Drinnen werden wir an einer Wand geparkt. Eine junge Ärztin streckt ihren Kopf aus einem der Zimmer und verschwindet dann wieder. Rosi stöhnt ununterbrochen, ich halte immer noch ihre Hand. Im Zimmer neben uns scheint einiges los zu sein. Man könnte meinen, da würde gerade jemand ein Baby …

»Wuaaaaah, wuaaaaaah, wuaaaaaah«, dringt es in den Flur. Eindeutig ein Frischling. Der dazugehörige Vater, vielleicht 24 Jahre alt, stößt Sekunden später die Tür zum Kreißsaal auf und sprintet in das Zimmer. Wie anstandslos kann man eigentlich sein, genau *jetzt* ein Kind zu gebären?

Zehn unendlich lange Minuten später kommt die Ärztin endlich aus dem Zimmer. Sie ist so zerzaust, als hätte sie sich selbst gerade ein Baby rausgequetscht.

»Ich lege Ihnen erst mal einen Zugang«, sagt sie zu Rosi. Ich wittere Nadeln und Blut und ziehe mir einen Stuhl heran, um der drohenden Ohnmacht vorzubeugen. Ich denke an mein letztes Mal im Krankenhaus. Da gab es in der Notaufnahme einen muffeligen Pfleger, einen Schmerzdrink, der ordentlich knallte, und eine Rollstuhlfahrt mit Jasmin als unqualifiziertem Steuermann. Das war wenigstens noch irgendwie witzig.

Der Tropf tropft in Rosis Handgelenk, eine Nierenschale steht auf ihrer Brust. Ich gucke nicht hin. Gleich wird bestimmt alles besser. Die Schwester quartiert mich für die Untersuchung aus – ich danke es ihr, denn ich muss dringend eine rauchen. Der Stress. Ich irre durch die Gänge des Krankenhauses. Irgendwann finde ich eine Tür ins Freie und setze mich draußen auf einen Betonpoller. Eine Frau mit mobilem Tropf und blauem Nachthemd raucht mit mir. Ab und zu wird jemand in die Notaufnahme eingeliefert. Ist mir scheißegal, was die anderen haben. Hauptsachte Rosi kommt durch.

Später darf ich zurück zu ihr. Sie wird für zwei Nächte hierbleiben müssen. Inzwischen haben es ihr die Krampflöser ermöglicht, dass sie guckt und lächelt.

»Ach, du bist ja auch hier? Schöön«, sagt sie.

»Na hör mal! Was meinst du, wie du hergekommen bist?«

Was genau mit ihr ist, weiß man noch nicht. Ich mache mir aber vorsichtshalber keine großen Hoffnungen, dass die zwei Striche auf dem Pinkeltest noch zu einem stattlichen Fötus heranreifen und eines Tages in diesem Kreißsaal das Licht der Welt erblicken werden.

Es soll nicht sein. Nicht dieses Mal. Nicht mit Felix. Oder Thilo.

Und mit dem Franzosen erst recht nicht.

41.
Dakar, Darfur, dafuq

Berlin-Neukölln | Alter: 29

Ich bin eine sehr politische Person. Das glaubt mir nur niemand. Ich habe das Kommunistische Manifest überflogen, war Klassensprecherin, hatte rote Dreads als Jugendliche, habe *Bowling for Columbine* gesehen, an mindestens einem Volksentscheid teilgenommen und bin mit dem Wochenendticket mal nach Hamburg gefahren, nur um für oder gegen etwas zu demonstrieren. Außerdem komme ich aus der DDR – ich habe Politik mit der Muttermilch aufgesogen. Und das ist ja nun wohl der Beweis schlechthin.

Ich lese trotzdem keine Zeitungen, ich gucke keine Nachrichten. Ich beschränke meinen Informationsfluss das Weltgeschehen betreffend auf ein Mindestmaß. Folglich kenne ich den Unterschied zwischen Dakar und Darfur nicht. Ich kenne nur »dafuq«.
Es ist mir zugegebenermaßen unangenehm, wenn ich mit Freunden an einem Tisch sitze und gerade eine Diskussion zum Thema Eurobonds oder Fracking im Gange ist. Dann lächle ich ab und zu, nicke durchaus auch mal, während ich die Limetten am Grund meines Cuba Libre zerstochere, aber mitreden kann und will ich nicht. Alle Themen, die sie heutzutage in den Nachrichten behandeln, beschränken sich auf:

»Scheiße, schon wieder'n Vulkan explodiert. Aber wenigstens wurde so noch ein bisschen mehr Urwald zerstört.«

»In anderen Ländern verhungern sie? Ich hab ja auch kein Geld. Ob ich mir die Nike Free Run oder Air Max kaufen soll?«

»Brauchen die Asis diese Atomwaffen überhaupt? Komm, wir werfen mal ne Bombe drauf.«

»Hups! Ausgerottet. Na ja, der Vogel war sicher nicht so wichtig.«

»Hier schippern schon wieder lauter Ausländer mit Booten vor unserer Grenze rum. Können wir sie ersaufen lassen?«

»Ozean? Plastikteppich? Ich war's nicht. Schwöre.«

Mich machen die Nachrichten fertig. Inklusive Wetter und Sport. Wirklich. Dafür habe ich nicht genug überschüssige emotionale Energie. Diese Welt ist ungerecht. Wir reden uns ein, wir hätten damit nichts zu tun, aber wir leben nur in Reichtum, weil andere arm sind. So war das ja schon immer.

Wir verbuchen den Abbruch einer Beziehung oder des linken Daumennagels als Lebensdramen. Wir machen uns unsere Probleme selbst. Weil wir keine haben. Weil wir nichts Schlimmes erlebt haben – keinen Krieg, keinen Hunger, keine humanitären Katastrophen. Unsere Traumata beschränken sich auf 9/11 und den Tod Lady Dis – und der Schluss von *Titanic* war auch ziemlich krass.

Die Vogelstrauß-Methode, die ich fahre, wenden viele an. Wir leben in unserer Party-Hipster-Blase und werfen Konfetti und ignorieren das leise schlechte Gewissen. Weil wir eh nichts ändern können. Also warum dann anstrengen? Wir essen ja schon Bio und kaufen in Europa produzierte Kleidung und sind gegen die Massentierhaltung und für die Homo-Ehe und spenden ab und zu mal fünf Euro, wenn irgendwo ein halber Kontinent weggespült wird.

Der feine Unterschied zwischen Dakar, Darfur und dafuq:

Dakar ist die auf einer Halbinsel gelegene Hauptstadt Senegals. #guteswetter #rallye #brummbrumm

Darfur ist eine Region im westlichen Sudan. #massaker #vertreibung #krieg (siehe auch -> Darfur-Konflikt)

dafuq bedeutet im Grunde nichts anderes als WTF. #duh #meh #srsly #hdgdl

Wir sind die Generation Y. Eine Generation, die größtenteils im Internet aufgewachsen ist. Eine Generation, die Myspace, Schwammtechnik, die Kelly Family und eine neue Rechtschreibung hat kommen und gehen sehen. Eine Generation, die ohne Handy nicht U-Bahn fahren kann. Eine Generation, die sich nicht festlegt. Die Generation Vielleicht.
Eine nach außen starke und nach innen schwache Generation. Eine Generation, die sich selbst zum Mittelpunkt der Erde macht.

Ich. Ich. Ich. Ich. Ich.
Dann kommt lange nichts.
Dann kommt das digitale Ich.

Eine Generation, die an nichts mehr glauben kann. Nicht an Gott, nicht an Vater Staat, nicht an die Rente, nicht an die ewige Liebe. Eine Generation, die nicht Kopfrechnen und keine Kommas setzen kann. Eine Generation, die nicht viel weiß und alles googelt.

Ich bin fast dreißig. Ich stehe im Club voller Zwanzigjähriger und fühle mich alt. Natürlich weiß ich noch, wie ich früher die ganze Zeit saufen und Faxen machen wollte. Ich habe aber gelernt, dass es geil ist, früh ins Bett gehen zu dürfen. Ehrlich gesagt finde ich das nicht weiter schlimm. Etwas schockiert mich dann doch. Ich stehe im Badezimmer, die Mädels sitzen drüben in der Küche und trinken eine Weinschorle. In meinem Pony glitzert es. Das muss ich genauer untersuchen. Mit Zeigefinger und Daumen fische ich in den Haaren herum, bis ich eins eliminiert habe. Komisch. Es ist gar nicht braun. Es ist eher ... farblos.
Ich schiele nach oben, kann die Farbe aber nicht genau bestimmen. Mit zusammengekniffenen Augen ziehe ich daran und reiße es samt Wurzel aus. Tut erstaunlich wenig weh. Es fühlt sich dick und strohig an. Ich halte es gegen meinen dunklen Pulli. Es ist schneeweiß. Wie außergewöhnlich. Muss wohl eine Art Pigmentstörung sein. Oder ist das etwa ...? Nein, kann nicht. Ich bin ja erst 28. Na gut, 29. Kriegt man da schon ...?
Ich stecke das Beweismaterial in irgendeine leere Schmuckdose und greife mir wieder in den Pony. Diesmal panischer. Ich ziehe die Haare zwischen meinen Händen glatt, klemme mich so nah vor den Spiegel wie möglich und inspiziere die Situation auf meinem Kopf. Da! Noch eins! Ich reiße es aus, um es mit dem ersten Haar zu vergleichen. Selbe Struktur, selbe ... Farbe.

Leckmichamarsch, das ist ja schrecklich! Wie konnte mein Leben bloß so schnell an mir vorbeiziehen? Wann bin ich alt geworden? Über Nacht? Ist das ansteckend? Wie schnell breitet sich das aus? Man kennt das ja von den Ratten – heute sind es zwei, nächstes Jahr zweitausend. Das muss alles ein Versehen sein!

Ich hatte noch nicht genug Sex im Leben, als dass ich jetzt schon für jeden offensichtlich erkennbar total alt sein könnte!

Ja, gut, die Augenringe sind über die Jahre nicht weniger geworden, die Kreuzschmerzen auch nicht (Yoga hatte ich ja schnell wieder aufgegeben), meine Brüste sind vielleicht einen Zentimeter weiter Richtung Erdkern gestrebt, aber nie, noch nie habe ich an das Alter gedacht!

Ich hab ja noch nicht mal die Riesterrente verstanden, geschweige denn ein Loft, ein Kind, eine Weltreise ergattert. Bestimmt denken sich alle schon seit Jahren auf der Straße: Der Oma dort ist wohl die Haartönung mit 99,9 Prozent Grauabdeckung ausgegangen.

Ich gehe in die Küche und berichte von dem Drama. Um die Dringlichkeit der Situation zu unterstreichen, hole ich die kleine Dose aus dem Badezimmer, in der ich das Haar vorsichtshalber für die Nachwelt konserviert habe.

»Iiih«, ruft Jasmin beim Anblick.

»Reg dich ab, das ist ein verdammtes Kopfhaar und kein Fußpilz«, rechtfertige ich mich.

»Vielleicht ist das nur eine Art Pigmentstörung?«, fragt Elisabeth. Ich bin ihr sehr dankbar für diesen Satz. Daran hatte ich ja in der Tat auch schon gedacht. Cleo rückt etwas näher an mich heran und betrachtet meine Frisur.

»Nee, hier ist noch eins«, fällt sie mir in den Rücken. Cleo kichert.

»Kommt ihr erst mal in mein Alter!«, sage ich betont ironisch, meine es aber genauso, wie ich es gesagt habe. Und überhaupt: Als ich mir wieder jugendliche Haut wünschte, hatte ich dabei wirklich nicht an Akne gedacht. Mutter Natur, du bist eine krasse Bitch. Aber so leicht kriegst du mich nicht!

Als hätte ich es nicht schon schwer genug. Sexlos, kinderlos, mittelmäßiger Verdienst, keine Ersparnisse, erste abgeschlossene Therapie und seit Monaten überfordert von dem Vorgang, mein neues Fotobusiness beim Finanzamt anzumelden. Außerdem weiß ich nie die richtigen Antworten bei *Wer wird Millionär*, und fahre wirklich ständig zum falschen Flughafen. Ich hatte immer gedacht, das Leben würde irgendwann mal einfacher werden? Aber nein, es reiht sich ein zu lösendes Problem an das nächste. Ich muss immer noch einmal die Woche meine Mutter anrufen und um Rat fragen. dafuq?!

Jule Müller
ob man für die deutsche bahn arbeiten darf? wo wir sie doch alle hassen?

Alessandro Pukki
Man darf für alles und jeden arbeiten. Wir sind vor allen Dingen mal Kapitalisten. Ich bin wirklich stolz auf Dich und auch neidisch.

Jule Müller
danke.

leider habe ich probleme mit dem steuerformular. da kommt dann wieder mein IQ unangenehm ins spiel.

Alessandro Pukki
Wenn Du Hilfe brauchst sag Bescheid.

Jule Müller
ja. muss ich bei den angaben zur festsetzung der einkommenssteuervorauszahlungen in zeile 129 auch die voraussichtlichen einkünfte aus nichtselbständiger arbeit angeben?

Alessandro Pukki
Lass mich in Ruhe.

Dafür hat man Steuerberater.

42.
Ich habe überlebt

»Gehen Sie zur dreißig. Begeben Sie sich direkt dorthin. Gehen Sie nicht über Los.« Was sich schon vorsichtig abzeichnete, ist nun eingetroffen. Ich bin nicht mehr 29, ich bin dreißig.

Inzwischen sind echt viele Leute in diesem Party-Keller. Alle singen Happy Birthday. Ich verberge mein Gesicht unangenehm berührt in meinen Händen. Der Song geht ewig. Geschenkt bekomme ich eine goldene Mutter-Kette. Ich habe Tränen in den Augen, als sie mir feierlich angelegt wird. Das ist bei uns Frauen ab dreißig anscheinend genetisch vorgeschrieben. Zumindest habe ich es bei mir beobachtet. Die letzten Male weinte ich, als mir gesagt wurde, ich dürfe Lämmer mit der Flasche füttern, bei Jens' und Jasmins Hochzeit, als eine helgoländische Babyrobbe nach mir benannt wurde. Und jetzt.

Familie und Tierbabys, das ist also wohl mein Schicksal. Aber darum geht es ja eh im Leben. Wenn man es mal herunterbricht. Was am Ende des Tages zählt, ist die Liebe.

»Gruppenfoto!«, brülle ich. Gruppenfotos sind mir wichtig, weil sie genau diese wundervollen Momente des Lebens festhalten. Die anderen wissen ganz genau, wie sie sich formieren müssen, wir haben das oft geübt. Heute macht ausnahmsweise mal jemand anderes das Bild, damit ich selbst mit drauf sein kann. Ich strahle in die Linse.

Ich habe sie überlebt – meine Zwanziger. Dreißig zu werden ist ein einschneidendes Erlebnis, habe ich oft gehört. Früher war ich diesbezüglich unentschlossen, jetzt bin ich mir da aber nicht mehr so sicher. Es ist halt, was es ist. Die Probleme sind nicht weniger geworden, sondern anders. Ich habe Dinge gelernt. Durch die eigenen Fehltritte und die meiner Freunde. Das hilft schon mal weiter. Und den Rest werde ich auch noch hinkriegen. Ich habe Naturstrom, ein paar graue Haare, Probleme mit dem Namensgedächtnis, meinen ersten überkronten Zahn und ein richtiges Bett samt Lattenrost. Was kommt nun? Private Altersvorsorge, Thrombosestrümpfe, Klosterfrau Melissengeist, Busreisen in den Harz? Bring it on! Ich bin bereit.

Zur Feier des Tages habe ich mir in der Agentur gewünscht, auf Teilzeit zu reduzieren. Vielleicht schreibe ich dann ja echt mal ein Buch. Oder erfinde etwas Schlaues fürs Internet, das es noch nicht gibt.

Es ist fünf Uhr morgens. So lange war ich schon ewig nicht mehr wach. Ich sitze auf einem alten Sofa. Neben mir Rolfi, auf der anderen Seite meine Mutter. Ich weiß nicht, wer von uns am betrunkensten ist. In der Hand halte ich eine symbolische, mit Geschenkband verzierte Bratenspritze.

Zu unseren Füßen liegen Jasmin, Jens, Elisabeth, Rosi und Jan auf einem Haufen und werfen mit Erdnussflips um sich. Ich empfinde so viel Liebe, dass es mir in der Brust schmerzt. Das sind sie also – die Menschen, mit denen ich mein Leben verbringen werde. Egal ob dreißig, vierzig oder siebzig, sie werden immer da sein. Und ich könnte mir nichts Schöneres vorstellen.

Cleo kniet sich vor mich. »Komm, Jule, wir nehmen ein

Großraumtaxi zu dir. Ich hab noch ne Flasche Wodka in der Tasche.«

»Auf geht's«, lalle ich.

Nein, ich konnte mir wirklich nichts Schöneres vorstellen.

Danksagung

Ich möchte mich bedanken.

Bei meiner Mutter Silvana für einfach alles. Und bei meinem Vater Günter.

Bei Alexander Kralisch, Annelie Kralisch-Pehlke, Catharine Krämer, Julian Krohn, Rolf Moritz Estermann und Runa Hoffmann – weil ich nicht in Worte fassen kann, wie glücklich ihr mich macht.

Bei meinem treuen Berater und Motivator Linus Volkmann, auch für die Hilfe mit diesen Texten.

Bei meinem Verlag, insbesondere meiner Lektorin Ariane Novel, und der Person, die meine Kommas richten musste.

Außerdem bei Tobias Waller, Alessandro Pukki, Thilo Mischke, Matthias Langbein, Henry Blackshaw, Familie Pehlke, meiner Therapeutin, meinem Steuerberater, allen Freunden, die hier keine namentliche Erwähnung finden können, allen Männern, die ich je geliebt habe oder lieben werde, und bei dir, denn du hast mindestens eine Seite dieses Buches bis zum Ende gelesen. Respekt!

Ich entschuldige mich außerdem bei allen, die unzufrieden über ihr Erscheinen in diesem Buch sind, und bei allen, die gerne darin aufgetaucht wären. Das Leben ist ein Hund. Wuff.

amaryllis 26

Lust auf FIKKEN?

Aus den Abgründen des Internetdatings

Sie sucht den Mann ihres Lebens – im Internet. Was sie findet, sind Ladenhüter, Obersofties, Fitnesszombies und Wollmützenträger. Allesamt saukomisch, nur leider unfreiwillig. Liegt es an ihr?

amaryllis26 schlüpft in zwölf verschiedene Rollen und begibt sich auf eine Odyssee durch die Datingforen. Sie präsentiert sich als Partygirl, als Landei, als Klette, als Luxusschnepfe, Hausmutti und Emanze. Das Ergebnis ist verblüffend: Was Männer sich einfallen lassen, um Frauen zu erobern, ist so banal, unterirdisch und zum Fremdschämen, dass man nur mit schallendem Gelächter antworten kann.

Zum Fremdschämen und Totlachen!

»Pure Real-Satire!«
BILD

Louise Jacobs

Fräulein Jacobs funktioniert nicht

Als ich aufhörte, gut zu sein

Louise Jacobs kommt aus gutem Haus und hat alles, wovon man nur träumen kann. Doch sie scheitert an den in sie gesetzten Erwartungen und an den Ansprüchen an sich selbst. Wie aus dem Erwachsenwerden ein Alptraum wird, erzählt sie in ihrem sehr persönlichen Buch.
Die authentische Geschichte einer jungen Frau, die sich aus ihren Zwängen befreit.

»Louise Jacobs gelingen in ihrer Autobiographie Sätze wie Pistolenschüsse, die ins Herz treffen.«
Frau im Spiegel

Thilo Mischke

Die Frau fürs Leben braucht keinen großen Busen

An seinem 30. Geburtstag stellt Thilo Mischke fest, dass er längst erwachsen ist und doch das Leben der Anfang-20-Jährigen führt. Er will der Liebe endlich ins Gesicht blicken, sie zulassen und nicht länger davonlaufen. Also fasst Thilo einen aberwitzigen Plan: Er wird mit der erstbesten attraktiven Frau zusammenziehen – 9½ Wochen, auf Probe.

Das Buch für die Generation Bloß-nicht-festlegen!

KNAUR